Vereins- und Verbandsstrafen am Beispiel des Fußballsports

Deutsches und Europäisches Wirtschaftsrecht

Herausgegeben von Jürgen F. Baur

Band 25

PETER LANG
Frankfurt am Main · Berlin · Bern · Bruxelles · New York · Oxford · Wien

Jan F. Orth

Vereins- und Verbandsstrafen am Beispiel des Fußballsports

PETER LANG
Internationaler Verlag der Wissenschaften

Bibliografische Information der Deutschen Nationalbibliothek
Die Deutsche Nationalbibliothek verzeichnet diese Publikation in der Deutschen Nationalbibliografie; detaillierte bibliografische Daten sind im Internet über <http://www.d-nb.de> abrufbar.

Zugl.: Köln, Univ., Diss., 2008

D 38
ISSN 1617-352X
ISBN 978-3-631-58472-9

www.peterlang.de

Meinen Eltern
und für Andy

Vorwort

Die Rechtswissenschaftliche Fakultät der Universität zu Köln hat die vorliegende Arbeit im Sommersemester 2008 als Dissertation angenommen. Literatur und Rechtsprechung sind bis Juni 2008 berücksichtigt.

Ich danke Herrn Prof. *Dr. Peter J. Tettinger*, der im Jahr 2005 leider viel zu früh verstorben ist, für die Anregung zu dieser Arbeit – anlässlich des Fußballländerspiels Deutschland – Kamerun am 17.11.2004 in Leipzig – und die anfängliche Unterstützung bei ihrer Konzeption. Meinem langjährigen Lehrer und Direktor des Instituts für das Recht der Europäischen Gemeinschaften, Herrn Prof. *Dr. Jürgen F. Baur*, danke ich für die unkomplizierte Übernahme und die anschließende Betreuung der Arbeit. Herrn Prof. *Dr. Claus Kreß* danke ich für die Erstattung des Zweitgutachtens.

Mein besonderer Dank gilt Herrn *Björn Schiffbauer*, wissenschaftlicher Mitarbeiter an der Universität zu Köln, ohne dessen tatkräftige Unterstützung bei zahlreichen Rechercheanliegen die Erstellung dieser Arbeit neben meinem Beruf nicht möglich gewesen wäre. Zudem waren seine gedanklichen Rückkopplungen für den Fortschritt der Arbeit immer wertvoll.

Köln, im Juni 2008 Jan F. Orth

Inhaltsverzeichnis

Literaturverzeichnis

Arndt, Gottfried, Die dynamische Rechtsnormverweisung in verfassungsrechtlicher Sicht – BVerfGE 47, 285, JuS 1979, 784.

Arnold, Arnd, Die KGaA – die ideale Rechtsform für die Bundesliga?, in: *Bepler, Klaus* (Hrsg.), Sportler, Arbeit und Statuten, Festschrift für Herbert Fenn zum 65. Geburtstag, Berlin 2000, 1 ff.

Baumann, Wolfgang, Die Vereinsstrafgewalt des Deutschen Fußball-Bundes über die Bundesligavereine, Lizenzspieler und Fußball-Lehrer, Dissertation, Bonn 1971.

Baur, Jürgen F./Stürner, Rolf, Lehrbuch des Sachenrechts, 17. Auflage, München 1999.

Baur, Jürgen F./Blask, Holger, Regelungszuständigkeiten der EG im Bereich Energie, ET 2002, 636.

Borges, Georg, Die Inhaltskontrolle von Verbrauchverträgen, Berlin 2000.

Blum, Verena/Ebeling, Stephan, Dynamische Verweisungen im Arbeits- und Verbandsrecht, in: *Bepler, Klaus* (Hrsg.), Sportler, Arbeit und Statuten, Festschrift für Herbert Fenn zum 65. Geburtstag, Berlin 2000, 85 ff.

Brete, Raik/Thomsen, Michael, Praxisrelevante Hinweise für Amateurfußballvereine zum Gemeinnützigkeitsrecht, SpuRt 2008, 11.

Breucker, Marius, Zulässigkeit von Stadionverboten, JR 2005, 133.

Buchberger, Markus, Das Verbandsstrafverfahren deutscher Sportverbände – Zur Anwendbarkeit rechtsstaatlicher Verfahrensgrundsätze, 1. Teil, SpuRt 1996, 122, 2. Teil, SpuRt 1996, 157.

Bündnis aktiver Fußballfans – BAFF (Hrsg.), Die 100 „schönsten" Schikanen gegen Fußballfans, Grafenau 2004.

Chrekeh, Rainer/Schröder, Hans-P., Einstweiliger Rechtsschutz durch staatliche Gerichte im Anwendungsbereich einer Athletenvereinbarung, vgl. SpuRt 2007, 101.

Deutscher Fußball-Bund e. V. (Hrsg.), DFB-Steuer-Handbuch 2006, Oberursel 2006.

Dieterich, Thomas/Müller-Glöge, Rudi/Preis, Ulrich/Schaub, Günter (Hrsg.), Erfurter Kommentar zum Arbeitsrecht, 7. Auflage, München 2000.

Ehricke, Ulrich, Dynamische Verweise in EG-Richtlinien auf Regelungen privater Normungsgremien, EuZW 2002, 746.

Ehricke, Ulrich/Blask, Holger, Dynamischer Verweis auf Gruppenfreistellungsverordnungen im neuen GWB?, JZ 2003, 722.

Fenn, Herbert, Erfassung der Sportler durch die Disziplinargewalt der Sportverbände, SpuRt 1997, 77.

Fenn, Herbert/Petri, Grischka, Unschuldsvermutung und Anscheinsbeweis im Verbandsstrafverfahren, SpuRt 2000, 232.

Flume, Werner, Die Vereinsstrafe, in: Festschrift für Eduard Bötticher zum 70. Geburtstag am 29.12.1969, Berlin 1969, 101 ff.

Fritzweiler, Jochen/Pfister, Bernhard/Summer, Thomas, Praxishandbuch Sportrecht, 2. Auflage, München 2007.

Frowein, Jochen Abr./Peukert, Wolfgang, Europäische MenschenRechtsKonvention, 2. Aufl., Kehl, Strassburg, Arlington 1996.

Haas, Ulrich/Adolphsen, Jens, Verbandsmaßnahmen gegenüber Sportlern, NJW 1995, 2146.

Haas, Ulrich/Prokop, Clemens, Zu den formellen Grenzen der vereinsrechtlichen Disziplinargewalt im Rahmen von Unterwerfungsvereinbarungen, SpuRt 1998, 15.

Habscheid, Walther J., Vereinsautonomie, Vereinsgerichtsbarkeit und ordentliche Gerichtsbarkeit, in: *Schröder, Friedrich-Christian/Kaufmann, Hans* (Hrsg.), Sport und Recht, Berlin, New York, 1972, 158 ff.

Hanau, Peter/Adomeit, Klaus, Arbeitsrecht, 14. Auflage, Neuwied 2007.

Heermann, Peter W., Die Geltung von Verbandssatzungen gegenüber mittelbaren Mitgliedern und Nichtmitgliedern, NZG 1999, 325.

Heß, Burkhard/Dressler, Wolf-Dieter, Aktuelle Rechtsfragen des Sports, Heidelberg 1999.

Hilpert, Horst, Tatsachenentscheidung und Regelverstoß im Fußball – Neuere Entwicklungen und Tendenzen –, SpuRt 1999, 49.

–, Eilrechtsschutz im Sport – Zugleich Besprechung des Urteils des LG Berlin v. 29.8.2007 Fall „TuS Makkabi", Teil 1, SpuRt 2007, 223, Teil 2, SpuRt 2008, 18.

Hoppe, Christian, Staatshaftung und Rechtsschutz bei Verletzung grundfreiheitlicher Schutzpflichten, Frankfurt a. M., Berlin, Bern, Brüssel, New York 2006.

Horspool, Margot, European Union Law, Oxford University Press, 4Rev ed. 2006.

Hölzl, Alfons, Sport in der Verfassung und in der Verfassungswirklichkeit unter Berücksichtigung des Gemeinschaftsrechts, Regensburg 2002.

Humberg, Andreas, Die Aufnahme des Sports in das Grundgesetz, ZRP 2007, 57.

Janßen, Jan, Rechtsschutz gegen vereins- und verbandsrechtliche Sanktionen, Köln, Berlin, München 2004.

Jescheck, Hans-Heinrich/Weigend, Thomas, Lehrbuch des Strafrechts, 5. Aufl., Berlin 1996.

Jessberger, Tobias, Der Subsidiaritätsgrundsatz als Rechtfertigung für eine Aufhebung des Sportwettenmonopols, SpuRt 2007, 231.

Klich, Thomas, Deutsches Sportschiedsgericht startet im Januar 2008, SpuRt 2007, 236.

Klose, Oliver, Anmerkung zu LArbG Berlin 9. Kammer, Urteil vom 25.08.2004 – 9 Sa 877/04, jurisPR-ArbR 27/2005 Anm. 2.

Küpperfahrensberg, Peter, Die arbeitsrechtliche Stellung von Spielern und Trainern im Lizenzfußball, Hamburg 2004.

Lindemann, Hannsjörg, Sportgerichtsbarkeit – Aufbau, Zugang, Verfahren, SpuRt 1994, 17.

Maunz, Theodor/Dürig, Günter (Begr.), Grundgesetz, Kommentar, Band VI, Art. 100-146, Loseblatt, München, 50. Lieferung Juni 2007.

Medicus, Dieter, Bürgerliches Recht, 21. Auflage, Köln, Berlin, München 2007.

Medicus, Dieter, Allgemeiner Teil des BGB, 9. Auflage, Heidelberg 2006.

Mertens, Karsten, Jan Ullrich und die Unschuldsvermutung, SpuRt 2006, 177.

Meyer-Cording, Ulrich, Die Vereinsstrafe, Tübingen 1957.

Meyers Enzyklopädisches Lexikon, Band 22, Sn – Sud, Mannheim 1978.

Monheim, Dirk, Die Freiwilligkeit von Schiedsabreden im Sport und das Rechtsstaatsprinzip, SpuRt 2008, 8.

Müller, Norbert, Internationales Olympisches Komitee, in: *Röthig/Prohl (Hrsg.),* Sportwissenschaftliches Lexikon, 7. Auflage, Schorndorf 2003, S. 274-277.

Münchener Kommentar zum Bürgerlichen Gesetzbuch, Band 1, Allgemeiner Teil, §§ 1-240, AGB-Gesetz, 4. Auflage, München 2001.

Orth, Mark-E., Gestalten Europäische Kommission und Europäisches Parlament die Zukunft des Europäischen Fußballs?, SpuRt 2007, 49.

Oschütz, Frank, Zur Überprüfung von Schiedssprüchen des CAS/TAS durch das schweizerische Bundesgericht, SpuRt 1997, 177.

Palandt, Otto (Begr.), Bürgerliches Gesetzbuch, 66. Auflage, München 2007.

Petri, Grischka, Die Dopingsanktion, Berlin 2004.

–, Die Unschuldsvermutung im Verbandsstrafenverfahren, in: *Bepler, Klaus* (Hrsg.), Sportler, Arbeit und Statuten, Festschrift für Herbert Fenn zum 65. Geburtstag, Berlin 2000, 239 ff.

Pfister, Bernhard, Anmerkung zu BGH, Urt. v. 28.11.1994, JZ 1995, 464.

Räker, Jan, Stadionverbote nur noch per Paketpost? Anmerkung zum Urteil des AG Frankfurt a. M. v. 17.8.2007, SpuRt 2008, 99.

Reichert, Bernhard, Zur Satzungsqualität von Spielordnungen und sonstigen Vereinsordnungen, SpuRt 2008, 7.

–, Handbuch des Vereins- und Verbandsrechts, 10. Auflage, München, Neuwied 2005.
Reichert, Bernhard/Dannecker, Franz J., Handbuch des Vereins- und Verbandsrechts, 5. Auflage, Neuwied, Kriftel, Berlin 1993.
Reichert, Bernhard/van Look, Frank, Handbuch des Vereins- und Verbandsrechts, 6. Auflage, Neuwied, Kriftel, Berlin 1995.
Reinhart, Michael, Das „Hoyzer-Urteil" des BGH: Genugtuung für den Sport oder Gefahr für die Betrugsdogmatik?, SpuRt 2007, 52.
Reiß, Günter, Die Strafgewalt der Vereine, Dissertation, Köln 1968.
Reuter, Dieter, Die Verfassung des Vereins gem. § 25 BGB, ZHR 148 (1984), 523.
Richardi, Reinhard/Wlotzke, Otfried, Münchener Handbuch zum Arbeitsrecht, Band 1, Individualarbeitsrecht I, 2. Auflage, München 2000.
Röthig, Peter/Prohl, Robert (Hrsg.), Sportwissenschaftliches Lexikon, 7. Auflage, Schorndorf 2003.
Roloff, Sebastian, Das Beschränkungsverbot des Art. 39 EG (Freizügigkeit) und seine Auswirkungen auf das nationale Arbeitsrecht, Berlin 2003.
Rybak, Frank, Das Rechtsverhältnis zwischen dem Lizenzfußballspieler und seinem Verein, Frankfurt am Main, Berlin, Bern, New York, Paris, Wien 1999.
Sachs, Michael, Grundgesetz, Kommentar, 4. Auflage, München 2007.
Schiffer, Jürgen, Fußball als Kulturgut: geschichtliche, soziologische, ökonomische, rechtliche, politische und philosophische Aspekte, Bundesinstitut für Sportwissenschaft, Bonn 2004.
Schlösser, Jan, Der „Bundesliga-Wettskandal" – Aspekte einer strafrechtlichen Bewertung, NStZ 2005, 423.
Schlosser, Peter, Vereins- und Verbandsgerichtsbarkeit, München 1972.
Schneider, Egon/Herget, Kurt, Streitwert-Kommentar für den Zivilprozess, 12. Auflage, Köln 2007.
Stoffels, Markus, AGB-Recht, München 2003.
Schweyer, Gerhard/Waldner, Wolfram, Der eingetragene Verein, 16. Auflage, München 1997
Staudinger, Julius von (Begr.), Kommentar zum Bürgerlichen Gesetzbuch mit Einführungsgesetz und Nebengesetzen, Buch 2, Recht der Schuldverhältnisse, §§ 305-310; UKlaG, Neubearbeitung, Berlin 2006.
–, Kommentar zum Bürgerlichen Gesetzbuch mit Einführungsgesetz und Nebengesetzen, Buch 1, Allgemeiner Teil, §§ 21-79, 12. Bearbeitung, Berlin 1978.
Stern, Klaus, Verfassungsrechtliche und verfassungspolitische Grundfragen zur Aufnahme des Sports in die Verfassung des Landes NRW, in: Festschrift für

Werner Thieme zum 70. Geburtstag, Köln, Berlin, Bonn, München, 1993, 269 ff.
–, Grundrechte der Sportler, in: *Schröder, Friedrich-Christian/Kaufmann, Hans* (Hrsg.), Sport und Recht, Berlin, New York, 1972, 142 ff.
–, Das Staatsrecht der Bundesrepublik Deutschland, Band IV/1, München 2006.
Stöber, Kurt, Handbuch zum Vereinsrecht, 8. Auflage, Köln 2000.
Tettinger, Peter J., Sport als Verfassungsthema, in: *Tettinger, Peter J.* (Hrsg.), Sport im Schnittfeld von europäischem Gemeinschaftsrecht und nationalem Recht, Stuttgart, München, Hannover, Berlin, Weimar, Dresden 2001, S. 9 ff.
Thomas, Heinz/Putzo, Hans, Zivilprozessordnung, 27. Auflage, München 2005.
Ulmer, Peter/Brandner, Hans Erich/Hensen, Horst-Diether, AGB-Recht, Köln 2006.
Vieweg, Klaus, Zur Einführung: Sport und Recht, JuS 1983, 825.
–, Disziplinargewalt und Inhaltskontrolle – Zum „Reiter-Urteil" des Bundesgerichtshofs, SpuRt 1995, 97.
–, Doping und Verbandsrecht – Zum Beschluss des DLV-Rechtsausschusses im Fall Breuer, Krabbe, Möller, NJW 1992, 2539.
–, Normsetzung und -anwendung deutscher und internationaler Verbände, Berlin 1990.
Weller, Marc-Philippe, Die FIFA-Fußball-WM 2006 im Lichte des Privatrechts, JuS 2006, 497.
–, Die Haftung von Fußballvereinen für Randale und Rassismus, NJW 2007, 960.
Wessels, Johannes/Beulke, Werner, Strafrecht – Allgemeiner Teil, 37. Aufl., Heidelberg 2007.
Westermann, Harm Peter, Die Verbandsstrafgewalt und das allgemeine Recht, Bielefeld 1972.
Wopp, Christian, Zukunftsfaktor Frauenfußball, in: *Gdawietz, Gregor/Kraus, Ulrike* (Hrsg.), Die Zukunft des Fußballs ist weiblich, Aachen 2007.
Zöller, Richard, Zivilprozessordnung, Kommentar, 26. Auflage, Köln 2007.

A. Einführung

I. Einleitung

Die Arbeit befasst sich mit den Maßnahmen mit Sanktionscharakter – den Strafen – der Vereine und Verbände im Sport. Im Wesentlichen sollen diese – alleine wegen ihrer überragenden praktischen Bedeutung dort – anhand des Fußballsports dargestellt werden.

Was die Vereinsstrafe angeht, sind die sich um dieses Phänomen rankenden Fragen[1] trotz einer mehr als einhundertjährigen Diskussion noch nicht abschließend geklärt und von einer einheitlichen Beurteilung entfernt[2]. Alleine diese Feststellung fordert dazu auf, sich erneut der Fragen zu widmen. Hierbei wird jedoch die klassische Trias dahin, dass die dogmatische Einordnung der Vereinssatzung die Weichenstellung für die rechtliche Qualifizierung der Vereinsstrafe und auch Umfang der gerichtlichen Prüfung darstellt, nicht vollkommen neu aufgerollt, weil ihre Facetten in einer Vielzahl von Bearbeitungen ausführlich dargelegt sind, sondern nur um spezifische neue Gedanken ergänzt.

Darüber hinaus fußt jede Verbandsstrafe – also die Vereinsstrafe eines übergeordneten „Großvereins" als Zusammenschluss von Vereinen[3] – ebenso auf diesen rechtlichen Überlegungen und muss aufgrund ihrer herausragenden, allein empirisch begründbaren Bedeutung für den Amateur- und Spitzensport in rechtlicher Hinsicht klaren Grundlagen und Vorgaben folgen.

Neben Sanktionen, also Vereins- und Verbandsstrafen, die auf mitgliedschaftlicher oder mitgliedschaftsähnlicher Sonderbindung beruhen, können Vereine und Verbände möglicherweise auch aufgrund anderer Ermächtigung „bestrafen". Dies löst die Darstellung sonderrechtlicher oder arbeitsrechtlicher Implikationen aus.

Auch wenn einige der Teile der aufgeworfenen klassischen Fragenstellungen in einem sorgfältig erarbeiteten Kompendium[4] dargestellt und wichtige wissen-

---

1 Vgl. nur beispielsweise zu ihrer rechtlichen Zulässigkeit überhaupt die berühmte Auffassung *Flumes,* Vereinsstrafe, S. 101 ff.

2 So auch: *Janßen,* Rechtsschutz, § 12 (S. 131). Eine auf die prozessualen Fragen fokussierte Arbeit zu einem Randbereich des gewählten Themas.

3 Diese Definition des Verbands reicht für die vorliegende Bearbeitung vollkommen aus. Differenzierter und weitergehend: *Vieweg,* Normsetzung, S. 22.

4 *Schlosser,* Vereins- und Verbandsgerichtsbarkeit.

schaftliche Thesen des Forschungskreises schon Gegenstand von Habilitationsschriften waren[5], ist alleine aufgrund des Zeitablaufs – einige der grundlegenden Bearbeitungen sind über 50 Jahre alt –, der ergangenen neuen Rechtsprechung vor allem aber auch wegen des eingetreten Paradigmenwechsels im Hinblick auf die Beurteilung der sport- und insbesondere *DFB*-internen Rechtsprechung in der rechtswissenschaftlichen und öffentlichen Meinung[6] die erneute Befassung mit dem Themenkomplex geboten. Auch eine zusammenfassende Darstellung von Vereins- und Verbandsstrafen, die konkret im Fußballsport ergriffen werden, findet sich trotz ihrer überragenden praktischen Relevanz schließlich nicht. Sie scheint aber notwendig, insbesondere nachdem schon früh herausgearbeitet wurde, dass sich die dogmatische Einordnung der Verbandsstrafe von derjenigen der Vertragsstrafe durchaus unterscheiden kann[7]. Schließlich befassen sich die bisherigen Bearbeitungen mit dem Rechtsstand der umfangreich geänderten DFB-Satzung vor der „Ausgliederung" der Bundesligen[8]. Ein Blick auf die neue Rechtslage ist erforderlich.

Im Folgenden sollen die gerade praktisch virulenten Fragen herausgefiltert und beleuchtet werden, wobei in der kritischen Auseinandersetzung mit den in Rechtsprechung und Literatur gewählten Lösungsansätzen ein noch stärkeres Augenmerk auf berechtigte Interessen der selbst gegebenen Strukturordnung gelegt werden soll. Der Themenkomplex wird aus dem Blickwinkel des Fußballs, aber stets unter der Darstellung der für alle Vereine und Verbände einschlägigen rechtlichen Grundlagen untersucht.

Dass rechtlicher Diskussionsbedarf besteht, zeigt sich auch durch aktuelle Ereignisse im Sport: Gerade in jüngerer Zeit sind im Hinblick auf neuere Vermarktungsstrategien auch des Amateurfußballs[9] Verbandsstrafen wieder in den Blickpunkt der Beteiligten geraten, weil durch angedrohte, so genannte Ordnungsgelder (*de facto* Geldstrafen oder -bußen) die Verbandsvereine angehalten werden sollen, die Ergebnisse der Spiele ihrer Mannschaften bis spätestens 18.00

---

5 *Meyer-Cording*, Die Vereinsstrafe. *Vieweg*, Normsetzung.

6 Aus heutiger Sicht ist der Groll, den *Westermann* (in: *ders.*, Verbandsstrafgewalt) als Gutachter hierzu offenbar hegte (ebenda, sogleich in seiner Einleitung, S. 9 f.) immer noch erstaunlich. Doch wird er allerdings nach der Beschreibung einiger fußballinterner Vorgänge (ebenda, z. B. S. 11 m. w. N.) schnell nachvollziehbar.

7 *Westermann*, Verbandsstrafgewalt, § 3 (S. 30 ff.), insbesondere § 3 III 3 „Eigene Ansicht" (S. 38 f.).

8 Für „Nichtfußballer" sei ein kurzer Hinweis zur Terminologie gestattet: Man kennt keine „1. Bundesliga", die höchste (= „erste") Liga im deutschen Fußball ist die „Bundesliga", die zweithöchste Klasse hingegen heißt „2. Bundesliga".

9 Alle Spielergebnisse im Internet, im so genannten DFBnet – www.fussball.de.

Uhr des Spieltags einzumelden[10]. Dies führt bei vielen Vereinen zu Verdruss, wenn auch bei den Verbänden zu ganz erheblichen Mehreinnahmen[11]. So kann es kein Wunder sein, dass die Frage nach der Zulässigkeit dieser Geldstrafe bisweilen so laut gestellt wird, dass über einen entsprechenden Rückforderungsanspruch eines hessischen Vereins gegen den *Hessischen Fußball-Verband* die ordentliche Gerichtsbarkeit entscheiden musste[12]. In einer für die Grundzüge lesenswerten und in vollem Umfang zutreffenden Entscheidung bestätigte das *AG Frankfurt*[13] dann auch die Zulässigkeit der genannten Bestrafungen, jedenfalls auf Grundlage der Satzungs- und Beschlusslage beim *Hessischen Fußball-Verband*. Schnelle Reaktionen der Sportgerichte wurden seitens der Öffentlichkeit in der jüngeren Vergangenheit natürlich auch gerade im so genannten Schiedsrichter-Skandal um den „Unparteiischen" *Robert Hoyzer* verlangt[14].

---

10 Um so einen für die Fußballergemeinschaft, aber auch unter Marketinggesichtspunkten äußerst aktuellen und verwertbaren Datenbestand zu erhalten.

11 Seitdem beispielsweise der *FVM* die seitens des DFBnet elektronisch ausgegebenen Verspätungsmeldungen auf dem DV-Weg auswertet und die zu verhängenden Ordnungsgelder automatisch verhängt, veröffentlicht und der Vereinsbuchhaltung belastet, hat er alleine von Oktober 2005 bis 31.12.2005 Ordnungsgeldeinnahmen von mehreren tausend Euro verzeichnet.

12 Was in der Sportlergemeinschaft tendenziell ungewollt ist, vgl. § 1 Abs. 2 Satz 2 RuVO/WFLV (abrufbar unter: http://www.wflv.de/252.0.html, abgerufen am 27.10.2007), und – nicht nachvollziehbar – teilweise immer noch als anrüchig empfunden wird.

13 *AG Frankfurt*, Urt. v. 07.04.2006, Az. 32 C 571/06 – 18 (unveröffentlicht). Durch den *DFB*-Chefjustitiar mit Rundschreiben vom 25.04.2006 an die Geschäftsführer der Landesverbände versandt.

14 Der ehemalige Schiedsrichter *Robert Hoyzer (Berlin)* wurde vom Sportgericht des *DFB* durch seinen Vorsitzenden *Dr. Rainer Koch (Poing)* als Einzelrichter im schriftlichen Verfahren wegen unsportlichen Verhaltens in acht Fällen auf Dauer aus dem *DFB* und aus seinen Mitgliedsverbänden ausgeschlossen. Außerdem wurde ihm auf Dauer verboten, ein Amt im *DFB*, seinen Mitgliedsverbänden und deren Vereinen und Kapitalgesellschaften, insbesondere das eines Schiedsrichters, auszuüben. *Hoyzer* hatte dem Urteil damals zugestimmt, es war somit sofort rechtskräftig. Auch die weiteren beteiligten Schiedsrichter *Zwayer* und *Marks* wurden durch das Sportgericht bestraft. Der außerhalb der Fußballorganisation stehende Haupttäter „Ante S." konnte freilich nicht durch das *DFB*-Sportgericht belangt werden.
Im Übrigen soll der sog. „Schiedsrichterskandal" in dieser Arbeit keine besondere Berücksichtigung finden. Zu strafrechtlichen Aspekten: *Schlösser*, NStZ 2005, 423, und *Reinhart*, SpuRt 2007, 52. Die die Haupttäter wegen Betrugs verurteilende Entscheidung des Landgerichts Berlin ist zwischenzeitlich rechtskräftig, nachdem der BGH – mit einer lesenwerten Entscheidung zu den Tatbestandsmerkmalen „Täuschung" und „Vermögensschaden" des § 263 StGB – diese bestätigt hat (vgl. NJW 2007, 783, mit zustimmender Anmerkung *Feinendegen*).

Die vorliegende Arbeit stellt die vor diesem Hintergrund geltenden rechtlichen Voraussetzungen umfassend dar, arbeitet sie auf und bewertet sie – wo notwendig – neu. Hierzu wird zunächst allgemein zu dem Thema hingeführt, indem insbesondere strukturelle Grundlagen gelegt werden (A.). Sodann werden diejenigen Anforderungen an Vereins- und Verbandsstrafen dargestellt, die sich generalisierend „vor die Klammer ziehen" lassen, weil sie für beide Bereiche gleich gelten. Es handelt sich um grundsätzliche Rechtmäßigkeitsanforderungen, welche die Rechtsordnung an körperschaftliche Strafen stellt (B.). Zwischen strafender Körperschaft (Verein oder Verband) wird dann unterschieden: Die Vereinsstrafen werden unter C. und die Verbandsstrafen alsdann unter D. dargestellt. Innerhalb beider Kapitel wird jeweils zwischen den zu bestrafenden Personen differenziert, für die sich unterschiedliche Strafarten, eine unterschiedliche rechtliche Legitimation für den körperschaftlichen Strafanspruch und schließlich auch verschiedene Rechtmäßigkeitsanforderungen ergeben können. Aus diesem Aufbau ergibt sich die vorliegende Gliederung der beiden Hauptkapitel. Der Rechtsschutz gegen Vereins- und Verbandsstrafen wird unter E. in einem kurzen Überblick ausgeführt. Den Schluss der Arbeit bilden Gesamtergebnis und Ausblick (F.); es schließen sich im Anhang lediglich die Falllösungen an (G.).

Wer sich mit Sport und Recht beschäftigt, muss schließlich auch europarechtliche Einflüsse auf den Regelungsbereich überlegen. Mit der berühmten *Bosman*-Entscheidung[15] hat das Europarecht auch im Sportrecht erstmals eine bedeutende Stellung erlangt. Sie befasst sich aber – wie auch die anderen zum Sport ergangenen Entscheidungen des *EuGH*[16] – insbesondere mit Freizügigkeitsfragen im Zusammenhang mit Ausländerklausel- und Wechselbestimmungen[17], die sich bislang nicht zum Sanktionensystem der Vereine und Verbände, also nicht zum Gegenstand dieser Arbeit, verhalten haben. Es kann – angesichts der ständig steigenden Regelungsdichte aus Brüssel – leicht prognostiziert werden[18], dass dies über kurz oder lang der Fall sein wird und diese Bearbeitung des Themas einmal mehr nur eine (weitere) vorläufige Bewertung darstellen kann.

Für all diese Betrachtungen weist *Stern* die Richtung:

> „Über Sport und Rechtsordnung nachzudenken, bleibt [daher] ein notwendiges und lohnendes Unterfangen[19]."

---

15 *EuGH,* Rs. C-415/93, Slg. 1995, I-4921 *(Bosman).*

16 Siehe auch die aktuellen Entscheidungen des *EuGH* in den Rs. C-51/96 und C-191/97, Slg. 2000, I-254 *(Deliège)*; Rs. C-176/96, Slg. 2000, I-2681 *(Lehtonen);* Rs. C-438/00, Slg. 2003, I-4135 *(Kolpak)*; Rs. C-265/03, Slg. 2005, I-2579 *(Simutenkow).*

17 Eingehend dazu: *Horspool,* European Union Law, S.426 ff.

18 Einen Ausblick in die Zukunft wagt *Orth,* SpuRt 2007, 49.

19 *Stern,* Verfassungsrechtliche Grundfragen, S. 269 (270).

II. Fallfragen zum Thema

Einige der Ziele der Betrachtung lassen sich am besten an den folgenden Fallfragestellungen exemplifizieren. Die aufgeworfenen Rechtsfragen werden im Rahmen der Arbeit gelöst; eine zusammenfassende Darstellung der Falllösungen findet sich im Anhang.

1. Fall 1 – Der Spieler ohne Attest –

Bundesligaprofi M legt bei drei Gelegenheiten im laufenden Jahr seinem Verein ein ärztliches Attest über Arbeitsunfähigkeit nicht vor, obwohl er bei jeder Gelegenheit infolge Arbeitsunfähigkeit an drei aufeinander folgenden Tagen nicht zum Training erscheint. Hierzu ist er aber nach seinem Vertrag aus arbeitsvertraglicher Nebenpflicht verpflichtet. Nach dem dritten Verstoß verhängt der Verein gegen ihn eine „Geldstrafe" i. H. v. 3.000,00 €. Zu Recht – dem Grunde und der Höhe nach?[20]

2. Fall 2 – Kopfnuss –

Bundesligatrainer *Norbert Meier (MSV Duisburg)* verpasst dem Spieler der gegnerischen Mannschaft *Albert Streit (1. FC Köln)* anlässlich des Bundesligaspiels in *Duisburg* (06.12.2005) eine Kopfnuss. Bevor der Verein den Trainer entlässt, verhängt er gegen ihn eine „Geldstrafe" i. H. v. 5.000,00 €. Das Sportgericht des *DFB* verhängt gegen *Meier* – nachdem es ihn per am 07.12.2005 zugestellter einstweiliger Verfügung gesperrt hat – eine Geldstrafe von 12.500,00 € und untersagt ihm auf die Dauer von drei Monaten jegliche Trainertätigkeit. Sind die verhängten Strafen rechtmäßig? Gibt es eine Konkurrenzproblematik zwischen Vereins- und Verbandsstrafen?[21]

3. Fall 3 – Beleidigte Präsidenten –

a) Ausgangsfall

M ist Mitglied des *„TuS Blau-Weiß Königsdorf"*, eines Fußballvereins vor den Toren Kölns. Dieser Verein ist Mitglied beim *DFB*-Landesverband *„Fußball-*

20 Lösung des Falls s. u. unter G. I., S. 221.
21 Lösung des Falls s. u. unter G. II., S. 221.

Verband Mittelrhein (FVM) e. V." Der Verband selbst ist Mitglied beim *DFB*. Die Vereinssatzung des „TuS Königsdorf" unterwirft den Verein und seine Mitglieder der Geltung der Satzung des *FVM* und des *DFB* durch eine dynamische Verweisung auf deren komplettes Satzungs- und Ordnungsrecht. Gleiches tut der *FVM* in seiner Satzung für seine Mitglieder und das Recht des *DFB*. Der M sagt anlässlich eines Kreisliga-A-Fußballspiels zu dem A: „Der Liga-Präsident ist ein dummer Hund; der gibt das ganze Geld nur für die Profis aus, nicht für die Basis." Hiervon erlangt der *DFB*-Kontrollausschussvorsitzende Kenntnis, der ein Ermittlungsverfahren gegen den M einleitet. Auf Anklage verurteilt das *DFB-Sportgericht* den M wegen einer „groben Unsportlichkeit gegenüber dem Liga-Präsidenten" zu einer Geldstrafe von 250,00 €. Nach erfolgloser Anrufung des *DFB-Bundesgerichts* klagt M vor dem *Landgericht Köln* gegen den *DFB* (Sitz: *Frankfurt*) auf Feststellung, dass das Urteil des Sportgerichts unwirksam ist.[22]

b) Abwandlung

Gleiches geschieht, allerdings wird der *FIFA-Präsident* durch den M beleidigt. Das zuständige Organ der *FIFA* setzt – rechtskräftig nach Verbandsrecht – gegen ihn eine Geldstrafe i. H. v. 1.000,00 Schweizer Franken fest. Als M nicht zahlt, nimmt die *FIFA* ihn auf Zahlung dieses Betrags vor dem *Amtsgericht Kerpen* (M wohnt ebenfalls in der Gemeinde *Frechen-Königsdorf*, für die das *Amtsgericht Kerpen* örtlich zuständig ist) in Anspruch.[23]

4. Fall 4 – Jeden Samstag wieder –

Bundesliga-Profi A wird nach einer Tätlichkeit in einem minderschweren Fall (Nachtreten, ohne Chance den Ball spielen zu können, jedoch offensichtlich ohne erhebliche Beeinträchtigung oder Verletzung des Gegners, der nach kurzer Behandlung weiterspielen konnte und keine Folgen davon trug) vom *DFB-Sportgericht* für drei Spiele gesperrt. Ist eine solche Sperrstrafe wegen des Eingriffs in seine Berufsfreiheit (Art. 12 GG) insgesamt rechtmäßig? Kann A die ordentliche Gerichtsbarkeit anrufen, wenn er mit der Entscheidung des *DFB-Sportgerichts* nicht einverstanden ist? Muss er vorher den *DFB*-internen Instanzenweg ausschöpfen?[24]

---

22 Lösung des Falls s. u. unter G. III. 1., S. 223.
23 Lösung des Falls s. u. unter G. III. 2., S. 225.
24 Lösung des Falls s. u. unter G. IV, S. 225.

III. Bedeutung von Strafen im Sport

Die Frage nach der Bedeutung von Strafen im Sport wirft die Frage nach dem Vorkommen von sportrechtlichen Sanktionen auf. Soweit diese Frage nicht bereits teilweise durch die im Rahmen der Einleitung aufgezeigten Beispiele gelöst ist, sei sie jetzt am Beispiel des Fußballs beantwortet. Der Fußballsport hat seit jeher – und nicht erst mit der WM 2006 in Deutschland – in unserer Gesellschaft einen besonders hohen Stellenwert, und die mediale Berichterstattung über ihn erscheint umfassender als über jedes andere Thema[25]. Im *Deutschen Fußball-Bund* gehen an jedem Wochenende während einer Spielzeit die im *DFB* organisierten rund 6,5 Millionen Einzelmitglieder in ihren jeweiligen Verbänden und Vereinen dem organisierten Fußballsport im ganz überwiegenden Teil als Amateure nach. Erfreulicherweise nimmt die Anzahl der Frauen und Mädchen, die Fußball spielen, immer weiter zu[26]. Vereine und Verbände sprechen zur Regulierung eines geordneten Spielbetriebs, aber auch zur Wahrung eines fairen und zivilisierten Miteinanders in der Sportlergemeinschaft, repressive Strafen aus.

Und solches geschieht jedes Wochenende in einem ungeahnten Ausmaß. Im *Deutschen Fußball-Bund* werden während der laufenden Amateursaison in den Landesverbänden unter Einbeziehung aller Herren-, Frauen- und Juniorenklassen rund 80.000 Spiele veranstaltet. Allein im *Fußball-Verband Mittelrhein e. V.* sind es 2.400 Spiele pro Wochenende. Nur die fußballtypischen und im Alltag kaum Aufsehen erregenden Ereignisse wie der Platzverweis eines Spielers (ausgesprochen durch den amtierenden Schiedsrichter) oder die Beanstandung des Passbildes auf dem Spielerpass des Spielers lösen – je nach Organisation des betreffenden Landesverbandes – Sanktionen einer Verwaltungsstelle oder eines Sportrichters aus (im einen Fall die Anordnung einer Spielersperre auf Zeit, im anderen Fall die Verhängung eines Ordnungsgeldes gegen den Verein). D. h., dass alleine im Fußballsport in Folge jedes Wochenendes mehrere hundert sportrechtliche Strafen ausgesprochen werden. Dies funktioniert in der Regel unspektakulär und begegnet auch auf Betroffenenseite eines hohen Maßes an Akzeptanz, weil die Beauftragten der Verbände, die mit der Verhängung dieser Maßnahmen befasst sind, sich in aller Regel durch eine hohe sportliche Qualifikation, großes Fair-Play-Verständnis, einen ausgeprägten Gerechtigkeitssinn und einen umfangreichen Erfahrungsschatz auszeichnen. Es kann festgestellt werden, dass sich dieses System problemlos bewährt hat.

---

25 Fußball ist ein heute zweifelsohne ein Stück unserer Kultur. Zu der überkommenden Auffassung, Fußball – im 19. Jahrhundert noch „die englische Krankheit“ – sei ein „geistloser Proletensport“ vgl. *Schiffer*, Fußball als Kulturgut, S. 7 ff.

26 *Wopp*, Zukunftsfaktor Frauenfußball, S 9. ff.

Im Rahmen der Verbandsgerichtsbarkeit im Amateurbereich gelangen – anders als bei den Gewaltphänomenen in der italienischen Liga oder in Leipzig Anfang 2007 – in der Regel nur Exzesse in den Fokus der Öffentlichkeit[27]; der Wettbewerbsbetrieb in den verschiedenen Sportarten verläuft ruhig und geordnet. Stark werden von der Öffentlichkeit, wegen des Interesses und der starken medialen Präsenz, natürlich die jeweiligen, in der Regel durch die Dachverbände oder in ihrem Auftrag veranstalteten Bundesligen wahrgenommen, wobei das größte Interesse zweifelsohne wiederum dem Fußballsport gilt. Ausgesprochene Sanktionen des *DFB*, wie beispielsweise die Spielersperre für einen erteilten Platzverweis in einem Bundesligaspiel oder eine Geldstrafe gegen einen Verein wegen Fanausschreitungen, werden regelmäßig kommuniziert, von den Medien präsentiert und natürlich von der Fachwelt kommentiert. Dem Zeitgeist und dem Berichtsstil der Medien zollt es Tribut, wenn auch hier Exzesse in den Vordergrund der Berichterstattung gelangen, den Sport in den Hintergrund treten und Vergehen wie Sanktion allein Schlagzeilenwert erreichen lassen. Als Beispiele sind hier der erwähnte Skandal um Schiedsrichter *Hoyzer* (s. o. S. 25) oder der im Rahmen dieser Arbeit zu besprechende Beispielsfall 2 (s. o. S. 27, Kopfnuss von *Meier*), der sich – was das Geschehen angeht – ebenso realiter ereignet hat, zu nennen. Der letzte Fall verdeutlicht zudem die Koexistenz von Vereins- und Verbandsstrafe: Plötzlich war der Verein als Arbeitgeber durch den öffentlichen und moralischen Druck gefordert, das Verhalten seines Trainers und Angestellten (arbeits-)rechtlich zu ahnden. Öffentlich gewordenes Fehlverhalten von Fußball-Bundesligaprofis (z. B. unangemessenes Verhalten gegenüber Mannschaftskollegen beim Training oder die Überschreitung eines angemessenen Maßes beim Ausgehen) führt auch immer wieder zu „Vereinsstrafen" von Bundesligavereinen gegenüber ihren Spielern.

Schon wegen ihrer Häufigkeit im Amateurbereich, ihrer öffentlichen Wahrnehmung im Profibereich und schließlich ihrer teilweise ganz erheblichen Eingriffsintensität (z. B. hohe Geldstrafen, Ordnungsgelder oder „lebenslange" Sperren) kommt den Vereins- und Verbandsstrafen eine wesentliche Bedeutung im Sport zu.

Funktionell und von ihrer Bedeutung her ist natürlich ihr Ordnungscharakter hervorzuheben. Vereins- und Verbandsstrafen erfüllen regelmäßig auch genau diejenigen Strafzwecke, die aus der Strafrechtslehre bekannt sind[28]. Obschon sich

---

27 Z. B. *Kölner Stadt-Anzeiger*, Nr. 116, vom 19.05.2006, S. 25, „Die Angst der Schiedsrichter". Es wird über einen 17-jährigen Schiedsrichter berichtet, der nach einem von ihm geleiteten A-Jugend-Spiel Opfer einer räuberischen Erpressung geworden ist. Die verbandliche wie die staatliche Sanktion gegen die Täter wird dargestellt.

28 Kurzüberblick bei *Wessels/Beulke*, Strafrecht, Rdnr. 12a. Ausführlich: *Jescheck/Weigend*, Lehrbuch des Strafrechts, § 8.

natürlich der Sport auch nicht von den Gedanken der absoluten Strafzwecktheorien, nämlich Sühne und Vergeltung, freisprechen kann, wird er doch immer die Präventionsgedanken nach den relativen Strafzwecktheorien betonen[29]. Dies sei nur kurz anhand einer Sperrstrafe für einen Spieler nach einem grob unsportlichen Vergehen auf dem Fußballplatz dargestellt. Unter dem Gesichtspunkt der positiven Generalprävention wirkt die Sperrstrafe gegen einen Spieler, wenn die Sportgemeinschaft wahrnimmt, dass der Fußball über einen funktionierenden Sanktionsmechanismus verfügt, der regelwidriges und unsportliches Verhalten gerade nicht zulässt. Sie wirkt auch negativ generalpräventiv: Alle anderen werden abgeschreckt, sich wider der für alle geltenden Bestimmungen zu verhalten, weil sie aufgrund der Sperrstrafen ihrem Sport im Übertretensfalle nicht oder nicht so nachgehen könnten. Sie erfüllt auch eine positive Spezialprävention, weil der gesperrte Spieler sich zu bessern haben wird, wenn er weiterhin unbehelligt mitspielen möchte. Negative Spezialprävention herrscht auch vor: Rüpel und Schläger sind im Sport nicht erwünscht; sie werden vom Wettkampfbetrieb ausgeschlossen, und somit wird die Gemeinschaft der anständigen Sporttreibenden vor solchen geschützt.

Es bedarf keines vertieften Eingehens auf die verfolgten Strafzwecke, um festhalten zu können, dass ein funktionierendes Sanktionensystem für das ordnungsgemäße, störungsfreie und faire Miteinander großer Sportlergemeinschaften unerlässlich ist, wenn so viele Individuen mit unterschiedlichen Interessen miteinander – im besten Sinne des Wortes – kämpfen, sei es im Wettkampf selbst oder in den ihn vorbereitenden Organisationsstrukturen. Denn jeder, der einen Wettkampfsport betreibt, will immer auch gewinnen. Dieses grundlegende menschliche Verlangen bedarf in seiner sportlichen Auslebung ganz offenkundig der Regulierung. Damit liegt eine wichtige Bedeutung von Sanktionen im Sport, vergleichbar mit der Bedeutung des Strafrechts im staatlichen Recht, darin, die sozialethischen Wertvorstellungen der Sportlergemeinschaft (unter Einbeziehung von sportlichem Geist, Wettkampf und Fair Play) aufrechtzuerhalten: Sportrechtliche Sanktionen greifen dann ein, wenn am Sport Beteiligte Verbote und Gebote missachten, die für ein gedeihliches Miteinander im Sport unerlässlich sind.

---

29 Die Kommission Gewaltprävention des *DFB* unter Vorsitz des damaligen *DFB-Vizepräsidenten Karl-Josef Tanas* befasste sich intensiv mit Präventionsgedanken und forcierte unter diesem Gesichtspunkt die Einführung von Bewährungsstrafen bei im Fußball auszusprechenden Sperrstrafen. Dies trifft in den Landesverbänden des *DFB* teils auf große Zustimmung, teils aber auch auf erhebliche Vorbehalte. Für den Bereich des *WFLV* ist sie durch Beschluss des Verbandstags am 18.08.2007 eingeführt worden, § 8b RuVO/WFLV.

IV. Organisation des Sports, insbesondere des Fußballs

Für ein Verständnis der vorgefundenen Regelungen ist es unerlässlich, die vorhandene Strukturorganisation des Sports darzustellen. Um die rechtliche und gesellschaftliche Einordnung des Systems zu erleichtern, sind auch Bewertungen des tatsächlichen Befundes vorzunehmen.

1. Sport allgemein

Die strukturelle Organisation des Sports ist, national wie international, durch ein umfangreiches Verbands- und Funktionärswesen geprägt. Auf den unterschiedlichsten Ebenen werden *Verbände* gebildet, deren Mitglieder in der Regel nicht natürliche Personen (die so genannten *Einzelmitglieder*), sondern als juristische Personen *Vereine* oder sogar *Verbände* selbst sind.

a) International

Zunächst sollen die internationalen Einrichtungen vorgestellt werden – allerdings nur im Überblick, weil eine vertiefte Befassung hiermit zum Verständnis der hier behandelten Probleme nicht erforderlich ist.

aa) Weltsportverband

Es gibt einen in der Öffentlichkeit kaum bekannten Weltsportverband. Dies ist der *Weltverband der Internationalen Sportverbände – General Association of International Sports Federations (GAISF)* mit Sitz in *Monte Carlo*[30]. Er veranstaltet insbesondere die sog. „World Games", gleichsam die „Olympischen Spiele" der nicht-olympischen Sportarten, und versucht, sich u. a. auf diesem Weg gegenüber dem *IOC* mit den nicht-olympischen Sportarten zu positionieren.

bb) IOC und WADA

Weltweite Sportinteressen nimmt auch das *Internationale Olympische Komitee (IOC)* wahr. Sein Hauptzweck ist die Verbreitung des olympischen Gedankens und damit natürlich im Wesentlichen die Veranstaltung, Organisation und Be-

30 Der Internetauftritt findet sich unter: http://www.agfisonline.com (abgerufen am 27.10.2007).

treuung der Olympischen Spiele, Sommer- und Winterspiele[31]. Im Hinblick auf die von ihm als olympisch anerkannten Sportarten ist das *IOC* auch ein Weltsportverband.

Es wurde am 23. Juni 1894 in Paris ins Leben gerufen. Spiritus Rector war der französische Erzieher *Baron Pierre de Coubertin,* der sich die Wiederbelebung der Olympischen Spiele der Antike zur Aufgabe gemacht hatte[32].

Seinen Sitz hat das *IOC* seit 1915 in *Lausanne/Schweiz.* Es ist nach seinem Selbstverständnis eine internationale, regierungsunabhängige, nicht gewinnorientierte Vereinigung mit Rechtspersönlichkeit, die vom Schweizer Bundesrat als solche anerkannt worden ist. Es hält die Schirmherrschaft über die olympische Bewegung und beansprucht alle Rechte an den olympischen Symbolen, Fahnen, Mottos und Hymnen sowie den Spielen selbst. Seine Hauptverantwortung liegt in der Betreuung und Organisation der Sommer- und Winterspiele.

Mitglieder des *IOC* sind die *NOCs*, die Nationalen Olympischen Komitees, die jeweils auf Staatenebene für die Vertretung der olympischen Sportarten verantwortlich sind.

Da im internationalen Spitzensport außerhalb des Fußballs die meisten Sanktionen im Zusammenhang mit Doping-Verstößen verhängt werden[33], ist die *WADA (World Anti Doping Agency)* zu erwähnen und ihr Entstehen wie ihre Bedeutung kurz darzustellen[34].

Nach den für die Sportöffentlichkeit schockierenden Ereignissen im Radsport im Sommer 1998[35] entschied das *IOC*, eine Weltkonferenz gegen Doping zu veranstalten und damit alle Beteiligten im Kampf gegen Doping an einen Tisch zu bringen. Aus dieser Konferenz ging die Lausanner Erklärung gegen Doping im Sport hervor. Hiernach sollte eine unabhängige, internationale Anti-Doping-Agentur eingerichtet werden, die bereits zu den 27. Olympischen Sommerspielen

---

31 Das *IOC* im Internet: http://www.olympia.org (abgerufen am 27.10.2007).

32 *Müller,* Internationales Olympisches Komitee, S. 274-277.

33 Doping-Beispiele mit Deutscher Beteiligung: *Rechtsausschuss des Deutschen Leichtathletik-Verbandes,* Beschluss vom 05.04.1992, Az. RA 2/92, NJW 1992, 2588 – Fall Krabbe – mit Besprechung *Vieweg,* NJW 1992, 2539, und für den Kanusport: *OLG Frankfurt,* Beschluss vom 10.07.1992, Az. 16 W 32/92, NJW 1992, 2576.

34 Internetpräsenz: htttp://www.wada-ama.org (abgerufen am 27.10.2007).

35 Während der Tour de France 1998 erlebte der Radsport seine schwerste Krise, die nur durch die Dopingerkenntnisse in den Jahren 2006 und 2007 überboten werden konnte: Im Rahmen der so genannten *Festina*-Affäre wurde im Spitzenteam *Festina* eine systematische, flächendeckende Dopingpraxis aufgedeckt, nachdem bei einem Betreuer der Mannschaft durch Zufall große Mengen unerlaubter Substanzen – vor allem Erythropoetin (EPO) – gefunden worden waren. Diese Entdeckung verdeutlichte auch die Unwirksamkeit der damaligen Dopingkontrollen: Keiner der *Festina*-Fahrer war positiv getestet worden.

2000 in *Sydney* voll arbeitsfähig sein sollte. Hierauf wurde am 10.11.1999 in *Lausanne* die *WADA* mit dem Ziel gegründet, den internationalen Kampf gegen Doping voranzubringen und zu koordinieren. Die *WADA* wurde als eine Stiftung auf die Initiative des *IOC* mit der Unterstützung und Beteiligung von zwischenstaatlichen Organisationen, Regierungen, Behörden und anderen öffentlichen und privaten Einrichtungen gegründet, die den Kampf gegen Doping unterstützen. Ihre Gremien bestehen zu gleichen Teilen aus Vertretern der Olympischen Bewegung (i. S. d. dargestellten Organisation) und Behörden.

Auch der *DFB* hat die Reglemente der *WADA* als Grundlage für seine Dopingkontrollen anerkannt, § 6 Abs. 2, lit. c DFB-Satzung[36]. Schließlich hat auch die *FIFA* auf dem *FIFA*-Kongress vor der WM 2006 die Doping-Regeln im Fußball an den Code der *WADA* angepasst. Hierbei wurden der *FIFA* allerdings u. a. ein Recht der Einzelfallprüfung und einige weitere Ausnahmen zugestanden.

cc) Der internationale Sportschiedsgerichtshof (CAS/TAS)

Von größter Bedeutung für alle auf internationaler Ebene tätig werdenden Verbände ist der *Internationale Sportschiedsgerichtshof* (*Court of Arbitration for Sport [CAS]* bzw. *Tribunal Arbitral du Sport [TAS]*)[37]. Ihm ist auch für die rechtswissenschaftliche Betrachtung wegen seiner weit verbreiteten Akzeptanz, seiner (postulierten) Letztentscheidungskompetenz und in seinem Selbstverständnis seiner Stellung als unabhängiger Gerichtshof ein großes Gewicht unter den internationalen Einrichtungen zuzumessen. Trotz seiner ebenfalls häufig vorgefundenen Bezeichnung als „Internationaler Sportgerichtshof"[38] ist er freilich kein staatliches, unabhängiges Gericht im technischen Sinne. Er bleibt immer Schiedsgericht, weil sich seine Zuständigkeit kraft vertraglicher Vereinbarung (respektive Unterwerfung) und nicht durch gesetzliche Zuweisung ergibt.

---

36 Bei der DFB-Satzung berücksichtigt diese Arbeit den Rechtsstand, der sich durch die Beschlüsse des *DFB-Bundestags* am 25./26.10.2007 in Mainz ergeben hat.

37 Der Internationale Sportschiedsgerichtshof im Internet: http://www.tas-cas.org/ (abgerufen am 27.10.2007). Dort können auch die „Statutes of the Bodies Working for the Settlement of Sports-related Disputes", also die Bestimmungen über die geschaffenen institutionellen Einrichtungen (*CAS/TAS* und *ICAS*), sowie die „Procedure Rules" (das Verfahrensrecht) heruntergeladen werden. Sie werden in englischer oder französischer Sprache angeboten.

38 Zwischenzeitlich hat auch das *Deutsche Sportschiedsgericht* seine Arbeit aufgenommen, vgl. *Klich,* SpuRt 2007, 236. Das *Deutsche Sportschiedsgericht* im Internet: www.dis-arb.de (abgerufen am 17.04.2008).

α) Allgemeines

Der Gerichtshof ist die anerkannte letzte Entscheidungsinstanz für die Sportverbände und Nationalen Olympischen Komitees in Streitfragen zum internationalen Sportrecht[39]. Am häufigsten befasst er sich mit Disziplinarfragen (Unklarheiten bei Regelverstößen), Verfahrensfragen (beispielsweise bei Spielertransfers), Dopingfragen und sportbezogenen Vertragsfragen (Sponsoring, Fernsehrechte etc.).

Das Schiedsgericht wurde 1984 auf Initiative des *IOC* als unabhängiges Gremium gegründet und hat seinen Sitz in *Lausanne/Schweiz.* Seit 1994 ist der *CAS/TAS* dem *ICAS (International Council of Arbitration for Sport)* unterstellt und damit von dem lange kritisierten zu großen Einfluss des *IOC* freigeworden. Für sportliche Großereignisse (wie z. B. die Olympischen Spiele oder die *FIFA* WM 2006) werden temporäre Tribunale eingerichtet, die sog. Ad-hoc-Entscheidungen zu Sachverhalten treffen können, die sich aus dem laufenden Wettbewerb ergeben.

Die Gründung des *CAS/TAS* geht auf eine Idee des damaligen *IOC-Präsidenten Juan Antonio Samaranch* zurück, der 1981 die Schaffung einer Sportgerichtsbarkeit vorschlug. Grund dafür war vor allem die fortschreitende Professionalisierung des Sports in den frühen 1980er Jahren, die auch einen Anstieg zu lösender sportspezifischer Schlichtungsfragen mit sich brachte.

Die *FIFA*[40], die *UEFA*[41] und der *DFB*[42] haben sich seiner Rechtsprechung verbindlich unterworfen.

---

39 Zur jüngst erstmals erfolgten Aufhebung eines *CAS/TAS*-Schiedsspruches durch das schweizerische Bundesgericht vgl. *Oschütz,* SpuRt 1997, 177.

40 Die Anerkennung findet sich in Art. 59 FIFA-Statuten, Art. 60 FIFA-Statuten beschreibt eine differenzierte Zuständigkeitsregelung für die Anrufung des *CAS/TAS* und Art. 61 der FIFA-Statuten verlangt von den Konföderationen, Mitgliedern und Ligen, sich ebenfalls dem *CAS/TAS* zu unterwerfen.

41 In den Statuten der *UEFA* findet sich zwar keine ausdrückliche Unterwerfung wie z. B. bei der *FIFA*, jedoch ergibt sich die Anerkennung des Gerichtshofs aus Art. 61 UEFA-Statuten, die „zivilrechtliche (vermögensrechtliche) Streitsachen in *UEFA*-Angelegenheiten […]" dem *CAS/TAS* zuweisen. Ferner bestimmt Art. 62 UEFA-Statuten, dass Entscheide der Rechtspflegeorgane der *UEFA* (gemäß Art. 60 UEFA-Statuten) ausschließlich bei dem *CAS/TAS* angefochten werden können. Schließlich sieht Art. 63 als zuständige *CAS/TAS*-Schiedsrichter nur diejenigen vor, die in Europa ihren Wohnsitz haben.

42 § 17a DFB-Satzung: „Der DFB anerkennt den Court of Arbitration for Sport (CAS) mit Sitz in Lausanne (Schweiz) als unabhängige richterliche Instanz in internationalen Streitigkeiten und unterwirft sich den Entscheidungen des CAS, soweit zwingendes nationales oder internationales Recht nicht entgegensteht oder die FIFA-Reglemente Ausnahmen zulassen."

β) Organisation

Institutionell sind, spricht man vom *Internationalen Sportschiedsgerichtshof,* zwei grundlegend verschiedene Einrichtungen zu unterscheiden.

Der *Internationale Rat für Schiedsgerichtsbarkeit im Sport (ICAS = International Council of Arbitration)* hat die Aufgabe, die Erledigung von sportbezogenen Streitigkeiten durch Schiedsspruch oder Mediation durch den *Schiedsgerichtshof (CAS/TAS)* zu ermöglichen und die Unabhängigkeit des Gerichtshofs sowie die Rechte der Parteien zu gewährleisten[43]. Dem Rat gehören 20 hochrangige Sportjuristen an, die von verschiedenen internationalen Sportorganisationen (vgl. Statutes, Rdnr. S4) für eine Periode von vier Jahren ernannt werden, wobei eine erneute Benennung möglich ist (Statutes, Rdnr. S5). Zu den wesentlichen Aufgaben des Rates gehörten gem. S6: das Aufstellen und Ändern der Statuten (S6 Nr. 1), die Wahl des Präsidenten, der Vizepräsidenten, der Präsidenten der beiden *CAS/TAS*-Abteilungen sowie deren Stellvertreter (S6 Nr. 2), die Benennung der Schiedsrichter und Mediatoren des *CAS/TAS* (S6 Nr. 3), deren evtl. Enthebung aus einem Verfahren (S6 Nr. 4), das Finanzmanagement (S6 Nrn. 5.1 bis 5.3), die Benennung des *CAS/TAS*-Generalsekretärs (S6 Nr. 6), die Aufsicht über die *CAS/TAS*-Verwaltung (S6 Nr. 7), die Aufstellung besonderer Schiedsgerichtsstrukturen nach eigenem Ermessen (S6 Nr. 8), die Einrichtung eines Rechtshilfefonds nach eigenem Ermessen zur Vereinfachung des Zugangs zum *CAS/TAS* (S6 Nr. 9) sowie sonstige Aufgaben zur Förderung des Schutzes der Streitparteien und der Unabhängigkeit des *CAS/TAS* (S6 Nr. 10).

Der Schiedsgerichtshof ist diejenige Einrichtung, bei der die Rechtsprechung stattfindet. Er bietet, mit den bei ihm ernannten Schiedsrichtern, die schiedsrichterlichere Behandlung von aus dem Sport entstammenden Streitigkeiten durch die Einschaltung seiner Schiedsgerichtsbarkeit an, die funktional durch seine Kammern (so genannte „Panels“) bestehend aus einem oder mehreren Schiedsrichtern betrieben wird (Statutes, S4). Hierbei gibt es Abteilungen für „einfache“ („ordinary“) und Berufungsstreitigkeiten. Soweit Mediation und nicht Streitentscheidung gefragt ist, bietet der Gerichtshof auch ein Mediationsverfahren durch spezielle, auch bei ihm vorgehaltene Mediatoren an[44].

Die Abteilung für die normalen Streitigkeiten richtet Kammern ein, deren Aufgabe es ist, Konflikte zu entscheiden, die im „normalen Verfahren“ anhängig gemacht werden, wobei – möglicherweise durch Einschaltung des Präsidenten

43 Statutes of the Bodies Working for the Settlement of Sports-related Disputes (also etwa: „Statuten der Einrichtungen, die mit der Beilegung sportspezifischer Streitigkeiten befasst sind“, im Folgenden: „Statutes“), Rdnr. S2. Sie sind auf der Homepage des *CAS/TAS* in englischer und französischer Sprache abrufbar.

44 Das Mediationsverfahren beim *CAS/TAS* wird hier nicht dargestellt.

oder des Generalsekretärs des Gerichtshofs – alle nach der Verfahrensordnung („Procedure Rules“) auf sie zukommenden Aufgaben erledigt werden sollen (S20).

In der Berufungsabteilung werden Kammern eingerichtet, die Streitigkeiten entscheiden, welche Entscheidungen von Verbänden, Föderationen, Assoziationen oder anderen sportspezifischen Einrichtungen betreffen, soweit die Satzungen dieser Einrichtungen oder spezielle vertragliche Vereinbarung die Berufung zum *CAS/TAS* vorsehen. Auch die Berufskammern haben durch die Einrichtungen des Gerichtshofs alle ihnen nach der Verfahrensordnung zukommenden Aufgaben zu erledigen (S20).

Zuständigkeitsstreitigkeiten entscheidet der Präsident des Gerichtshofs (S21).

Die Verantwortlichkeit der Kammern ergibt sich aus S12, nämlich für das einfache schiedsgerichtliche Verfahren der übertragenen Fälle (S12 lit. a), für Berufungsentscheidungen in Rechtssachen angeschlossener Verbände (S12 lit. b) sowie zur Abgabe nicht-bindender Stellungnahmen auf Antrag des *IOC,* von internationalen Sportverbänden, den NOKs, der *WADA* und weiteren vom *IOC* anerkannten Verbänden (sog. Konsultationsverfahren, S12 lit. c).

Für die zu den Kammern gehörenden Schiedsrichter gilt Folgendes: Die mindestens 150 Schiedsrichter sowie die mindestens 50 Mediatoren werden alle vier Jahre durch den *ICAS* auf die *CAS/TAS*-Liste gesetzt bzw. dort bestätigt (S13). Dabei ist zu beachten, dass jedes Mitglied eine vollwertige juristische Ausbildung genossen haben, besondere Kenntnisse im Sportrecht oder der internationalen Streitschlichtung aufweisen, generell umfangreiche Kenntnisse über den Sport vorweisen sowie zumindest eine der offiziellen Sprachen des *CAS/TAS* gut beherrschen muss (S14). Für die Verteilung des Personals gilt gem. S14, dass jeweils ein Fünftel vom *IOC,* von anderen internationalen Verbänden und von den NOKs vorgeschlagen werden sollen. Ein weiteres Fünftel bildet sich nach entsprechender Rücksprache aus dem Umfeld der Interessenvertretungen der Athleten sowie ein letztes Fünftel aus einem Personalstamm unabhängig von den zuvor genannten Einflüssen. Bei der Personalauswahl hat der *ICAS* auf eine ausgeglichene Repräsentation der verschiedenen Kontinente und Rechtstraditionen zu achten (S16). Aus der Liste der Schiedsrichter erfolgt sodann jeweils für den Einzelfall die Besetzung der jeweiligen Kammer, woraufhin die ausgewählten Schiedsrichter eine Erklärung abzugeben haben, in welcher sie sich zu Objektivität, Unabhängigkeit und den Verfahrensregeln des *CAS/TAS* bekennen (S18). Zudem sind die Mitglieder des *CAS/TAS* gem. S19 zu Vertraulichkeit und Verschwiegenheit gegenüber Dritten verpflichtet.

γ) *Verfahren*

Das schiedsrichterliche Verfahren vor dem *CAS/TAS* ist durch eine umfang- und detailreiche Verfahrensordnung, die so genannten Procedure Rules[45], bestimmt. Dort finden sich zunächst die allgemeinen Verfahrensvorschriften (R27 bis R37). Diese benennen u. a. die Verfahrenssprachen Englisch und Französisch (R29), sichern die freie Wahl der Rechtsbeistände durch die Verfahrensparteien (R30), regeln Formvoraussetzungen (vor allem Schriftform und Korrespondenz über die Gerichtsverwaltung, R31) und setzen Fristen fest (R32). Mit dem Erfordernis schiedsrichterlicher Unabhängigkeit sowie dem Verfahren von Befangenheitsanträgen befassen sich zudem R33 bis R36. Schließlich benennt R37 die Voraussetzungen für einstweiligen Rechtsschutz.

Es folgt darauf eine Unterteilung in besondere Vorschriften über das einfache (erstinstanzliche) Schiedsverfahren (R38 bis R46), das Berufungsverfahren (R47 bis R59), das Konsultationsverfahren (R60 bis R62), Interpretationsanträge (R63), Kosten (R64 bis R66) sowie sonstige und Schlussbestimmungen (R67 bis R69). Im einfachen Verfahren ist zunächst ein Antrag auf Einleitung eines Schiedsverfahrens zu stellen (R38), woraufhin der *CAS/TAS* im Regelfall (d. h. bei nicht offensichtlicher Unzulässigkeit) das Verfahren einleitet und der gegnerischen Partei die entsprechenden Schriftsätze zustellt (R39). Es folgt die Auswahl von einem Schiedsrichter durch einstimmige Entscheidung der Streitparteien, oder aber von drei Schiedsrichtern, von welchen jeweils einer durch jede Partei sowie der Vorsitzende durch den Präsidenten der betroffenen *CAS/TAS*-Abteilung ernannt werden (S40). Entsprechende Regelungen gibt es auch bei Streitgenossenschaften auf Kläger- wie Beklagtenseite (S41). Vor der ersten Hauptverhandlung erfolgt ein Schlichtungsversuch durch den Präsidenten der betroffenen *CAS/TAS*-Abteilung (S42); erst nach einem erfolglosen Versuch wird die Sache der Kammer zur Verhandlung übergeben. Sodann erfolgt das schriftliche Verfahren, an welches sich bei Bedarf eine mündliche Verhandlung mit Beweisaufnahme anschließt (S44). Das Urteil der Kammer (durch schiedsrichterlichen Mehrheitsbeschluss, S46) wird schließlich nach dem jeweils von den Parteien ausgewählten Recht gefällt, bei keiner Rechtswahl nach schweizerischem Recht (S45). Das Berufungsverfahren verläuft weitestgehend – unter Beachtung besonderer Form- und Fristerfordernisse – parallel.

---

45 Zu beziehen wie die „Statutes“, s. o. Fn. 43.

b) In Deutschland

Die deutschen Sportverbände sind zu Recht stolz auf ihre beispielhaft gegliederte Organisationsstruktur, die sich auf verschiedenen Ebenen und Sach- wie Fachbereiche verteilt, auf dem ehrenamtlichen Engagement zahlreicher Menschen aufbaut und hauptamtliche Unterstützung erfährt. Gerne weist der *DOSB* deswegen auf den bemerkenswerten Umstand hin, dass jedes Jahr in den Sportvereinen über 500 Millionen Arbeits- und Übungsstunden von ca. 2,7 Millionen überwiegend ehrenamtlich tätigen Mitgliedern geleistet werden. Deutlich und anerkennend muss stets darauf hingewiesen werden, dass ein Funktionieren des Sportbetriebs in Deutschland ohne den ehrenamtlichen Einsatz Tausender schlechterdings nicht möglich wäre.

aa) Aufbau

Der Aufbau folgt einer klaren Struktur, die, von oben nach unten betrachtet, wie folgt aussieht: Das Dach der Sportorganisationen bildet der *Deutsche Olympische Sportbund (DOSB)*. Darunter folgen die jeweiligen Spitzenverbände als Fachverbände der jeweiligen Sportarten *(Deutscher Fußball-Bund, Deutscher Basketballbund, Deutscher Fechtbund* pp.). Einen guten Überblick über die Organisation des Sports in Deutschland aus Sicht des Dachverbandes gibt eine von dem *DOSB* herausgegebene Übersicht[46].

Die Spitzenverbände verfügen eventuell über Regionalverbände (z. B. *Westdeutscher Hockeyverband, Westdeutscher Fußball- und Leichtathletikverband),* in der Regel aber immer über Landesverbände *(Bayerischer Turnverband, Fußball-Verband Mittelrhein* usw.). Die Landesverbände verfügen darüber hinaus über unselbständige Verwaltungseinheiten (Bezirke und/oder Kreise), denen letztlich auf der untersten verbandlichen Gliederungsebene der unmittelbare Kontakt mit den Vereinen zukommt. Die Vereine selbst sind Mitglieder der Landesverbände. Der Sportler ist Mitglied seines Vereins. Damit folgt der Aufbau der Sportverbände der hierfür typischen Pyramidenform.

Dieser Aufbau wird sogleich am Fußballsport exemplifiziert und konkretisiert. Er zieht sich wie ein roter Faden durch die Organisation nahezu aller Sportarten in Deutschland.

---

46 Herunterzuladen im Internet: http://infonet.dsb.de/fileadmin/fm-dsb/downloads/Organisation_des_Sports_in_Deutschland.pdf (abgerufen am 27.10.2007).

bb) Der Deutsche Olympische Sport Bund (DOSB)

Wegen seiner herausragenden politischen Bedeutung ist der *DOSB* als die deutsche Dachorganisation im Sport darzustellen.

Am 20. Mai 2006 ist in Frankfurt am Main die neue Spitzenorganisation des Sports, der *Deutsche Olympische Sportbund (DOSB),* als das Dach des gesamten organisierten Sports in Deutschland gegründet worden. Bis dahin war der Sport in Deutschland auf Bundesebene zum einen durch das *Nationale Olympische Komitee (NOK)* und zum anderen durch den *Deutschen Sportbund (DSB)* organisiert, vgl. Abs. 1 der Präambel der Satzung des DOSB[47].

Das *NOK* diente satzungsgemäß der Verbreitung olympischen Ideenguts in der Bundesrepublik, bereitete die Teilnahme des Deutschen Sports an den Olympischen Spielen vor und führte Aufgaben durch, die den NOKs vom *IOC* gestellt werden.

Der *DSB,* die regierungsunabhängige Dachorganisation des deutschen Sports, war die größte Personenvereinigung Deutschlands und gleichzeitig die größte Sportorganisation der Welt. Diese Position nimmt jetzt der *DOSB* ein. Er verfügt jetzt über rund 27 Millionen Einzelmitglieder in 90.000 Turn- und Sportvereinen, die in 95 Mitgliedsorganisationen organisiert sind.

Mitgliedsorganisationen des *Deutschen Sportbundes* waren die 16 Landessportbünde (LSB), 55 Spitzenverbände sowie Sportverbände mit besonderer Aufgabenstellung, Verbände für Wissenschaft und Bildung und Förderverbände. Sie alle gehen jetzt auch im *DOSB* auf. Es galt im *DSB* das wichtige Ein-Platz-Prinzip (vgl. § 5 Nr. 2 DSB-Satzung)[48], das auch auf Landesebene durch die Landessportbünde durchgehalten wurde. Es besagt, dass für jedes sportliche Fachgebiet nur ein Spitzenverband aufgenommen wird. Dies verleiht den meisten Sportverbänden eine fachlich-räumliche Monopolstellung[49]. Dies ist in rechtlicher Hinsicht eine wesentliche Feststellung, weil die richterliche Inhaltskontrolle bei sozialmächtigen – über eine überragende Machtstellung im wirtschaftlichen oder sozialen Bereich verfügenden – Verbänden in ihrer Intensität steigt. Bei sozialmächtigen Verbänden findet eine echte Subsumtionskontrolle[50] statt. Dies ist eine erhebliche Ausweitung des richterlichen Prüfungsumfangs gegenüber den

---

47 Im Internet zu beziehen unter: http://www.dsb.de/fileadmin/fm-dsb/downloads/dosb/DOSB_Satzung_2006.pdf (abgerufen am 27.10.2007).

48 Dies ist in die Satzung des *DOSB* insoweit übernommen worden, als ein neu aufzunehmender Spitzenverband die Zuständigkeit der Vertretung dieses Fachgebiets für die Bundesrepublik haben muss, § 4 Nr. 2 lit. b) der Aufnahmeordnung des *DOSB e. V.* Dies kann nur einer sein.

49 *Vieweg,* JuS 1983, 825 (826) unter III. 1.

50 *BGH,* Urt. v. 19.10.1987, Az. II ZR 43/87, BGHZ 102, 265 (276).

Strafen „einfacher" Vereine, bei denen der Richter die Ausfüllung der unbestimmten Rechtsbegriffe nicht ohne weiteres überprüfen können soll. Ferner nehmen die Gerichte bei den über große Sozialmacht verfügenden Verbänden eine Inhaltskontrolle der die Rechtsstellung der Mitglieder regelnden Normen[51] an § 242 BGB und eine Überprüfung des gesamten Regelwerks auf Angemessenheit[52] vor. Neuerdings reicht die soziale Mächtigkeit auf kommunaler Ebene bereits aus, um diesen Prüfungsmaßstab Anwendung finden zu lassen[53].

Der *DSB* war die Beratungs- und Servicestation seiner organisatorisch, finanziell und fachlich selbstständigen Mitgliedsorganisationen. Unter dem Leitgedanken „Sport für alle" entwickelte der *DSB* Programme, mit denen der Sport möglichst jedem Menschen zugänglich gemacht werden soll, unabhängig von Alter, Geschlecht und sozialer Herkunft. In der Leistungsorientierung hatte er sich die Förderung eines modernen, humanen Spitzensports zum Ziel gesetzt und beteiligt sich auch auf nationaler und internationaler Ebene am Kampf gegen Doping oder andere Manipulationen.

Der *Deutsche Sportbund* vertrat die Interessen seiner Mitgliedsverbände gegenüber Bund, Ländern und Gemeinden und in allen gesellschaftspolitischen und kulturellen Bereichen. Dazu gehört die Zusammenarbeit mit gesellschaftspolitischen Institutionen wie Kirchen, Parteien, Wohlfahrtsverbänden, kulturellen Einrichtungen, Gewerkschaften und Wirtschaftsorganisationen.

Der *DSB* finanzierte sich aus Mitgliederbeiträgen, Projektmitteln für den Spitzensport aus dem Bundeshaushalt, Lotterieeinnahmen sowie Vermarktungslizenzen. Auf Länderebene und in den Städten und Gemeinden wird der Sport mit erheblichen Mitteln unterstützt, zum Beispiel durch den Bau und die Unterhaltung von Sportstätten.

Neben dem *DOSB* gibt es auch in allen Bundesländern entsprechende Landessportbünde (LSB), in denen, dem föderalistischem System folgend, die überfachlichen Angelegenheiten des Sports auf Landesebene geregelt werden. Mehr im Fokus der Öffentlichkeit als der *DOSB* stehen allerdings die 55 Fachverbände im deutschen Sport *(Deutscher Fußball-Bund, Deutscher Hockeybund, Deutscher Schützenbund* etc.). Insofern stellt der *DOSB* tatsächlich ein Dach dar, unter welchem die verschiedenen Interessen von Landessportbünden und Fachverbänden bestmöglich zusammengeführt werden sollen.

---

51 *BGH*, Urt. v. 24.10.1988, Az. II ZR 311/87, BGHZ 105, 306.

52 *BGH*, Urt. v. 28.11.1994, Az. II ZR 11/94, BGHZ 128, 93 – in der unten noch im Einzelnen darzustellenden und zu besprechenden Reitsport-Entscheidung.

53 *BGH*, Urt. v. 23.11.1998, Az. II ZR 54/98, NJW 1999, 1326.

Gleichzeitig vertrat der *DSB* die Interessen des gesamten deutschen Sportes auch auf EU-Ebene, häufig in enger Abstimmung mit den zuständigen Bundes- und Landesministerien.

Alle diese Aufgaben fallen nunmehr dem *DOSB* zu, vgl. § 3 DOSB-Satzung.

2. Fußball

Der Strukturaufbau des organisierten Fußballsports soll im Einzelnen genau dargelegt werden.

a) International

Bei dieser Betrachtung ist mit der höchsten Gliederungsebene, also auf internationaler Ebene, zu beginnen. Viele dort gegebene Regelungen (nur beispielsweise aber doch sehr elementar: die Fußballregeln) schlagen bis auf die unterste nationale verbandliche Gliederungsebene durch.

aa) FIFA

Die *FIFA (Fédération Internationale de Football Association)* ist der Weltfußballverband.

α) Allgemeines

Sie ist ein in das Handelsregister eingetragener Verein[54] nach Schweizerischem Recht[55] (vgl. Art. 1 Abs. 1 FIFA-Statuten[56]) und damit eine den deutschen ein-

---

54 Diese Eintragung, die gemäß Art. 61 Abs. 1 schweizerisches ZGB beim Handelsregister vorzunehmen ist, ist nicht konstitutiv, weil Art. 60 Abs. 1 ZGB bestimmt, dass der Verein bereits dann Rechtspersönlichkeit erlangt, wenn der Wille des Vereins, als Körperschaft zu bestehen, aus den Statuten (i. e. der Satzung) hervorgeht. Die Eintragung an sich ist nur verpflichtend, wenn der Verein für seinen Zweck ein nach kaufmännischer Art geführtes Gewerbe betreibt, Art. 61 Abs. 2 ZGB. Zur Eintragung ist der Verein erst berechtigt, wenn die „Statuten angenommen" sind und der Vorstand bestellt ist, Art. 61 Abs. 1 ZGB. Solange hat der nicht eingetragene Verein hat den Status einer „einfachen Gesellschaft", Art. 62 ZGB.

55 Das Schweizerische Zivilgesetzbuch zum Download im Internet: http://www.admin.ch/ch/d/sr/2/210.de.pdf (abgerufen am 27.10.2007).

56 Im Internet herunterzuladen:
http://de.FIFA.com/aboutFIFA/federation/statutes.html (abgerufen am 27.10.2007).

getragenen Vereinen nach §§ 21, 55 BGB vergleichbare juristische Person[57]. Ihr Sitz ist *Zürich/Schweiz,* Art. 1 Abs. 2 FIFA-Statuten. Die *FIFA* besitzt auch in *Deutschland* Rechtspersönlichkeit, ohne dass es einer besonderen Anerkennung bedarf, weil sie nach ihrem nationalen Personalstatut wirksam gegründet ist[58].

Ihre Hauptziele sind es, den Fußball fortlaufend zu verbessern und weltweit zu verbreiten (Art. 2, lit. a FIFA-Statuten), eigene internationale Wettbewerbe zu organisieren (Art. 2, lit. b FIFA-Statuten, insbesondere natürlich die Weltmeisterschaften), Regeln und Bestimmungen festlegen, sichern und durchzusetzen (Art. 2, lit. c FIFA-Statuten), den organisierten Vereinsfußball in allen Formen zu kontrollieren (Art. 2, lit. d FIFA-Statuten) und zu verhindern, dass dort missbräuchliche oder seinen Zweck gefährdende Methoden oder Praktiken vorkommen können, Art. 2, lit. e FIFA-Statuten).

Die Fußballregeln[59] legt allerdings das *IFAB (International Football Association Board)* fest, Art. 6 Abs. 1 FIFA-Statuten. Es besteht – historisch-genetisch begründet mit dem Ursprung des Spiels von den britischen Inseln – aus acht Mitgliedern, von denen die *FIFA* vier und die britischen Verbände *(England, Schottland, Wales* und *Nordirland)*[60] ebenfalls vier stellen (Art. 6 Abs. 2 FIFA-Statuten). Zuständigkeit und Verfahren sind speziell geregelt, Art. 6 Abs. 3 FIFA-Statuten. Das Board trat im Jahr 1848 das erste Mal zusammen[61].

---

57 Die auch im deutschen Recht schwierige – hier offen bleibende – Frage, wie sich der umfangreiche gewerbliche Geschäftsbetrieb beispielsweise des *DFB* neben seinem ideellen Betrieb (gemeinnützigen) Vereinsbetrieb mit dem Vereins- und Steuerrecht verträgt, stellt sich angesichts ihrer erheblichen Umsätze (nur genannt: Weltmeisterschaften, Rechtevermarktung) auch für die *FIFA* und ist dort schon beim Eintragungserfordernis angelegt, s. o. Fn. 54 (Art. 61 Abs. 2 ZGB).

58 Zu diesen Voraussetzungen: *Palandt-Heldrich,* Anhang zu Art. 12 EGBGB (IPR), Rdnr. 20.

59 Die übrigens auch im deutschen staatlichen Recht Wirkungen entfalten, wenn beispielsweise Pflichtverletzung und Verschulden anlässlich einer Körperverletzung i. S. d. § 823 Abs. 1 BGB bei einem Fußballspiel zwischen den Akteuren durch den Richter zu beurteilen sind (*Palandt-Sprau,* § 823, Rdnr. 217).

60 Die heute noch geltende Sonderstellung der vier britischen Verbände und ihr besondere Machtstellung bei der Veränderung der Spielregeln ist nur historisch mit dem Ursprung des Fußballspiels auf den britischen Inseln zu erklären.

61 Weitere Informationen hierzu im Internet auf der *FIFA*-Homepage: http://www.fifa.com/de/history/history/0,3504,3,00.html und http://www.fifa.com/documents/static/history/IP-100_04D_IFAB.pdf (abgerufen am 27.10.2007).

β) Mitglieder der FIFA

Mitglieder der *FIFA* sind die Nationalverbände, also in der Sprache der FIFA-Statuten diejenigen Verbände, die in ihrem Land für die Organisation und Kontrolle des Fußballs verantwortlich sind. „Land" kann hierbei nur ein von der internationalen Staatengemeinschaft anerkannter, unabhängiger Staat sein. Aus jedem Land wird grundsätzlich nur ein Verband anerkannt, vgl. Art. 10 Abs. 1 FIFA-Statuten, wobei allerdings auf die Ausnahmetatbestände der Absätze 4 und 5 hinzuweisen ist: Jeder der vier britischen Verbände kann ebenso Mitglied der *FIFA* sein (Abs. 5) wie die Fußball(„national"-)verbände eines Gebiets, das seine Unabhängigkeit noch nicht erreicht hat, wenn der Verband des Landes, dem das Gebiet zugehört, dies bewilligt (Abs. 6). So verfügt die *FIFA* derzeit über 208 Mitglieder[62].

Bei ihrer Aufnahme müssen die Mitglieder ihre Statuten vorlegen, aus denen sich zwingend Bestimmungen darüber ergeben müssen, dass sie jederzeit die Statuten, Reglemente und Entscheide der *FIFA* und ihrer Konföderationen befolgen, die gültigen Spielregeln einhalten und die Zuständigkeit des in den FIFA-Statuten genannten *Court of Arbitration for Sport (CAS)* anerkennen, vgl. Art. 10 Abs. 4 FIFA-Statuten.

Nicht Mitglieder der *FIFA*, allerdings nach den FIFA-Statuten (vgl. Art. 20 Abs. 3, lit. a – n) mit Rechten und Pflichten ausgestattet, sind die so genannten Konföderationen, die auch als Kontinentalverbände bezeichnet werden. Sie bilden die Zusammenfassung derjenigen Nationalverbände, die geographisch zu einem Kontinent gehören. Im Einzelnen sind es die *Confederación Sudamericana de Fútbol – CONMEBOL,* die *Asian Football Confederation – AFC,* die *Union des Associations Européennes de Football – UEFA*, die *Confédération Africaine de Football – CAF,* die *Confederation of North, Central American and Caribbean Association Football – CONCACAF* und die *Oceania Football Confederation – OFC.*

Die Konföderationen haben insbesondere das Recht, Anwärtern auf *FIFA*-Mitgliedschaften (also bislang nicht in der *FIFA* organisierten Nationalverbänden – wie beispielsweise *Grönland*[63] –) vorläufige Mitgliedschaften zu verleihen, den *FIFA*-Kongress zu beraten und vor allem eigene Interklub-Wettbewerbe zu veranstalten.

62 Wohingegen die *UN* derzeit 192 Staaten anerkannt haben.

63 Obwohl *Grönland* politisch zu *Dänemark* gehört, bemüht es sich seit langem um die Aufnahme in die *FIFA*.

γ) Organisation der FIFA

Die *FIFA* verfügt in ihrer Organisationsstruktur über eine Vielzahl von Institutionen:

αα) Mitgliederversammlung und Leitung

Höchstes Beschlussorgan der *FIFA* ist ihr Kongress als ihr „oberstes und gesetzgebendes Organ" (Art. 21 Abs. 1 FIFA-Statuten). Der Kongress ist vergleichbar mit der Mitgliederversammlung des Vereins nach deutschem Vereinsrecht. In der Variante des „ordentlichen Kongresses" – außerordentliche sind mit besonderen Einberufungsbestimmungen und Minderheitsquorum in Art. 22 Abs. 3 bis 5 FIFA-Statuten verankert – findet er jährlich statt (Art. 22 Abs. 2 FIFA-Statuten)[64]. Stimmberechtigt sind dort nur die Mitgliedsverbände; der Vertreter muss hierfür persönlich anwesend sein. Dieser Vertreter des Mitgliedsverbands muss diesem angehören und von dem zuständigen Organ dessen zu der Teilnahme an dem Kongress bestimmt worden sein (Art. 23 Abs. 1, 2 FIFA-Statuten). Seiner Stellung als Mitgliederversammlung gerecht werdend, nimmt der Kongress alle grundlegenden Geschäfte der *FIFA* wahr (Art. 25 Abs. 2 FIFA-Statuten). Dies umfasst freilich die Genehmigung der Jahresrechnungen, des Budgets, die Entgegennahme der Bilanz, Änderungen der Statuten und selbstverständlich die „Wahl des Präsidenten und Einsetzung der Vizepräsidenten und Mitglieder des Exekutivkomitees (sofern notwendig)" (Art. 25 Abs. 2, lit. p FIFA-Statuten).

Das operative Geschäft führt das Exekutivkomitee der *FIFA* als „das ausführende Organ" (Art. 21 Abs. 2 FIFA-Statuten). Es umfasst 24 Mitglieder: Den Präsidenten, der durch den Kongress gewählt wird, die acht Vizepräsidenten und 15 Mitglieder, die durch die Konföderationen und Verbände ernannt werden. Nach der Ernennung werden diese ernannten Mitglieder durch den Kongress eingesetzt (vgl. Art. 25 Abs. 2, lit. p und Art. 30 Abs. 3 FIFA-Statuten), womit ihre Amtszeit beginnt. Die Verteilung von Mitgliedersitzen und Vizepräsidenten in dem *FIFA-Exekutivkomitee* ist in Art. 30 Abs. 3 FIFA-Statuten geregelt. Art. 31 FIFA-Statuten bestimmt die Aufgaben und Befugnisse des Exekutivkomitees. Es ist zunächst generalklauselartig für alle Entscheidungen zuständig, die nicht dem Kongress vorbehalten sind oder in die Zuständigkeit eines anderen *FIFA*-Organs fallen. In seinen wenigstens zwei Mal jährlich stattfindenden Sitzungen, an denen der Generalsekretär von Amts wegen teilzunehmen hat, werden die Mitglieder

64 Er wird traditionsgemäß unmittelbar vor jeder Weltmeisterschaft in dem jeweils austragenden Mitgliedsverband veranstaltet; im Übrigen legt die *FIFA*-Exekutive Ort und Datum fest.

der ständigen Kommissionen sowie der Rechtsorgane benannt. Darüber hinaus können Ad-hoc-Kommissionen gegründet und Delegierte ernannt werden. Ferner werden die Orte und Daten der *FIFA*-Wettbewerbe bestimmt. Auf Vorschlag des Präsidenten kann das *Exekutivkomitee* auch den *FIFA-Generalsekretär* ernennen oder entlassen.

Wichtigste Exekutiv- und Repräsentationsfunktionen kommen dem *FIFA-Präsidenten* und dem Generalsekretär zu. Der Generalsekretär steht dem Verwaltungsunterbau der *FIFA*, dem Generalsekretariat als dem „administrativen Organ" (Art. 21 Abs. 3 FIFA-Statuten) vor[65].

Der Präsident der *FIFA* – derzeit ist der Schweizer *Joseph Blatter* im Amt – ist mit umfangreichen Kompetenzen ausgestattet. Er ist nicht nur rechtlicher Vertreter der *FIFA* (Art. 32 Abs. 1 FIFA-Statuten), sondern auch verantwortlich für die Umsetzung der Entscheide von Kongress und Exekutivkomitee im Generalsekretariat, die Kontrolle des Generalsekretärs sowie die Beziehungen der *FIFA* zu ihren Mitgliedern, den Konföderationen, politischen Instanzen und internationalen Organisationen (Art. 32 Abs. 2 FIFA-Statuten). Des Weiteren hat er u. a. das alleinige Recht die Ein- oder Absetzung des Generalsekretärs vorzuschlagen und führt den Vorsitz sämtlicher Versammlungen der *FIFA* (vgl. Art. 32 Abs. 3 ff. FIFA-Statuten).

Der Generalsekretär ist der Geschäftsführer des Generalsekretariats (Art. 65 Abs. 1 FIFA-Statuten), der zuständigen Stelle für alle administrativen Geschäfte der *FIFA* (Art. 64 FIFA-Statuten). Er ist Angestellter der *FIFA* nach privatrechtlichem Vertrag (Art. 65 Abs. 2 FIFA-Statuten). Nach dem Präsidenten ist der Generalsekretär mit den umfangreichsten Kompetenzen im Weltverband ausgestattet. Im einzelnen ist er verantwortlich für die Ausführung der Beschlüsse des Kongresses und des Exekutivkomitees gemäß den Vorgaben des Präsidenten (Art. 65 Abs. 3 lit. a FIFA-Statuten), die Verwaltung und getreue Buchführung der *FIFA* (Art. 65 Abs. 3 lit. b FIFA-Statuten), die Erstellung der Protokolle der Sitzungen des Kongresses, des Exekutivkomitees, des Dringlichkeitskomitees, der Ständigen sowie der Ad-hoc-Kommissionen (Art. 65 Abs. 3 lit. c FIFA-Statuten), die Korrespondenz der *FIFA* (Art. 65 Abs. 3 lit. d FIFA-Statuten), die Beziehungen zu den Konföderationen, Mitgliedern und Kommissionen (Art. 65 Abs. 3 lit. e FIFA-Statuten), die Organisation des Generalsekretariats (Art. 65 Abs. 3 lit. f FIFA-Statuten), die Anstellung und Entlassung des Personals des Generalsekretariats (Art. 65 Abs. 3 lit. g FIFA-Statuten) sowie die Unterzeich-

---

65 Hier überrascht nach deutschem Vereinsrechtsverständnis, dass dem Generalsekretariat als Verwaltungsunterbau durch die Statuten vereinsrechtlich eigene Organqualität verliehen wird, vgl. für die Folgen im deutschen Vereinsrecht insbesondere natürlich die zentrale Zurechnungsnorm des § 31 BGB.

nung von Entscheidungen im Auftrag der *FIFA*-Kommissionen, soweit in den entsprechenden Reglementen keine anderweitige Regelung vorgesehen ist (Art. 65 Abs. 3 lit. h FIFA-Statuten). Gerade angesichts der Stellung des Generalsekretärs als „zweiter Mann" hinter dem Präsidenten kam es in jüngerer Vergangenheit zu Spannungen zwischen Präsident *Joseph Blatter* und dem ehemaligen Generalsekretär *Dr. Urs Linsi (Schweiz)*. Der „Machtkampf" zwischen dem eher geradlinigen *Linsi* und dem häufig nicht nur als autoritär bezeichneten *Blatter* endete schließlich am 11. Juni 2007 mit dem „Rücktritt" *Linsis*. Der zwischenzeitlich kommissarisch eingesetzte *Markus Kattner (Deutschland)* wurde schließlich durch den am 27. Juni 2007 vom Exekutivkomitee neu ernannten Franzosen *Jérôme Valcke* ersetzt[66].

ββ) Andere FIFA-Institutionen

Zur Unterstützung des Exekutivkomitees bestehen bei der *FIFA* sog. „Ständige Kommissionen" (Art. 34 FIFA-Statuten); damit sind Ausschüsse und Kommissionen unter dem Vorsitz jeweils eines Exekutivkomitee-Mitglieds zu verstehen, welche die Arbeit des Exekutivkomitees in ihren entsprechenden Fachbereichen besonders unterstützen. Ihre Mitglieder werden vom Exekutivkomitee auf Vorschlag der *FIFA*-Mitglieder, des Präsidenten oder der Konföderationen ernannt (und nicht etwa gewählt). Im Einzelnen gibt es die Finanzkommission (Art. 35 FIFA-Statuten), die Interne Audit-Kommission (Art. 36 FIFA-Statuten), die Organisationskommission für die Fußball-Weltmeisterschaft (Art. 37 FIFA-Statuten), die Organisationskommission für den *FIFA* Konföderationen-Pokal (Art. 38 FIFA-Statuten), die Organisationskommission für die Olympischen Fußballturniere (Art. 39 FIFA-Statuten), die Organisationskommission für die *FIFA* Junioren-Weltmeisterschaften (Art. 40 FIFA-Statuten), die Kommission für Frauenfußball und die Frauenfußball-Wettbewerbe der *FIFA* (Art. 41 FIFA-Statuten), die Kommission für Futsal (Art. 42 FIFA-Statuten), die Organisationskommission für die *FIFA* Klub-Weltmeisterschaft (Art. 43 FIFA-Statuten), die Kommission für Schiedsrichter (Art. 44 FIFA-Statuten), die Kommission für Technik und Entwicklung (Art. 45 FIFA-Statuten), die Sportmedizinische Kommission (Art. 46 FIFA-Statuten), die Kommission für den Status von Spielern (Art. 47 FIFA-Statuten), die Kommission für rechtliche Angelegenheiten (Art. 48 FIFA-Statuten), die Kommission für Ethik und Fairplay (Art. 49 FIFA-Statuten), die Medienkommission (Art. 50 FIFA-Statuten), die Kommission der Verbände (Art. 51 FIFA-Statuten), die Fußballkommission (Art. 52 FIFA-Statuten), die

66 Siehe auch die Pressemitteilung der *FIFA* vom 27. Juni 2007 unter http://de.fifa.com/aboutfifa/federation/bodies/media/newsid=540197.html (abgerufen am 27.10.2007).

Strategiekommission (Art. 53 FIFA-Statuten) sowie den Marketing- und Fernsehausschuss (Art. 54 FIFA-Statuten). Schon diese statutsgemäße Zuweisung einer Institutsgarantie solch zahlreicher Regelungsbereiche verdeutlicht das Selbstverständnis der *FIFA* über ihre Allmachtstellung im Weltfußball.

δ) Sanktionsbefugnisse

Die FIFA-Statuten kennen auch Sanktionen, also Strafen. In den FIFA-Statuten werden sie als Disziplinarmaßnahmen bezeichnet (Art. 55), wobei zwischen Maßnahmen gegen natürliche und juristische Personen sowie solchen ausschließlich gegen natürliche und ausschließlich gegen juristische Personen unterschieden wird. Gegen beide Adressaten kommen gem. Art. 55 Ziff. 1 FIFA-Statuten Ermahnung, Verweis, Geldstrafe sowie die Rückgabe von Preisen in Betracht. Gegen natürliche Personen (welche in dieser Vorschrift nicht genauer spezifiziert werden) können nach Art. 55 Ziff. 2 FIFA-Statuten Verwarnungen, Feldverweise, Spielsperren, Verbote, Umkleideräume zu betreten und/oder auf der Ersatzbank Platz zu nehmen, Stadionverbote und/oder Verbote jeglicher im Zusammenhang mit dem Fußball stehender Tätigkeit ausgesprochen werden. Gegen juristische Personen richten sich gem. Art. 55 Ziff. 3 FIFA-Statuten Transfersperren, die Austragung eines Spieles unter Ausschluss der Öffentlichkeit, die Austragung eines Spieles auf neutralem Platz, die Sperre eines Stadions, die Annullierung eines Spielergebnisses, der Ausschluss, die sog. „Forfait-Niederlage" (gemeint ist eine Spielwertung von Amts wegen[67]), der Abzug von Punkten und/oder der Zwangsabstieg in eine tiefere Spielklasse. Die einzelnen Tatbestände, die zu einer Sanktion führen, sowie die Zuständigkeits- und Verfahrensbestimmungen der Rechtsorgane finden sich in dem 153 Artikel starken *FIFA*-Disziplinarreglement[68], welches nach Maßgabe von Art. 55 Ziff. 4 FIFA-Statuten am 15. September 2006 neu erlassen wurde.

Erwähnenswert ist in Bezug auf Sanktionen gegen natürliche Personen, dass mögliche Adressaten von Strafen erst in Art. 57 Ziff. 3 FIFA-Statuten im Zusammenhang mit dem Rechtsorgan „Disziplinarkommission" (dazu Näheres sogleich) genannt werden. Dort heißt es:

> „Die Disziplinarkommission kann gegen Mitglieder, Klubs, Offizielle, Spieler, Spielvermittler und Spielervermittler die in den Statuten und dem FIFA-Disziplinarreglement festgehaltenen Sanktionen aussprechen."

---

67 Vom Französischen *le forfait,* i. e. „die Untat".

68 Im Internet zu beziehen unter: http://de.fifa.com/mm/document/affederation/administration/fifa%5fdisciplinary%5fcode%5fde%5f43.pdf (abgerufen am 27.10.2007).

Dagegen ist der Katalog von sanktionsfähigen Adressaten im normenhierarchisch untergeordneten FIFA-Disziplinarreglement weiter gefasst. Art. 3 dieser Regelung lautet:

„Diesem Reglement unterliegen:

a) die Verbände;
b) deren Mitglieder, insbesondere Klubs;
c) die Offiziellen;
d) die Spieler;
e) die Spieloffiziellen;
f) lizenzierte Spiel- und Spielervermittler;
g) alle Personen, die von der FIFA autorisiert wurden, insbesondere für ein Spiel, einen Wettbewerb oder eine andere von der FIFA organisierte Veranstaltung;
h) die Zuschauer."

Hier stellt sich insbesondere die Frage, wie eine Bestrafung der unter lit. g) und h) genannten Personen, welche ja gerade nicht der *FIFA* oder einer ihrer Mitglieder angehören oder zugerechnet werden können, durch die Verbandsrechtsprechung in irgendeiner Form legitimiert werden kann. Wohingegen bezüglich des unter lit. g) genannten Personenkreises eine Autorisierung der *FIFA* sich aus einer ausdrücklichen oder implizierten Unterwerfungserklärung unter ihre Strafgewalt bei der so genannten Akkreditierung ergeben kann, ist von dem einfachen Zuschauer nach lit. h) regelmäßig nicht zu erwarten, dass dieser ein besonderes Autorisierungsverfahren durchläuft. Eine Unterordnung unter die Strafgewalt der *FIFA* könnte höchstens durch die AGB der Eintrittskarten erfolgen.

Im Disziplinarbereich der *FIFA* hat es Bewegung durch den *FIFA*-Kongress unmittelbar vor der *FIFA WM 2006* in *Deutschland* gegeben, als die Mitgliederversammlung der *FIFA* die Einrichtung des *Komitees für Fairplay und soziale Verantwortung* an Stelle der alten Ethikkommission beschloss. Dieser „Gerichtshof ohne Regeln"[69] – der als Geburtsfehler aufweist, dass der Kongress weder Verfahrensregeln aufstellte noch Personal benannte, sondern diese Entscheidungen an die *FIFA*-Exekutive delegierte – soll künftig für die Sauberkeit im Fußballsport sorgen[70].

---

69 *FIFA-Justiziar David Will*, zitiert nach *Süddeutsche Zeitung*, Nr. 131, Freitag, 9. Juni 2006, Ausgabe HF2, S. 26 „Hütchenspiel ohne Regeln" *(Thomas Kistner)*.

70 Dieses wurde mit der Begründung eingerichtet, Dingen wie dem italienischen Calcio-Sumpf (Fußballskandal im Frühjahr 2006 in Italien), der Hoyzer-Affäre in Deutschland, unseriösen Spielerberatern und fragwürdigen Wettbüros begegnen zu können. Auslöser hingegen soll das Fehlverhalten des *FIFA-Vizepräsidenten Jack Warner* im

ε) *FIFA und Sportrechtsprechung*

Die Rechtsorgane, welche im FIFA-Disziplinarreglement näher ausgeführt sind, sind zudem in den Statuten angelegt. Dies sind gem. Art. 56 Ziff. 1 die Disziplinarkommission, die Berufungskommission und die Ethikkommission. Darüber hinaus bleibt anderen Kommissionen die Rechtssprechungsbefugnis vorbehalten (Art. 56 Ziff. 3 FIFA-Statuten). Die Disziplinar- (Art. 57 FIFA-Statuten) und Berufungskommission (Art. 58 FIFA-Statuten) setzen sich je aus einem Vorsitzenden und einem Vizevorsitzenden zusammen, welche beide über eine juristische Ausbildung verfügen müssen. Komplettiert werden beide Kommissionen jeweils von einer „als notwendig erachteten Anzahl von Mitgliedern". Die Disziplinarkommission ist für erstinstanzliche Verfahren nach dem *FIFA*-Disziplinarreglement zuständig, während die Berufungskommission – wie ihr Name schon sagt – für Berufungen gegen Entscheidungen der Disziplinarkommission offen steht. Die Ethikkommission (Art. 59 FIFA-Statuten) schließlich handelt entsprechend dem FIFA-Ethikkodex[71].

Entscheide der Berufungskommission sind gem. Art. 58 Ziff. 4 FIFA-Statuten endgültig; als Ausnahme steht jedoch die Berufung vor dem *CAS/TAS* offen, welchen die *FIFA* als unabhängiges Schiedsgericht anerkennt (Art. 60 FIFA-Statuten). Beim *CAS/TAS* anhängige Verfahren erzeugen dabei gem. Art. 61 Ziff. 4 FIFA-Statuten keinen Suspensiveffekt, welcher jedoch separat angeordnet werden kann. Zulässigkeitsvoraussetzungen für eine Berufung vor dem *CAS/TAS* sind die *FIFA*-interne Rechtswegerschöpfung (Art. 61 Ziff. 2 FIFA-Statuten) sowie eine Fristeinhaltung von 21 Tagen ab Bekanntgabe der letztinstanzlichen Entscheidung (Art. 61 Ziff. 1 FIFA-Statuten). Als negative Zulässigkeitsvoraussetzung darf es sich nicht handeln um Berufungen im Zusammenhang mit Verstößen gegen die Spielregeln (Art. 61 Ziff. 3 lit. a FIFA-Statuten), Sperren bis vier Spiele oder bis drei Monate mit Ausnahme von Dopingentscheiden (Art. 61 Ziff. 3 lit. b FIFA-Statuten) sowie Entscheidungen, gegen die eine Berufung an ein unabhängiges und ordnungsgemäß einberufenes Schiedsgericht, welches nach den Regeln eines Verbandes oder einer Konföderation anerkannt ist, möglich ist (Art. 61 Ziff. 3 lit. c FIFA-Statuten).

Die tragende Rolle des *CAS/TAS* als letzter Instanz sportgerichtlicher Entscheidungen unterstreicht die *FIFA* nicht nur durch ihre statutengemäße Unterwerfung. Darüber hinaus bestimmt Art. 62 Ziff. 1 FIFA-Statuten:

Hinblick persönliche Vorteile mit der WM-Ticketvergabe 2006 gewesen sein. (Alles zitiert nach: *Süddeutsche Zeitung,* a. a. O., s. o. Fn. 69).

71 Im Internet beziehbar unter: http://de.fifa.com/mm/document/affederation/administration/fifa%5fdisciplinary%5fcode%5fde%5f43.pdf (abgerufen am 27.10.2007).

„1. Die Konföderationen, Mitglieder und Ligen verpflichten sich, das CAS als unabhängige richterliche Instanz anzuerkennen und dafür zu sorgen, dass sich ihre Mitglieder sowie die ihnen angeschlossenen Spieler und Offizielle den Entscheidungen des CAS fügen. Dasselbe gilt für lizenzierte Spiel- und Spielervermittler."

Hiermit will die *FIFA* faktisch auch für die übrige Welt des Fußballs eine zwangsweise verordnete „freiwillige" Schiedsgerichtsbarkeit als Teilnahmevoraussetzung am Fußballgeschehen statuieren.

Von entsprechender Tragweite sind in diesem Zusammenhang auch Art. 62 Ziff. 2 und 3 FIFA-Statuten:

„2. Der ordentliche Rechtsweg ist ausgeschlossen, mit Ausnahme der in den FIFA-Reglementen ausdrücklich vorbehaltenen Fälle.
3. Die Verbände haben in ihren Statuten zwingend eine Bestimmung aufzunehmen, wonach ihre Klubs und ihre Mitglieder Streitfälle nicht vor ein ordentliches Gericht bringen dürfen, sondern jegliche Auseinandersetzungen den zuständigen Instanzen des Verbandes, der Konföderation und der FIFA unterbreiten müssen."

Diese vom Weltverband der gesamten übrigen Fußballwelt oktroyierte Beschneidung des ordentlichen Rechtsweges zugunsten einer reinen Verbandsrechtsprechung, welche sich auch in *Deutschland* von der Bundesliga bis in die untersten Kreisligen auswirken soll, ist nicht uneingeschränkt zulässig.

ζ) Betrachtung und Bewertung

Insgesamt ist die *FIFA* ein ausgesprochen markt- und sozialmächtiger Verband, der international konzerngleich mit erheblichen Umsätzen agiert. Ihr wird wohl zu Recht eine fast sprichwörtliche Allmacht nachgesagt[72]: „Ungehorsam" der Vereine und Verbände findet faktisch, auch aufgrund eines stark vorherrschenden Obrigkeitsdenkens, nicht statt[73]. Nicht zuletzt herrscht aber auch große Akzep-

72 In die gleiche Richtung wohl: *Weller*, JuS 2006, 497 m. w. N.

73 Eine – im Ergebnis eher formaljuristische – Schlappe erlitt die *FIFA* allerdings in Deutschland im Zusammenhang mit der Weltmeisterschaft 2006. Der Bundesgerichtshof hat noch vor Beginn der WM entschieden, dass die Markte *„FUSSBALL WM 2006"* für sämtliche Waren und Dienstleistungen zu löschen ist, weil sie eine sprachübliche Bezeichnung für die damit beschriebene Sportveranstaltung sei. Er bestätigte auch die (eingeschränkte) Löschentscheidung des *BPatG* im Hinblick auf die Marke *„WM 2006"*. Dies brachte, abgesehen von Aufsehen erregenden Pressemitteilungen, den jeweiligen Klägern nicht viel. Die *FIFA* ging aus der europäischen Marke vor, die ebenfalls eingetragen war, vgl. NJW Heft 23/2006, Seiten III und XVI =

tanz, weil durch die Politik und durch das bisherige wirtschaftliche Wirken der *FIFA* dem Fußball immense finanzielle Mittel zugeflossen sind. Schließlich ist die wirtschaftliche Macht der *FIFA* kaum ausschließlich mit den für sie handelnden Funktionären oder deren Politiken zu erklären: Es ist die besondere Akzeptanz des Fußballs in allen Teilen der Gesellschaft, die den Fußballvertretern (und bei weitem nicht nur denjenigen der *FIFA*) Tür und Tor in Wirtschaft, Medien, Politik und Bevölkerung öffnet: So zahlten beispielsweise die Sponsoren der *FIFA WM 2006* in Deutschland mehrere hundert Millionen Euro an Zuwendungen, die Medien zahlen erhebliche Summen für die Übertragungsrechte, die Politik unterstützte die WM-Bemühungen in jeder Hinsicht – zum Beispiel auch durch Einräumung von Steuerfreiheit der Einnahmen der *FIFA*, ihrer Gremienmitglieder, Ehrengäste usw. während der WM[74] – und die Fußballfans akzeptierten im Ergebnis auch die jedenfalls erneut diskussionswürdigen Wege der Ticketvergabe für die Weltmeisterschaft.

bb) UEFA

Die *UEFA (Union des Associations Européennes de Football)* ist der Europäische Fußballverband, eine von der *FIFA* anerkannte Konföderation, also ein Kontinentalfußballverband.

---

nunmehr *BGH*, Beschl. vom 27.04.2006, Az. I ZB 96/05 und I ZB 97/05, SpuRt 2007, 119.

74 Diese Einkünfte unterliegen grundsätzlich einem Steuerabzug gemäß § 50a Abs. 4 Nr. 1 EStG. Wegen des internationalen Bezugs ist darauf hinzuweisen, dass alle von Deutschland vereinbarten Abkommen zur Vermeidung von Doppelbesteuerung (DBA) dem Auftrittsstaat das Besteuerungsrecht für Sportler zuweisen. Die obersten Finanzbehörden der Länder haben mit Zustimmung des Bundesministeriums der Finanzen zur Unterstützung der Bewerbung des *DFB* um die Fußball-WM 2006 im April 1999 gemäß § 50 Abs. 7 EStG den folgenden Organisationen bzw. Personen die Einkommensteuer bzw. Körperschaftsteuer auf in Deutschland steuerpflichtige Einkünfte, die sie im Zusammenhang mit der Fußball-WM 2006 erzielen, erlassen: Der *FIFA* selbst, den Offiziellen der *FIFA*, den Gästen der *FIFA*, den Schiedsrichtern und Schiedsrichterassistenten, den Teilnehmern des *FIFA*-Kongresses in München, den sonstigen von der *FIFA* offiziell akkreditierte Personen, sowie den teilnehmenden ausländischen nationalen Fußballvereinigungen und deren Personal (z. B. Ärzte, Physiotherapeuten, Köche usw.), mit Ausnahme der Spieler und Trainer. Von diesem Steuererlass ist der *DFB* ausgenommen.

α) Allgemeines

Sie ist wie die *FIFA* ein in das Handelsregister eingetragener Verein nach schweizerischem Recht (vgl. Art. 1 Abs. 1 UEFA-Statuten[75]) und somit eine juristische Person. Seit 1995 ist ihr Sitz *Nyon* in der Schweiz, festgelegt nach einem Beschluss des *UEFA-Exekutivkomitees* gem. Art. 1 Abs. 2 UEFA-Statuten.

Ziel der *UEFA* ist allgemein die Behandlung aller Fragen, die den europäischen Fußball betreffen (Art. 2 Abs. 1 lit. a UEFA-Statuten), dabei insbesondere die diskriminierungsfreie Förderung des Fußballs in Europa im Geiste des Friedens, der Verständigung und des Fairplay, (Art. 2 Abs. 1 lit. b UEFA-Statuten).

Die *UEFA* schreibt sich selbst eine Monopolstellung hinsichtlich jeglicher Fragen des Fußballs in Europa zu, besonders durch Übernahme der Überwachung und Kontrolle der Entwicklung aller Formen des Fußballs in Europa (Art. 2 Abs. 1 lit. c UEFA-Statuten), u. a. durch Organisation und Durchführung von internationalen Wettbewerben und Turnieren des europäischen Fußballs in all seinen Formen (Art. 2 Abs. 1 lit. d UEFA-Statuten). Dabei versteht sie sich auch als rechts- und moralsetzende Instanz mit dem Ziel der Verhinderung jeglicher Methoden und Praktiken, welche die Regularität der Spiele oder Wettbewerbe gefährden oder zum Missbrauch des Fußballs führen (Art. 2 Abs. 1 lit. e UEFA-Statuten), wobei sichergestellt werden soll, dass die sportlichen Grundwerte immer Vorrang gegenüber kommerziellen Interessen haben (Art. 2 Abs. 1 lit. f UEFA-Statuten). Gleichzeitig soll die Ausschüttung der Einnahmen aus dem Fußball zugunsten aller Ebenen und Bereiche des Fußballs gewährleistet sein (Art. 2 Abs. 1 lit. g UEFA-Statuten).

Dass die *UEFA* sich als Dachverband aller europäischen Nationalverbände versteht – als Äquivalent zur *FIFA* auf globaler Ebene – erkennt man an ihrer Zielsetzung, die Einigkeit in Fragen des europäischen und des Weltfußballs unter den Mitgliedsverbänden zu fördern (Art. 2 Abs. 1 lit. h UEFA-Statuten), die Gesamtinteressen der Verbände zu wahren (Art. 2 Abs. 1 lit. i UEFA-Statuten) und die Berücksichtigung der Bedürfnisse der verschiedenen Interessengruppen des europäischen Fußballs (gemeint sind Ligen, Vereine, Spieler und Anhänger) sicherzustellen (Art. 2 Abs. 1 lit. j UEFA-Statuten). Verdeutlicht wird dieses Selbstverständnis anhand des Anspruchs der *UEFA* auf Vertretung der ganzen europäischen „Fußballfamilie“ (Art. 2 Abs. 1 lit. k UEFA-Statuten).

Sich selbst ordnet sie die Pflege guter Beziehungen und Zusammenarbeit mit der *FIFA* und den anderen von ihr anerkannten Konföderationen an (Art. 2 Abs. 1 lit. l UEFA-Statuten). Darüber hinaus sieht sich die *UEFA* auch auf politischer Ebene in der Pflicht sicherzustellen, dass ihre Vertreter in der *FIFA* loyal

75 Abrufbar unter http://de.uefa.com/newsfiles/64675.pdf (abgerufen am 27.10.2007).

im Geiste europäischer Solidarität handeln (Art. 2 Abs. 1 lit. m UEFA-Statuten); entsprechend (wohl aber auch mit der Aussicht auf Einflussnahme auf die europäische Sportpolitik) unterhält die *UEFA* seit Dezember 2003 ein Büro in *Brüssel.*

Schließlich gehört noch Streitschlichtung und Mediation zur Aufgabe der *UEFA*, indem sie Ausgleich der Interessen der Verbände, Schlichtung von Meinungsverschiedenheiten untereinander sowie auf Antrag Hilfeleistung in allen Angelegenheiten leisten will (Art. 2 Abs. 1 lit. n UEFA-Statuten).

Für die nationalen Verbände als Mitglieder der *UEFA* gilt das gleiche wie für jene der *FIFA* (s. o.) mit der Maßgabe, dass die Landesverbände grundsätzlich geographisch zu Europa gehören sollen (Art. 5 Abs. 1 UEFA-Statuten). In Ausnahmefällen können aber auch Mitglieder aus anderen Kontinenten mit Zustimmung der *FIFA* aufgenommen werden (Art. 5 Abs. 2 UEFA-Statuten; vergleichbare Regelungen bestehen auch bei den anderen Konföderationen) [76].

β) Mitglieder

Derzeit gehören 53 Mitgliedsverbände der *UEFA* an. Zuletzt wurde auf dem XXXI. ordentlichen Kongress der *UEFA* in Düsseldorf am 25. und 26. Januar 2007 Montenegro aufgenommen. Dem Verband von *Gibraltar,* der seit Dezember 2006 aufgrund einer Entscheidung des *CAS/TAS* vom 6. Juli 2006 vorläufiges Mitglied der *UEFA* ist, wurde an gleicher Stelle die Aufnahme als Vollmitglied aus politischen Gründen verweigert (vgl. Art 6. UEFA-Statuten). Jüngst zeigte sich an diesem Fall, dass die *UEFA* den *CAS/TAS* als obersten Sportgerichtshof zwar generell gem. Art. 61 ff. UEFA-Statuten anerkennt[77], sich aber dennoch als autonom in der abschließenden Entscheidung über ihre innere Organisation betrachtet.

Die Rechte und Pflichten der *UEFA*-Mitglieder orientieren sich an den Zielsetzungen der *UEFA*, vgl. dazu i. e. Art. 7 und 7bis UEFA-Statuten. Besonderen

---

76 Das hierfür wohl berühmteste Beispiel ist der fußballerische Exodus des Verbandes von Israel, welcher seit 1994 der *UEFA* angehört, nachdem er 1974 auf Bestreben arabischer Verbände aus der *AFC* suspendiert wurde. Zu dieser Zeit war eine Aufnahme in die *UEFA* wegen des Widerstandes der Ostblock-Verbände allerdings nicht möglich, so dass Israel zwischenzeitlich sogar nur bei der ozeanischen Konföderation unterkam und so die Nationalmannschaft ihre WM-Qualifikationsspiele u. a. gegen Australien und Neuseeland austragen musste. Bei der Qualifikation zur WM 1990 scheiterte Israel als Ozeanienvertreter erst im Entscheidungsspiel gegen den dritten Südamerikavertreter Kolumbien. Der Grundsatz der Kontinentalzugehörigkeit kann also manchmal nur sehr theoretischer Natur sein.

77 So auch ausdrücklich in ihrer Pressemitteilung vom 8. Dezember 2006, http://de.uefa.com/uefa/keytopics/kind=64/newsid=489337.html (abgerufen am 19.06.2007).

Wert legt die *UEFA* dabei auf die bedingungslose Befolgung ihrer Vorgaben, zugleich ordnet sie für Struktur und Einrichtung der Organe ihrer Mitgliedsverbände demokratische Vorgaben an. Einfluss von außen, sei es privatwirtschaftlicher oder staatlicher, wird nicht geduldet. Die in jüngster Vergangenheit lediglich aufgrund ihres Selbstverständnisses entstandene Praxis der *UEFA*, Mitgliedsverbände wegen staatlicher Einflussnahme mit Suspendierung zu drohen oder zeitweise auszuschließen[78], hat nunmehr auch in dem neu gefassten Art. 9 Abs. 1bis UEFA-Statuten eine rechtliche Verankerung.

γ) Mitgliederversammlung, Vertretung, Organe

Zu solchen und sämtlichen anderen Handlungen bedient sich die *UEFA* ihrer Organe, namentlich Kongress, Exekutivkomitee, Präsident sowie der Rechtspflegeorgane (Art. 11 UEFA-Statuten).

Der Kongress ist – in seiner Funktion in der *UEFA* vergleichbar mit dem *FIFA*-Kongress in der *FIFA* (s. o.) – das oberste Organ, tagt jedes Jahr und wählt u. a. den *UEFA*-Präsidenten, die Mitglieder des Exekutivkomitees, die europäischen Mitglieder des *FIFA*-Exekutivkomitees sowie beschließt u. a. über Statutenänderungen, Aufnahme und Ausschluss von Verbänden. Der bereits erwähnte Düsseldorfer Kongress brachte den Franzosen *Michel Platini* als neuen Präsidenten hervor, der sich in einer Kampfabstimmung gegen den bisherigen Amtsinhaber *Lennart Johansson (Schweden)* durchsetzen konnte. Dieses Wahlergebnis führte gerade mit dem *DFB*, der sich ausdrücklich für *Johansson* ausgesprochen hatte, zu zeitweiligen Verstimmungen. Insbesondere wird *Platini* vorgeworfen, mittels leerer Versprechungen gegenüber kleineren Verbänden sich Stimmen erschlichen zu haben, was ihn letztendlich wegen des Prinzips der Gleichwertigkeit der Stimme jedes Mitgliedsverbandes (vgl. Art. 18 Abs. 1 UEFA-Statuten) zum Sieg verholfen hat.

Ebenso wie bei der *FIFA* hat auch bei der *UEFA* das Exekutivkomitee die Geschäftsführung inne. Es besteht aus dem Präsidenten sowie 15 Mitgliedern, die jeweils unterschiedlichen Verbänden angehören und dort eine aktive Funktion ausüben müssen (Art. 21 UEFA-Statuten). Ihre Amtsdauer beträgt vier Jahre (Art. 22 Abs. 1 UEFA-Statuten). Dem Exekutivkomitee obliegt die Oberleitung der *UEFA* (Art. 24 Abs. 1 lit. a UEFA-Statuten); es hat in diesem Rahmen ver-

---

78 Vgl. dazu die Pressemitteilung der *UEFA* vom 21.07.2007 zur Suspendierung des Verbandes von Mazedonien: http://de.uefa.com/uefa/keytopics/kind=64/newsid=553496.html (abgerufen am 19.06. 2007).

gleichbare Aufgaben und Befugnisse im europäischen Fußball wie das *FIFA*-Exekutivkomitee auf globaler Ebene.

Nach der Novelle der UEFA-Statuten im Juni 2007 erfuhr der Präsident eine beachtliche Erweiterung seiner Macht. Als neues Organ der *UEFA* ist er deren Vertreter, leitet die Sitzungen von Kongress und Exekutivkomitee (Art. 29 Abs. 1 – 3 UEFA-Statuten). Zudem ist der Präsident jetzt verantwortlich für sämtliche Beziehungen der *UEFA* mit der *FIFA*, anderen Konföderationen, den Mitgliedsverbänden und sogar politischen Instanzen und internationalen Organisationen. Er sorgt für die Umsetzung von Beschlüssen durch die Administration der *UEFA* und übernimmt gleichzeitig deren Aufsicht (Art. 29 Abs. 4 UEFA-Statuten).

Vor der Änderung der UEFA-Statuten war der Generaldirektor mit der Führung des operativen Geschäfts – ähnlich wie auf globaler Ebene der Generalsekretär der *FIFA* – betraut, zudem galt er unlängst noch als Organ der *UEFA*. Nach den neuen Statuten ersetzt jedoch der Präsident den Generaldirektor als Organ, offenbar eine Folge des gestiegenen Machtanspruchs des neuen Präsidenten *Platini.* Nunmehr obliegt dem Generalsekretär als Angestelltem der *UEFA* die Führung der Verwaltung (Art. 30 Abs. 1 UEFA-Statuten), jedoch bleibt ihm als einzige Aufgabe mit Außenwirkung nur noch die Vertretung der *UEFA*, wenn der Präsident von seiner Befugnis keinen Gebrauch macht (Art. 30 Abs. 2 lit. a UEFA-Statuten). Bezeichnend ist in diesem Zusammenhang auch, dass Art. 29 UEFA-Statuten von Befugnissen des Präsidenten spricht, während Art. 30 UEFA-Statuten dem Generalsekretär lediglich Aufgaben zuweist[79]. Die Beschneidung der Kompetenzen des ehemaligen Generaldirektors kommt indes durch die neue amtliche Bezeichnung als Generalsekretär (die übrigens auch vor 1999 galt) nur unzureichend zum Ausdruck. Prägnanter war schon der Rücktritt des letzten ordentlichen Generaldirektors *Lars-Christer Olsson (Schweden)* als Reaktion auf die Wahl *Platinis* zum Präsidenten und die damit zu erwartenden neuen autoritäreren Machtverhältnisse in der *UEFA*. Insofern ist der *UEFA*-Pressemitteilung vom 1. Juni 2007 nicht zu widersprechen, wonach der neue Generalsekretär *David Taylor* eine neue Ära startet[80]; nur dürfte diese als Trend zu Gunsten der Machtkonzentration zu verstehen sein.

Die absolute Stellung der *UEFA* als europäischer Dachverband kommt besonders durch die Befugnis des Exekutivkomitees zum Ausdruck, Mitgliedsverbände gem. Art. 9 Abs. 1 UEFA-Statuten suspendieren zu können. Neuerdings

79 Dass auch die UEFA-Statuten – ähnlich wie bspw. das deutsche Polizei- und Ordnungsrecht – von einem Unterschied zwischen Aufgaben und zu Eingriffen ermächtigenden Befugnissen ausgehen, erkennt man in Art. 23 und 24; dort wird zwischen Befugnissen und Aufgaben des Exekutivkomitees trennscharf differenziert.

80 http://de.uefa.com/uefa/keytopics/kind=64/newsid=545567.html (abgerufen am 19.06. 2007).

enthält der jetzt eingeführte Art 9 Abs. 1 bis UEFA-Statuten besondere Suspendierungsgründe, wonach im Wesentlichen auf mangelnde Unabhängigkeit oder Einflussnahme auf den Wirkungskreis des nationalen Verbandes abgestellt wird. Damit sind nun[81] wohl Suspendierungen der *UEFA* ihrer Mitglieder aufgrund politischer Einflussnahme in das Verbandsgeschehen statutengemäß. Dennoch wird dadurch nicht etwa die als *ultra-vires*-Handlung kritisierte Vorgehensweise der *UEFA* vor Aufnahme dieser Bestimmung legitimiert, Mitgliedsverbänden (wie z. B. im Falle des Fußballverbandes von Aserbeidschan während der Qualifikationsspiele zur Europameisterschaft 2004[82]) wegen vermeintlich mangelnder Eigenständigkeit mit Ausschluss zu drohen oder Suspendierungen auszusprechen.

Ähnlich wie die *FIFA* bedient sich auch das Exekutivkomitee der *UEFA* zur umfassenden Wahrnehmung seiner Kompetenzen verschiedenster Kommissionen. Fest eingerichtet sind dazu 19 Kommissionen, welche in Art. 35bis UEFA-Statuten enumerativ aufgeführt sind. Zusätzlich können gem. Art 38 UEFA-Statuten sog. Expertenausschüsse und Arbeitsgruppen eingerichtet werden, die sich zeitlich befristet mit einer ihr zugewiesenen Aufgabe befassen.

Eine hervorgehobene Stellung erlangt in diesem Geflecht der in Art. 35 UEFA-Statuten separat geregelte *Strategische Beirat* für den Berufsfußball. Seine umfangreiche Regelung, insbesondere aber seine statutengemäß zugewiesene Einflussnahmepflicht (Art. 35 Abs. 4 UEFA-Statuten) auf das Exekutivkomitee verdeutlicht (im Kontrast zu den eher karitativ anmutenden Aufgabenbestimmungen zu Beginn der Stauten, vgl. oben) das massive kommerzielle Interesse der *UEFA* an Bestand und Förderung des professionellen Fußballs.

δ) Sanktionsmöglichkeiten

Hinsichtlich der der *UEFA* zustehenden Sanktionsmöglichkeiten ist eine parallele Struktur zum Regelungsumfang bei der *FIFA* zu erkennen. Auch die *UEFA* differenziert zwischen Disziplinarmaßnahmen gegen natürliche und juristische Personen, welche in Art. 53 f. UEFA-Statuten aufgeführt sind. Sie entsprechen im Wesentlichen dem Katalog der *FIFA*. Erwähnenswert ist lediglich, dass die *UEFA* offenbar die Wiederholung eines Fußballspiels (Art. 53 lit. e UEFA-Statuten), entgegen des wohl allgemeinen Verständnisses in der Sportrechtspflege, dies als

---

81 Die inzwischen aufgehobene Suspendierung des Verbandes von Mazedonien im Übergang der alten zu den neuen Statutenvorschrift kann als Fall der unechten Rückwirkung anhand der *UEFA*-Kriterien noch rechtmäßig gewesen sein, vgl. dazu die Pressemitteilung vom 21.06.2007 unter http://de.uefa.com/*uefa*/keytopics/kind=64/newsid=553496.html (abgerufen am 21.06.2007).

82 Vgl. dazu auch die *UEFA*-Pressemitteilung vom 22.05.2003 unter http://de.uefa.com/*uefa*/keytopics/kind=64/newsid=71305.html (abgerufen am 21.06.2007).

spieltechnische Folge beispielsweise bei einem Regelverstoß des Schiedsrichters oder Einsatz eines nichtspielberechtigten Spielers zu verstehen, als Sanktion ansieht.

Anders als die *FIFA* rechnet die *UEFA* sanktionierbares Verhalten gem. Art. 6 *UEFA*-Rechtspflegeordnung[83] übrigens nur Mitgliedsverbänden und Vereinen zu. Die Konstruktion (siehe oben unter A. IV. 2. a aa, S. 49) möglicherweise mittels AGB, Verhalten insbesondere von Zuschauern als Verbandsgericht direkt gegen diese zu ahnden, unternimmt die *UEFA* nicht. Gleichwohl wird festgestellt, dass die Zurechnung des Verhaltens natürlicher Personen mittelbar über Sanktionierung von Vereinen und Verbänden erfolgt.

ε) UEFA und Sportrechtsprechung

Genau wie die *FIFA* verfügt auch die *UEFA* über Organe, die mit Sanktionen und Sportrechtsprechung befasst sind. Dies sind gem. Art 32 UEFA-Statuten die erstinstanzliche Kontroll- und Disziplinarkammer, der zweitinstanzliche Berufungssenat sowie der die *UEFA* vertretende Disziplinarinspektor. Einzelheiten werden in der *UEFA*-Rechtspflegeordnung geregelt. Das Rechtspflegesystem ist im Wesentlichen mit dem der *FIFA* (s. o.) vergleichbar.

Ebenso wie die *FIFA* zwingt auch die *UEFA* ihre Mitglieder zu einer Verzichtserklärung hinsichtlich des ordentlichen Rechtswegs sowie der Anerkennung der Verbandsgerichtsbarkeit (Art. 60 UEFA-Statuten). Zudem gilt auch hier der *CAS/TAS* (bei der *UEFA* mit der französischen Abkürzung *TAS* bezeichnet) als anzuerkennendes letztinstanzliches Sportgericht, welchem man sich unterworfen hat (Art. 61 ff. UEFA-Statuten). Die Rechtsmittelfrist ist bei der *UEFA* jedoch auf zehn Tage verkürzt (Art. 62 Abs. 3 UEFA-Statuten).

b) National

Im Folgenden wird die Organisationsstruktur des organisierten Fußballsports in der *Bundesrepublik Deutschland* dargestellt. Natürlich steht hier bei im Zentrum des Interesses der *Deutsche Fußball-Bund e. V. (DFB)* mit Sitz in *Frankfurt*.

aa) Ausgangslage: Profis und Amateure im deutschen Fußball

„Wichtigste Aufgabe des DFB ist die Ausübung des Fußballsports in Meisterschaftsspielen und Wettbewerben der Spielklassen der Regional- und Landesver-

83 Im Internet herunterzuladen unter: http://de.uefa.com/newsfiles/64674.pdf (abgerufen am 27.10.2007); nicht zu verwechseln mit Kapitel XI der UEFA-Statuten, welches den gleichen Titel trägt.

bände und der Lizenzligen. Er trägt die Gesamtverantwortung für die Einheit des deutschen Fußballs“ (DFB-Satzung, Präambel). Mit diesem Zitat aus seiner Satzung weiß Jedermann, welche zentralen Aufgaben der *Deutsche Fußball-Bund* hat und welches Selbstbild er sich gibt.

Aber schon mit diesem Ausschnitt aus der Präambel, der an die Einheit des Fußball appelliert, wird an eine schwierigen Prozess erinnert, die der deutsche Fußball durch Ausgliederung der Organisation der Lizenzligen (des „professionellen Fußballs“) an „die Liga“ auf dem außerordentlichen *DFB*-Bundestag am 30.09.2000 in Mainz durch die entsprechenden Satzungsänderungen vollzogen hat und die insbesondere im so genannten Grundlagenvertrag detailreich geregelt worden sind. Weiterhin bildet der *DFB* damit das Dach über dem organisierten Fußballsport in Deutschland. Koordination und Gesamtverantwortung für den Fußball hat er behalten, im Profibereich kommen ihm aber eine durchaus geringere Organisations- und Beteiligungsfunktionen zu, nachdem er wesentliche Bereiche des Bundesliga-Spielbetriebs an die „Liga“ zu deren Verwaltung abgegeben hat. Ihm stehen dort beispielsweise nach wie vor die Rechtsprechung durch seine Organe und die Schiedsrichtergestellung zu. Im Übrigen hat der *DFB* im Spielbetrieb die klar dem Profibereich zuzuordnen Bereiche der Nationalmannschaft und des *DFB*-Pokals (als *DFB*-Hauptrunde) behalten.

α) Der Deutsche Fußball-Bund e. V. (DFB)

Entgegen einer in der Bevölkerung weit verbreiteten Fehlauffassung ist der *Deutsche Fußball-Bund* keine staatliche Einrichtung; er ist von unmittelbar strukturell staatlichen Einflüssen frei. Auch seine Nationalmannschaft ist natürlich – trotz Hymnenspiel und manchmal staatsbesuchsähnlicher Atmosphäre – als seine Delegation nur ihm zuzurechnen und nicht etwa dem Völkerrechtssubjekt der *Bundesrepublik Deutschland*.

Der *DFB* ist privatrechtlich organisiert und als eingetragener Verein i. S. d. §§ 21, 55 BGB juristische Person des Privatrechts, die ihre Rechtsfähigkeit durch Eintragung im Vereinsregister erreicht hat.

Der *Deutsche Fußball-Bund* hat 27 ordentliche Mitglieder[84].

Diese – angesichts der Feststellung, dass der *DFB* mit rund 6,5 Millionen Einzelmitgliedern der größte Sportfachverband der Welt ist – überraschende Erkenntnis ist aber auch die einzig richtige. Sie beruht auch auf der im Fußball konsequent vollzogenen, besonderen Organisationsstruktur des Sports in *Deutsch-*

---

84 Nämlich die 21 Landesverbände, die fünf Regionalverbände und den Ligaverband, vgl. §§ 7 Abs. 1, lit. a, Abs. 2, 1 Abs. 1 Satz 1 DFB-Satzung.

Mitglieder des DFB

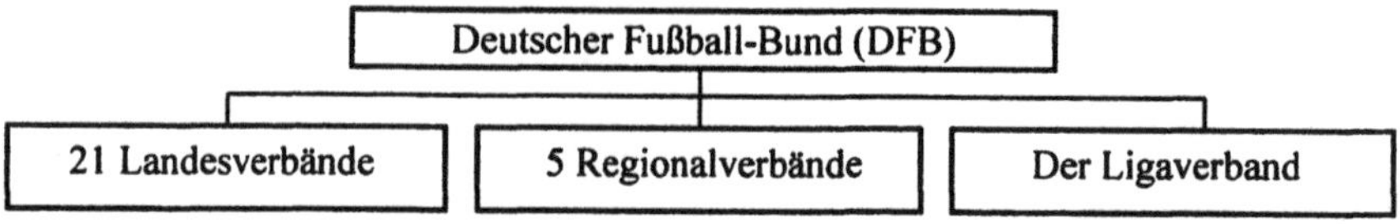

Abbildung 1 – Die 27 Mitglieder des Deutschen Fußball-Bundes

land, dass Mitglieder der Verbände nur deren Vereine und nicht die Einzelmitglieder der Mitgliedsvereine sind.

Diese vertikale Aufteilung in National-, Regional-, Landesverband und Vereine findet sich in systematisch ähnlicher Form auch in der inneren Organisation des *DFB* wieder. Zu deren Strukturierung betreibt der *DFB* zum einen in seiner Zentralverwaltung sechs Direktionen mit den Arbeitsschwerpunkten „Generalsekretariat“, „Recht – Sportgerichtsbarkeit – Finanzen – Personal – Schiedsrichter – Verwaltung“, „Team-Management – Jugend – Talentförderung – Trainerwesen“, „Spielbetrieb/Amateurfußball – Breitensport – Frauenfußball“, „Kommunikation & Öffentlichkeitsarbeit“ sowie „Marketing“[85]. In dieser Form wird die Wahrung der satzungsmäßig (§ 6 Nr. 1 und 2 DFB-Satzung) festgelegten Zuständigkeiten, namentlich der Rahmenbedingungen des Lizenzspielbetriebs[86], des Spielbetriebs im Amateurbereich, des Frauenfußballs, des Jugendfußballs, des Schiedsrichterwesens, der Beziehungen zu internationalen Sportverbänden sowie der Sportgerichtsbarkeit, verwirklicht.

Die Handlungsfähigkeit zur Verwirklichung seiner satzungsmäßigen Aufgaben erlangt der *DFB* zum anderen durch seine gewählten Organe und Ausschüsse, § 19 DFB-Satzung. Organe sind dabei Bundestag, Vorstand und Präsidium sowie die Rechtsorgane. Als hierarchisch darunter liegende Ausschüsse existieren der Spielausschuss, der Jugendausschuss, der Kontrollausschuss, der Schiedsrichterausschuss, der Ausschuss für Frauenfußball und der Ausschuss für Freizeit- und Breitensport. Anders als in manchen Mitgliedsverbänden zählen im *DFB* die Ausschüsse nicht zu den Organen.

Der *DFB*-Bundestag als konstituierendes Organ ist eine im Dreijahresrhythmus stattfindende Versammlung von Delegierten aus den Regional- und Landesverbänden, dem Ligaverband, dem Präsidium, dem Vorstand, den Ehrenmitgliedern sowie den Mitgliedern der Rechtsorgane, der Revisionsstelle und der Aus-

85 Aktuelle Darstellung unter http://www.dfb.de/dfb-info/eigenprofil/index.html (abgerufen am 27.10.2007).

86 Vgl. hierzu insb. §§ 16 – 16d DFB-Satzung sowie den Grundlagenvertrag zwischen *DFB* und *Ligaverband*, einsehbar unter http://www.dfb.de/dfb-info/interna/index.html (abgerufen am 27.10.2007).

schüsse. In Ausnahmefällen kann auch ein außerordentlicher Bundestag einberufen werden. Stimmberechtigt sind bei ordentlichen wie außerordentlichen Bundestagen nur die Vertreter der genannten Verbände sowie die Präsidiums- und einige Vorstandsmitglieder. Der Tagesordnung entsprechend werden dabei Beschlüsse gefasst über sämtliche Bundesangelegenheiten, die nicht satzungsgemäß anderen Organen des *DFB* übertragen sind. Im *DFB*-Bundestag verfügen die Landesverbände über insgesamt 130 Stimmen, die Regionalverbände über jeweils zwei (insgesamt zehn), der Ligaverband über 74 und die stimmberechtigten Präsidiums- und Vorstandsmitglieder über je eine Stimme, § 21 n. F. DFB-Satzung.

Das (ehrenamtliche) Präsidium besteht aus dem Präsidenten, dem Schatzmeister, dem Ligapräsidenten und dem Präsidiumsmitglied für Amateurfußball sowie Angelegenheiten der Landes- und Regionalverbände als gleichberechtigte 1. Vizepräsidenten, neun weiteren Vizepräsidenten, dem (hauptamtlichen) Generalsekretär und den Ehrenpräsidenten. Dabei soll jeder Regionalverband durch einen Vizepräsidenten vertreten sein, der *Süddeutsche Fußballverband* wegen seiner Größe durch zwei. Die Präsidiumsmitglieder werden auf dem *DFB-Bundestag* gewählt, wobei der Ligapräsident als Präsidiumsmitglied lediglich bestätigt wird. Amtierender alleiniger DFB-Präsident ist *Dr. Theo Zwanziger*[87]. Das Präsidium ist als die verantwortliche Leitung des *DFB* für die grundsätzlichen Beschlüsse der laufenden Geschäfte zuständig; zu ihrer Erledigung bedient sich das Präsidium insbesondere der Zentralverwaltung und der Ausschüsse. Zudem vertritt es den *DFB* i. S. v. § 26 Abs. 2 BGB rechtsgeschäftlich, und zwar einschränkend in der Form, dass nur jeweils zwei Mitglieder gemeinsam aus dem Funktionsbereich des Präsidenten, des 1. Vizepräsidenten, des Schatzmeisters und des Generalsekretärs Vertretungsmacht haben. Der Präsident ist oberster Repräsentant des *DFB*, hat Gesamtverantwortung für denselben, einschließlich der Belange der Nationalmannschaft und des Leistungssports, und verfügt über Richtlinienkompetenz.

Der Vorstand setzt sich zusammen aus den Mitgliedern des Präsidiums, den Präsidenten der Landes- und Regionalverbände und zwölf Vertretern des Ligaverbandes. Die Präsidenten der Landes- und Regionalverbände sowie die Vertreter des Ligaverbandes müssen durch den Bundestag in dieser Funktion bestätigt werden. Der Vorstand befasst sich mit den Berichten der Ausschüsse, der Revisoren und den Entschließungsanträgen des Beirats. Daneben dient der Vor-

---

87 Der Lebenslauf von *Dr. Theo Zwanziger* ist aus juristischer Sicht alleine deswegen bemerkenswert, weil er in allen drei Bereichen der Staatsgewalt (nach der klassischen Einteilung in Legislative, Exekutive und Judikative) tätig war: So war er Verwaltungsrichter in *Koblenz*, Landtagsabgeordneter für die *CDU* in *Rheinland-Pfalz* und Regierungspräsident in *Koblenz*. 1991 bis 2004 war er als Rechtsanwalt tätig.

stand als Berater für die Mitglieder des Präsidiums bei der Erfüllung ihrer Aufgaben. Bis zum folgenden *DFB-Bundestag* kann der Vorstand in dringenden Fällen einstweilig nicht-satzungsändernde Rechtssätze erlassen und aufheben sowie Vorstands- und Ausschussmitglieder von ihrem Amt suspendieren. Unter Berücksichtigung der jeweils repräsentierten Mitgliederzahl sind die Stimmen im Vorstand besonders verteilt, vgl. § 32 Nr. 6 n. F. DFB-Satzung.

Die Rechtsorgane des *DFB* sind das Bundesgericht und das Sportgericht, welche ihre Aufgaben nach den Bestimmungen der DFB-Satzung und der Ordnungen des *DFB* wahrnehmen. Die jeweiligen gewählten Mitglieder dürfen anderen Organen und Ausschüssen des *DFB* nur angehören, soweit dies in der Satzung des *DFB* vorgesehen ist. Darüber hinaus werden an sie besondere Kompetenzanforderungen dergestalt gestellt, dass die Vorsitzenden und stellvertretenden Vorsitzenden die Befähigung zum Richteramt besitzen müssen und die Beisitzer diese Befähigung haben sollen. Beide Gerichte bestehen aus dem Vorsitzenden, dem stellvertretenden Vorsitzenden und 28 Beisitzern, die anteilsmäßig aus den verschiedenen Organisationsbereichen des *DFB* heranzuziehen sind. In der Regel sind bei mündlichen Verhandlungen neben einem Vorsitzenden noch zwei Beisitzer zugegen; in Fällen besonderer Bedeutung entscheidet das Bundesgericht mit vier Beisitzern. Als deklaratorischer Ausfluss der Verbandsautonomie wird im *DFB* zudem klargestellt (§ 3 Nr. 3 RuVO/DFB), dass die Mitglieder des Kontrollausschusses oder der Rechtsorgane nicht für Folgen aus ihren Entscheidungen haftbar gemacht werden können.

Sachlich sind die Rechtsorgane zuständig für „alle Vorkommnisse in den Bundesspielen und für alle Verstöße gegen die Spielordnung, das Ligastatut sowie für die Anfechtung von Spielwertungen und Spielberechtigungen bei Bundesspielen, außerdem für finanzielle Streitigkeiten aus Anlass der Durchführung von Bundesspielen", § 2 RuVO/DFB. Dabei obliegt dem Sportgericht lediglich erstinstanzliche Rechtsprechung nach Maßgabe der DFB-Satzung, während das Bundesgericht die Rechtsmittelinstanz sowohl für Entscheidungen des Sportgerichts als auch für solche der obersten Rechtsorgane der Mitgliedsverbände ist. In besonderen satzungsmäßig festgeschriebenen Fällen kann das Bundesgericht auch erste und letzte Instanz zugleich sein, § 43 DFB-Satzung. Die Sportgerichte des *DFB* werden nicht *ex officio* tätig, sondern reagieren nur auf Antrag, § 13 Nr. 1 RuVO/DFB. Insbesondere überwacht dabei der Kontrollausschuss die Einhaltung der DFB-Statuten und erhebt ggf. Anklage gegen Verstöße bei den zuständigen Instanzen der Sportgerichte, § 50 Nr. 1 DFB-Satzung. Der Kontrollausschuss ist also eine Art „Staatsanwaltschaft des *DFB*", während die Sportgerichte zugleich „sportstraf-" (wenn Anträge des Kontrollausschusses wegen Fehlverhaltens zu Grunde liegen) und „sportverwaltungsrechtliche" Verfahren (wenn es um die Anfechtung von Organentscheiden geht) durchführen.

Der *DFB* ist Mitglied der *FIFA* und hat sich ihrer Regelungsgewalt unterworfen. In § 3 Abs. 1 DFB-Satzung[88] heißt es hierzu:

> „Der DFB ist Mitglied der FIFA mit Sitz in Zürich. Aufgrund dieser Mitgliedschaft ist der DFB den Bestimmungen dieses Verbandes unterworfen und zur Umsetzung der Entscheidungen seiner Organe verpflichtet. Insbesondere nachgenannte Vorschriften der FIFA sind für den DFB, seine Mitglieder sowie die Vereine und Kapitalgesellschaften seiner Mitgliedsverbände verbindlich: Statuten, Reglement betreffend Status und Transfers von Fußballspielern, Reglemente für die internationalen Wettbewerbe und Spielregeln."

Diese – für den organisierten Sport und den Fußball ganz typische – dynamischen Verweisungen (zum einen auf das übergeordnete Recht der *FIFA* und zum anderen mit Anordnungsbefehl auf die untergeordneten Verbände – auch „Vermittlungsbestimmung"[89] oder „Überleitungsbestimmung"[90] genannt) will also sämtliche *FIFA*-Bestimmungen bis auf das unterste Glied der verbandlichen Organisationsebene, den Verein, herunterbrechen und zur Anwendung gelangen lassen. Die Zulässigkeit einer solchen Vorgehensweise wird im Hauptteil der Arbeit untersucht.

Neben der Bundesliga und der 2. Bundesliga, die dem *Ligaverband* zu exklusiven Nutzung überlassen sind, unterhält der *DFB* ab der Spielzeit 2008/2009 die Frauen-Bundesliga und die 2. Frauen-Bundesliga, die 3. Liga und die Regionalligen.

β) Die Bundesliga

Die Fußballbundesliga mit den Spielen in der Bundesliga und der 2. Bundesliga bildet das Zentrum des professionellen Fußballsports und ist dasjenige allwöchentliche Sportereignis, dem die größte Aufmerksamkeit der sportinteressierten und medialen Öffentlichkeit zu Teil wird. Der professionelle Fußball ist zwischenzeitlich institutionell vom *DFB* getrennt organisiert; Kern seiner Organisation ist der Ligaverband.

αα) Der Ligaverband

Der Ligaverband ist ordentliches Mitglied des *DFB*. Ihm ist seitens des *DFB* die Durchführung der Bundesliga exklusiv überlassen (Grundlagenvertrag, Präambel), nachdem es immer noch Zweck und Aufgabe des *DFB* ist, die Bundesliga

---

88 Im Internet zu erhalten unter: http://www.dfb.de/dfb-info/interna/index.html (abgerufen am 27.10.2007).

89 *Westermann*, Verbandsstrafgewalt, S. 26.

90 *Vieweg*, JuS 1983, 825.

und die 2. Bundesliga als seine Vereinseinrichtungen zu organisieren, § 4 g) DFB-Satzung. Auch dies mag überraschen, ist doch landauf landab seit dem Bundestag 2000 in Mainz (s. o. unter aa, S. 59) den Medien zu entnehmen, dass „die Liga" (der Profifußball) nunmehr eigenständig sei. Es wird rasch deutlich werden, dass dies nur für wesentliche Teile der Verwaltung der Liga stimmt (wie gerade dargestellt). Denn wie sich durch diese Klarstellung in der Satzung und der eindeutigen Regelung im Grundlagenvertrag[91] ergibt, sind Bundesliga und 2. Bundesliga immer noch eindeutig dem *DFB* zugeordnet. Konsequenz des Rufes nach Eigenständigkeit des professionellen Fußballs war schließlich eine Strukturreform, die zwar der Liga eine in weitem Umfang autonome Verwaltung garantiert aber gleichfalls die Einheit des Fußballs unter dem Dach des *DFB* bewahrt. Diffizile Verhandlungen haben zu abgewogenen Ergebnissen geführt: So sind im Wege der angesprochenen Strukturreform die lizenzierten Vereine und Kapitalgesellschaften der Bundesliga und der 2. Bundesliga, die bis zum 28.04.2001 ordentliche Mitglieder des *DFB* waren, mit Wirkung ab der Spielzeit 2001/2002 als ordentliche Mitglieder ausgeschieden. Diese Mannschaften haben daraufhin einen eigenen Verband, den Ligaverband *„Die Liga – Fußballverband e. V."* gegründet ist, der nunmehr nach § 7 Nr. 2 Satz 1, lit. b. Satz 2 VII. DFB-Satzung ordentliches Mitglied des *DFB* ist. Der *Ligaverband* stellt also den Zusammenschluss der lizenzierte Vereine und Kapitalgesellschaften der Bundesliga und 2. Bundesliga dar (§ 16 S. 1 DFB-Satzung). Die Rechte und Pflichten des *Ligaverbands*, die naturgemäß von den Rechten der anderen Mitglieder (der Regional- und Landesverbände, vgl. sogleich) abweichen müssen, sind speziell in §§ 16, 16a, b und c der DFB-Satzung geregelt. Das diffizile Zusammenspiel findet darüber hinaus Ausgestaltungen im Grundlagenvertrag zwischen *DFB* und *Ligaverband.* Hiernach kommt dem *Ligaverband* insbesondere das Recht zu, „die vom DFB zur Nutzung überlassenen Vereinseinrichtungen" (i. e. der Spielbetrieb der Bundesliga und 2. Bundesliga) zu betreiben und die sich daraus ergebenden Vermarktungsrechte eigenverantwortlich und exklusiv wahrzunehmen und zu verwerten.

Gemäß § 16a DFB-Satzung fallen dem *Ligaverband* danach besondere Rechte zu. Hierbei ist die Befugnis des *DFB*, die den Lizenzfußball betreffenden Angelegenheiten durch allgemeinverbindliche, zur Sicherung der wirtschaftlichen Grundlagen und für einen ordnungsgemäßen Spielbetrieb erforderliche Vorschriften (hier ebenfalls unter dem Vorbehalt der §§ 16 bis 16d und 18 DFB-Satzung, i. e. also mit den Mitbestimmungsbefugnissen des Ligaverbands) zu erlassen, zu beachten. Zu den besonderen Rechten des *Ligaverbands* gehört natürlich und insbesondere die Ermittlung des deutschen Fußballmeisters und der

91 Abgedruckt auch im Sammelband *„DFB* – Satzungen und Ordnungen".

Teilnehmer an den europäischen Wettbewerben durch den Bundesligaspielbetrieb (§ 16a Absatz 1 Nr. 1 DFB-Satzung). Des Weiteren stehen ihm zu: das exklusive Vermarktungsrecht an den Bundesligen im eigenen Namen (Nr. 2), die Lizenzerteilung für Spieler und Vereine in eigener Verantwortung (Nr. 3), ein Vorschlagsrecht für die Vertretung des *DFB* in den dargestellten internationalen Fußballverbänden (also *UEFA* und *FIFA*, Nr. 4), die Beteiligung an der Besetzung des *DFB*-Schiedsrichterausschusses und der Rechtsprechungsorgane des *DFB* (Nr. 6, weil die Sportrechtsprechung und die Schiedsrichterbesetzung in den Bundesligen als Aufgaben beim *DFB* verbleiben, vgl. § 16a Abs. 1 Nr. 1 Satz 2 DFB-Satzung) und eine Vertreterentsendungsbefugnis in die übrigen *DFB*-Organe nach Maßgabe der DFB-Satzung (Nr. 7). Die weitere Ausgestaltung dieser Rechte steht unter dem Regelungsvorbehalt durch Ordnungen und Vertrag (§ 16a Absatz 2 DFB-Satzung). Vertrag i. S. d. Vorschrift ist der sog. Grundlagenvertrag zwischen *DFB* und *Ligaverband.*

Auf Grund seiner aus dem Gesamtgefüge herausragenden Stellung hat der *Ligaverband* jedoch auch weitere, besondere Pflichten übernommen, § 16b DFB-Satzung. Diese mögen vordergründig als Selbstverständlichkeiten erscheinen, gehören aber für die Einheit des Fußballs und das Selbstverständnis der Amateurseite derart elementar zum Fußballsport, dass sie einer ausdrücklichen satzungsmäßigen Festschreibung bedurften. So hat der *Ligaverband:* die Spiele der Bundesligen nach den internationalen Fußballregeln auszutragen und zwar unter Berücksichtigung der verbindlichen Auslegungen des *DFB* (§ 16b Nr. 1 DFB-Satzung)[92]; zu gewährleisten, dass zwischen den Bundesligen und den obersten Amateurklassen ein hinreichender Auf- und Abstieg stattfindet (Nr. 2)[93]; auf Aufforderung des *DFB* Spieler abzustellen, mit denen die Fußball-Nationalmannschaft und weitere Auswahlmannschaften des *DFB* gebildet werden[94] (Nr. 3);

---

92 Dies ist natürlich zugleich eine der Hauptforderungen der *FIFA*.

93 Dieses Bedürfnis ist ganz elementar: Ohne einen Auf- und Abstieg zwischen der 2. Bundesliga und den Regionalligen als Schnittstelle zum Amateurfußball wäre die Einheit des Fußballs unrettbar verloren, weil keine Mannschaft ohne Zutun des Ligaverbandes die Möglichkeit hätte, in den Bereich des professionellen Fußballs zu gelangen, also in die Bundesligen aufzusteigen. Dies ist aber Kernbedürfnis des Wettbewerbs- und Spielbetriebs. Durch diese Vorschrift wird v. a. auch verhindert, dass die Gemeinschaft der Lizenzmannschaften zum sog. „closed shop" verkommt.

94 Dies war einer der Hauptstreitpunkte im Diskussionskonvolut „Eigenständigkeit der Liga": Insbesondere die international erfolgreich agierenden Vereine haben immer wieder darauf hingewiesen, dass die Abstellungen der hochbezahlten Lizenzfußballer als Nationalspieler für sie in jedem Fall mit finanziellen Einbußen (kostenlose Hingabe bilanztechnisch aktivierter Spieler an *DFB*) und häufig auch mit erheblichen Risiken (insbesondere natürlich durch die Verletzungsgefahren anlässlich eines Länderspiels) verbunden ist. Durch den Grundlagenvertrag erhält die Liga für diesen Ab-

sich an der Entwicklung des deutschen Fußballsports und der Jugendtalentförderung zu beteiligen sowie durch Abgaben aus dem Lizenzbetrieb einen Beitrag zur Finanzierung des *DFB* zu leisten (Nr. 4); seine Mitglieder (also die Lizenzmannschaften) zur Teilnahme am *DFB*-Pokalwettbewerb zu verpflichten[95] (Nr. 5); das Dopingverbot zu beachten (Nr. 6); sicherzustellen, dass die *DFB*-Fußball-Lehrer-Lizenz Voraussetzung für eine Trainertätigkeit in den Bundesligen ist (Nr. 7); dem Präsidenten des *DFB* (oder einem von ihm benannten Vertreter) ein Teilnahmerecht an den Sitzungen der Organe, Ausschüsse und Kommissionen des Ligaverbandes zu ermöglichen (Nr. 8); seiner sozialen Verantwortung im Zusammenhang mit dem Gesamtfußball und dessen Einheit gerecht zu werden (Nr. 9); die allgemeinverbindlichen Fußballbestimmungen sowie die *FIFA*- und *UEFA*-Vorschriften zu achten und umzusetzen (Nr. 10). Auch die weitere Ausgestaltung dieser Pflichten steht unter dem Regelungsvorbehalt durch Ordnungen und Vertrag (§ 16b Absatz 2 DFB-Satzung).

§ 16c DFB-Satzung regelt grundsätzliche Fragen zur Mitgliedschaft im Ligaverband. Nr. 1 sieht vor, dass Vereine der Lizenzligen bzw. Kapitalgesellschaften mit den in sie ausgegliederten Lizenzspielerabteilungen bzw. weiteren wirtschaftlichen Geschäftsbetrieben ihre Mitgliedschaft im *Ligaverband* mit Erteilung der Lizenz durch den *Ligaverband* erwerben. § 16c Nr. 2 DFB-Satzung erhält eine – lesenswerte, sehr differenzierte, hier nicht darzustellende – Regelung über die Frage, unter welchen Voraussetzungen die Lizenzerteilung an Kapitalgesellschaften (und eben nicht an Vereine) überhaupt möglich ist.

Die finanziellen und wirtschaftlichen Beziehungen zwischen dem *DFB* und dem *Ligaverband* werden vertraglich geregelt, § 18 Abs. 3 DFB-Satzung.

ββ) Die DFL Deutsche Fußball Liga GmbH

Zur Erledigung des operativen Geschäfts um die Bundesliga bedient sich der *Ligaverband* einer Gesellschaft mit beschränkter Haftung, die ihren Sitz in Frankfurt hat. Alleiniger Gesellschafter ist der Ligaverband. Das Grundsstammkapital betrug bei Gründung eine Million Euro; diese Stammeinlage übernahm der „Die Liga – Fußballverband e. V." (§ 3 Satzung DFL Deutsche Fußball Liga GmbH) als einziger Gesellschafter.

---

stellungen nunmehr einen monetären Ausgleich, der diese Diskussion – zum Wohle des deutschen Fußballs und des Ansehens seiner Nationalmannschaft – hat fast vollständig verstummen lassen.

95 Der nach wie vor vom *DFB* vollkommen eigenständig durchgeführt wird und natürlich vermarktet wird, allerdings ohne die Lizenzmannschaften einen Großteil seiner Attraktivität einbüßen und sicherlich erheblich geringere, mit dem derzeitigen Stand kaum vergleichbare Marketingerlöse erwirtschaften würde.

bb) Regionalverbände

Fünf Regionalverbände sind Mitglieder des *DFB*. Sie bilden einen regionalen Zusammenschluss einer jeweils bestimmten Anzahl von Landesverbänden. Es sind der *Norddeutsche Fußballverband*, der *Nordostdeutsche Fußballverband*, der *Süddeutsche Fußballverband*, der *Fußball-Regional-Verband Südwest* und der *Westdeutsche Fußball- und Leichtathletikverband*.

Die Regionalverbände sind historisch gewachsen. Ihre Aufgabenstellungen in den fünf Regionen sind höchst unterschiedlich, und auch dies ist nur historisch-genetisch zu erklären. In allen Regionalverbänden wird eine generelle Koordination der Interessen und Belange der in ihnen vereinigten Landesverbände vorgenommen (klar politische Funktion), auch werden regelmäßig Regionalverbandsauswahlmannschaften und Regionaljugendligen betreut. Eine ausgesprochen starke Funktion hat der *Westdeutsche Fußball- und Leichtathletikverband (WFLV)*. Sind im *Süddeutschen Fußballverband* gerade einmal 1,5 Mitarbeiterstellen vorhanden, kümmern sich im Westen rund 30 hauptamtliche Mitarbeiter insbesondere um die Belange der Passstelle – bei der die Spielerpässe für die drei Landesverbände Westfalen, Niederrhein und Mittelrhein zentral ausgestellt werden, wohingegen die anderen 18 Landesverbände über jeweils eigene Passstellen verfügen – und um die Angelegenheiten der EDV, die aufgrund der Dienstleistungsfunktion gegenüber den drei Mitgliedsverbänden entstehen, die ein gemeinsames Rechenzentrum eingerichtet haben. Teilweise sind Regionalverbänden Aufgaben im Zusammenhang mit dem Spielbetrieb der Regionalliga durch den *DFB* übertragen.

Der *WFLV* wird für die 2008 neu gegründendete *NRW-Liga* (gemeinsame Oberliga der drei Westverbände) die spieltechnische Verantwortung übernehmen.

Im Fußballwesten besteht zudem die Besonderheit, dass wesentliche Teile des Verbands- und Spielordnungsrechts aller drei Landesverbände durch den *WFLV* einheitlich geregelt werden. Westfalen, Niederrhein und Mittelrhein verfügen nicht über eigene Verfahrens- und Spielordnungen wie die anderen Landesverbände. Dies ist arbeitsökonomisch und erleichtert häufig notwendig werdende Änderungen.

Wichtige Rechtsquellen sind hier also die WFLV-Satzung[96] sowie die Spielordnung (SpO/WFLV) und die Rechts- und Verfahrensordnung (RuVO/WFLV)[97]. Die Spielordnung befasst sich mit allen technischen Fragen und recht-

---

96 Bei der *WFLV*-Satzung und den Ordnungen berücksichtigt diese Arbeit den Rechtsstand, der sich durch die Beschlüsse des *WFLV*-Verbandstags am 18.08.2007 in Duisburg-Rheinhausen ergeben hat.

97 Im Internet zu beziehen unter www.wflv.de.

lichen Voraussetzungen für die Teilnahme an und die Durchführung von Fußballspielen.

Zur exemplarischen Untersuchung und im Übrigen für diese Arbeit sind nachfolgende Vorschriften besonders wichtig. Sie werden hier dargestellt, um dem Leser das Nachvollziehen der Ausführungen durch den sofortigen Zugriff auf die wesentlichen Vorschriften zu erleichtern.

Satzung des WFLV:

„§ 5 Mitgliedschaft

(1) Der WFLV ist Mitglied des DFB. Er unterwirft sich den für ihn verbindlichen Satzungen, Ordnungen und Entscheidungen des DFB; die eigene und die dem WFLV von seinen Mitgliedern überlassene Vereinsstrafgewalt wird dem DFB im Rahmen seiner Zuständigkeit zur Ausübung übertragen.

(2) Im Übrigen regelt der WFLV seine Angelegenheiten selbständig.

§ 38 Strafbestimmungen

(1) Alle Formen des unsportlichen Verhaltens sowie unter Strafe gestellte Verstöße gegen die Satzung und Ordnungen des WFLV werden verfolgt. Das Nähere regeln die Rechts- und Verfahrensordnung, die Spielordnung, die Schiedsrichterordnung sowie die Jugendordnung.
Ein vom Schiedsrichter auf Dauer des Feldes verwiesener Spieler ist automatisch für die nächsten zwei Wochen, höchstens jedoch für zwei Pflichtspiele seines Vereins gesperrt, ohne dass es eines besonderen Verfahrens oder einer besonderen Benachrichtigung bedarf. Im Übrigen gilt § 26 der Spielordnung.
Zur Aufrechterhaltung der sportlichen Disziplin oder eines geordneten Rechtswesens kann durch den Vorsitzenden des zuständigen Rechtsorgans bei Verstößen gegen die Satzung und die Ordnungen des WFLV eine vorläufige Maßnahme ausgesprochen werden.

(2) Über Strafmaß und Strafart entscheiden, sofern nicht sportrechtliche Bestimmungen eine bestimmte Strafe vorschreiben, die Rechtsorgane im Rahmen ihrer Zuständigkeit nach pflichtgemäßem Ermessen.

(3) Folgende Strafen und Maßnahmen sind zulässig:
   a) Verwarnung;
   b) Verweis;
   c) Ordnungsgelder gegen Vereine bis zu 500 EUR und gegen Einzelmitglieder bis zu 250 EUR;
   d) Geldstrafen gegen Vereinsmitglieder, Schiedsrichter und Mitarbeiter der Kreise, der Bezirke und des Verbandes bis zu 1.500 EUR, gegen Vereine bis zu 7.500 EUR; hat der Verstoß des Betroffenen zu einer wirtschaftlichen Bereicherung geführt, kann die Geldstrafe um den Wert dieser wirtschaftlichen Bereicherung erhöht werden. In Fällen des § 8a Abs. 1 RuVO/WFLV gelten die darüber hinausgehenden Höchstgrenzen für Geldstrafen des § 9 RuVO/DFB.
   e) Platzverbot gegen einzelne Personen;
   f) Sperre auf Zeit – längstens drei Jahre – oder auf Dauer;
   g) Ausschluss auf Zeit – längstens drei Jahre – oder auf Dauer;

h) Verbot der Ausübung einer Funktion im DFB, in den Regional- und Landesverbänden sowie im Verein auf Zeit – längstens drei Jahre – oder auf Dauer;
i) Platzsperre oder Spielaustragung unter Ausschluss der Öffentlichkeit;
j) Aberkennung von Punkten oder Ausschluss vom Wettbewerb in Spielen ohne Punktevergabe;
k) Versetzung in eine untergeordnete Spielklasse;
l) Verbot – bis zu fünf Spiele -, sich während eines oder mehrerer Spiele im Innenraum der Sportplatzanlage aufzuhalten;
m) Verbot zur Ausübung der Ausbildungserlaubnis (Sperre) gegen C-Lizenz-Trainer und Übungsleiter auf Zeit – längstens drei Jahre – oder auf Dauer;
n) Entzug der Trainer-C-Lizenz oder der Übungsleiterlizenz, wenn sie von einem der Landesverbände erteilt worden ist;
o) Verbot der Ausübung der Ausbildungserlaubnis (Sperre) gegen Fußball-Lehrer, A- und B-Lizenz-Trainer bis zu drei Monaten.
p) Entzug der Lizenz oder des Ausweises im organisatorisch-verwaltenden und jugendpflegerischen Bereich, wenn die Lizenz oder der Ausweis von einem der Landesverbände erteilt worden ist.

(4) Diese Strafen und Maßnahmen können auch nebeneinander festgesetzt werden.
(5) Die Erteilung zusätzlicher Auflagen ist zulässig.
(6) Für Geldstrafen und Ordnungsgelder, die gegen Vereinsmitglieder verhängt werden, haftet der Verein, dem der Betroffene zur Zeit der Tat angehört hat, gesamtschuldnerisch mit dem Betroffenen. Für Verbandsmitarbeiter entfällt die Vereinshaftung, soweit die Geldstrafen und Ordnungsgelder gegen sie wegen ihrer Tätigkeit im Verband festgesetzt worden sind."

Rechts- und Verfahrensordnung (RuVO)/WFLV:

„§ 4 Befugnisse der Verwaltungsstellen

(1) Verwaltungsstellen können Verwarnungen und Verweise sowie gegen Spieler die nach den Bestimmungen der Fußballspielordnung vorgesehenen Sperrstrafen bis zu einer Höchstgrenze von vier Wochen aussprechen:
a) – d) [...]

(2) Die Verwaltungsstellen sind berechtigt, Ordnungsgelder gegen Vereine bis zu 500 EUR und gegen Einzelmitglieder bis zu 250 EUR festzusetzen, und zwar
a) bei Verstößen gegen satzungsrechtliche und ordnungsrechtliche Bestimmungen des *DFB* (soweit er diese im Rahmen seiner Zuständigkeit mit Verbindlichkeit auch für den *WFLV* und seine Landesverbände erlassen hat) und des *WFLV* und seiner Landesverbände, wenn die sportrechtliche Bestimmung eine Ordnungsgeldandrohung enthält;
b) in anderen Fällen ordnungswidrigen Verhaltens nach fruchtlosem Ablauf einer angemessenen Frist.

(3) Folgende Ordnungsgelder sind zulässig bei:
a) Antreten ohne Passbild im Spielerpass [...][98]
b) Spielen ohne Spielberechtigung [...]

---

98 Es folgen jeweils an Spielklasse gestaffelte Ordnungsgeldstufen im Rahmen der geltenden Höchstsätze.

c) Nichtantreten einer Mannschaft [...]
d) Nichtgestellung eines Schiedsrichterassistenten [...]
e) Mangelhaftem Platzaufbau [...]
[...]
y) Unterlassen der Meldungen des Spielergebnisses gemäß § 20 Abs. 5 SpO/*WFLV*

(4) – (7) [...]

§ 8 Strafbestimmungen

(1) Über Strafmaß und Strafart entscheiden, sofern nicht sportrechtliche Bestimmungen eine bestimmte Strafe vorschreiben, die Rechtsorgane im Rahmen ihrer Zuständigkeit nach pflichtgemäßem Ermessen.

(2) Folgende Strafen und Maßnahmen sind zulässig:
[identische Aufzählung wie in § 38 WFV-Satzung]

(3) – (4) [...]

(5) Für Geldstrafen und Ordnungsgelder, die gegen Vereinsmitglieder verhängt werden, haftet der Verein, dem der Betroffene zur Zeit der Tat angehört hat, gesamtschuldnerisch mit dem Betroffenen. [...]

(6) – (7) [...]“

Spielordnung (SpO)/WFLV:

„§ 26 Automatische Sperre

(1) Ein vom Schiedsrichter auf Dauer des Feldes verwiesener Spieler ist automatisch für die nächsten zwei Wochen, höchstens jedoch für zwei Pflichtspiele seines Vereins gesperrt, ohne dass es eines besonderen Verfahrens oder einer besonderen Benachrichtigung bedarf. Von dieser Regelung ausgenommen ist der Feldverweis eines Spielers nach Zeigen der zweiten gelben Karte in Verbindung mit der roten Karte. In diesem Fall ist der Spieler des Feldes verwiesen und für den Rest der Spielzeit dieses Spiels gesperrt.

(2) Von der Regelung nach Absatz 1 ausgenommen ist die Sonderbestimmung des § 27 Abs. 1, Ziffer 1 (Sperre für eine Woche).

(3) Erfolgt der Feldverweis des Spielers bei einem Spiel im Ausland, so kann bei der zuständigen spielleitenden Stelle beantragt werden, die automatische Sperre bis zur Ermittlung des Tatbestandes auszusetzen.

(4) Wird ein des Feldes verwiesener Spieler vom Schiedsrichter bei der Eintragung im Spielbericht mit einem nicht des Feldes verwiesenen Spieler verwechselt, so ist der Verein zur sofortigen Richtigstellung verpflichtet. Erkennt der Schiedsrichter den Einwand nicht an, ist bis zum dritten Tag nach dem Spiel eine schriftliche Mitteilung per Einschreiben an die zuständige spielleitende Stelle zu erstatten, wobei der tatsächlich des Feldes verwiesene Spieler zu benennen ist. Diese ist sodann berechtigt, die Bestrafung entsprechend der Berichtigung vorzunehmen. Erweist sich in einem in jedem Falle einzuleitenden Verfahren vor der zuständigen Rechtsinstanz die Meldung des Vereins als falsch, trägt der Verein die Folgen, falls er den betreffenden Spieler inzwischen eingesetzt hat. Unterlässt der Verein eine Meldung, hat er keinen Anspruch auf Neuansetzung eines Spiels, falls sich die Benennung eines des Feldes verwiesenen Spielers durch den Schiedsrichter in einer späteren Verhandlung als falsch herausstellt.

(5) Im Falle eines Sportgerichtsverfahrens kann das Rechtsorgan die automatische Sperre aufheben, wenn es die Unschuld des Spielers zweifelsfrei für erwiesen hält. Spieltechnische Folgen treten nicht ein.

§ 27 Sperrstrafen gegen Spieler in einzelnen Fällen
(1) Gegen Spieler sind folgende Strafen zu verhängen:
 1. nach einem Feldverweis auf Dauer wegen unsportlichen Verhaltens Sperre von mindestens zwei Wochen bis zu drei Monaten. In minderschweren Fällen kann ausnahmsweise auf eine Sperre von 1 Woche erkannt werden.
 2. nach einem Feldverweis auf Dauer wegen grober Unsportlichkeit Sperre von mindestens vier Wochen bis zu sechs Monaten,
 3. – 9. [...]
(2) Begeht ein Spieler, der bereits wegen eines Vergehens nach Absatz 1 Ziffern 1 – 5 oder Ziffern 8 oder 9 bestraft worden war, in der selben Spielzeit ein Vergehen nach Absatz 1 Ziffern 1 – 5, so erhöhen die spielleitenden Stellen im Rahmen ihrer Zuständigkeit die Sperrstrafen wie folgt: [...]
(3) Die Regelungen nach Absatz 1 und 2 sind nicht auf den Feldverweis eines Spielers nach Vorzeigen der zweiten gelben Karte in Verbindung mit der roten Karte anzuwenden.

§ 28 Berechnung der Sperrfristen
(1) Für die Berechnung der Sperrfristen gilt § 22 Abs. 4 der Rechts- und Verfahrensordnung entsprechend, soweit sich aus den Absätzen 2 – 5 nichts anderes ergibt[99].
(2) Die Sperre wegen eines Feldverweises auf Dauer beginnt unmittelbar nach dem Feldverweis. Andere Sperrstrafen beginnen mit der Bekanntgabe der Entscheidung des zuständigen Rechts- oder Verwaltungsorgans.“

cc) Landesverbände

Ordentliche Mitglieder des *DFB* sind auch die 21 Landesverbände. Schon an der die Zahl der Bundesländer übersteigenden Anzahl merkt man, dass die Landesverbände regional nicht deckungsgleich mit den entsprechenden Bundesländern sind. Auch dies hat historische Gründe.

Es existieren im *Norddeutschen Fußballverband* als Regionalverband der *Bremer Fußballverband*, der *Hamburger Fußballverband*, der *Niedersächsische Fußballverband* und der *Schleswig-Holsteinische Fußballverband*. Im *Nordostdeutschen Fußballverband* sind die Landesverbände *Berliner Fußballverband*, der *Fußballverband Brandenburg*, der *Fußballverband Mecklenburg-Vorpommern*, der *Fußballverband Sachsen-Anhalt*, der *Sächsische Fußballverband* sowie der *Thüringer Fußballverband* vereinigt. Im *Süddeutschen Fußballverband* treffen sich der *Badische Fußballverband*, der *Bayerische Fußballverband*, der

99 § 22 Abs. 4 RuVO/WLFV ist eine verkürzende Kombination von § 187 Abs. 1 und § 188 Abs. 2 BGB mit dem gleichen Inhalt.

Hessische Fußballverband, der *Südbadische Fußballverband und* der *Württembergische Fußballverband*. Den *Fußball-Regional-Verband Südwest* bilden die in ihm zusammengeschlossenen Landesverbände *Fußballverband Rheinland*, *Saarländischer Fußballverband* und *Südwestdeutscher Fußballverband*. Schließlich endet die Aufzählung mit dem *Westdeutschen Fußball- und Leichtathletikverband*, der als Regionalverband aus dem *Fußball-Verband Mittelrhein*[100], dem *Fußballverband Niederrhein* und dem *Fußball- und Leichtathletik-Verband Westfalen* besteht.

Wie die Regionalverbände sind die Landesverbände eingetragene Vereine, §§ 21, 55 ff. BGB[101]. Sie bezeichnen sich in ihrer Satzung als Mitglieder des jeweiligen Regionalverbandes und natürlich des *DFB*[102].

Der *Fußball-Verband Mittelrhein e. V. (FVM)* – an dessen Beispiel die weitere Untersuchung vorgenommen wird – verfügt über ca. 1.300 Vereine und Betriebssportgemeinschaften, in denen rund 330.000 Einzelmitglieder aktiv sind. Die 1.300 Vereine sind seine Mitglieder. Hierzu heißt es in der Satzung:

„§ 7 Mitglieder

(1) Mitglieder des Verbandes sind die in ihm zusammengeschlossenen Vereine. Durch Beitritt von Vereinen in den Verband unterwerfen sich diese Vereine sowie jedes ihrer Mitglieder den Satzungen und Ordnungen des Verbandes und der Verbände, denen der Verband angehört, insbesondere also den Satzungen und Ordnungen des WFLV und des DFB. Die Vereine übertragen ihre Vereinsstrafgewalt dem Verband im Rahmen seiner Zuständigkeit. Die Vereine sind verpflichtet, eine entsprechende Bestimmung in ihre Vereinssatzung aufzunehmen.

(2) [...]

§ 8 Erwerb der Mitgliedschaft

(1) Das Aufnahmegesuch eines Vereins ist über den zuständigen Kreisvorstand an das Verbandspräsidium zu richten. Der Kreisvorstand hat zu dem Gesuch Stellung zu nehmen. Näheres wird in der Verwaltungsanordnung zur Aufnahme von Vereinen geregelt, die das Verbandspräsidium erlässt.

(2) [...]

(3) Über die Aufnahme entscheidet das Präsidium. [...]“

---

100 Wegen der sportlichen Herkunft von *Verfasser* wird in dieser Arbeit insbesondere die Rechtslage im *Fußball-Verband Mittelrhein (FVM)* und *Westdeutschen Fußball- und Leichtathletikverband (WFLV)* dargestellt. Wegen der großen Vergleichbarkeit lassen sich die grundsätzlichen Erkenntnisse unmittelbar auf die anderen Landesverbände im deutschen Fußball und hinsichtlich der großen Rechts- und Strukturfragen auch auf den allgemeinen Sport übertragen, in der Regel sind lediglich den organisatorisch-strukturellen Unterschieden Rechnung zu tragen.

101 Für den FVM: § 1 Abs. 2 FVM-Satzung (im Internet abrufbar unter: http://www.fvm.de/194.0.html, abgerufen am 27.10.2007).

102 Für den *FVM:* § 5 Abs. 1 FVM-Satzung.

Die auf die Ermächtigung des § 8 Abs. 1 Satz 3 FVM-Satzung[103] gestützte Verwaltungsanordnung zur Aufnahme von Vereinen in den Verband bestimmt:

„2. Inhalt der Satzung
a) [...]
b) Außerdem hat die Satzung die Bestimmung zu enthalten, dass sich der Verein den Satzungen und Ordnungen des FVM und der Verbände, denen dieser angehört, unterwirft. Dies gilt also auch für die Satzungen und Ordnungen des WFLV und des DFB."

Der *FVM* kümmert sich mit seinen Instanzen um den Verbandsspielbetrieb. Dies sind im Herrenbereich die Bezirks- und Landesligen sowie die Verbandsliga, die ab der Spielzeit 2008/2009 Mittelrheinliga heißt. Im Frauenbereich ist der Verband für die Verbands- und Landesliga zuständig; der Jugendbereich verwaltet Junioren-Bezirks- und Verbandsligen.

Im *FVM* ist Vorstand i. S. d. § 26 BGB das *geschäftsführende Präsidium*. Erweiterter Vorstand ist das *Präsidium*. Seine Aufgaben bestimmen sich § 27 FVM-Satzung. Das *Präsidium* und die Verbandsausschüsse werden im dreijährigen Turnus durch den Verbandstag gewählt. Weiterer Träger der Verwaltung und wichtiger Berater des *Präsidiums* ist der *Beirat*, § 28 FVM-Satzung, dem neben den Präsidiumsmitgliedern die Vorsitzenden der neun Fußballkreise und mit beratender Stimme der Vorsitzende der Verbandsspruchkammer (i. e. das höchste Verbandsgericht) angehören; dem Beirat stehen in Eilfällen normsetzende Befugnisse zu. Die zahlreichen Verwaltungs- und Organisationsaufgaben sind darüber hinaus auf die Ausschüsse (Verbandsspielausschuss, Verbandsjugendausschuss, Verbandsschiedsrichterausschuss, der Verbandsausschuss für Freizeit- und Breitensport, der Verbandsfrauensportausschuss und der Rechts- und Satzungsausschuss) übertragen.

Die Rechtsprechung auf Verbandsebene ist der Verbandsspruchkammer, den Bezirksspruchkammern und der Verbandsjugendspruchkammer übertragen. Alle Seniorenspruchkammern bestehen aus dem Vorsitzenden und sechs Beisitzern.

dd) Bezirke (unselbständig)

Die Landesverbände verfügen über unselbständige Unterorganisationseinheiten. In einigen Landesverbänden ist zwischen der obersten Verbandsebene und der untersten Kreisebene mit den Bezirken eine weitere Organisationsebene eingezo-

---

103 Bei der FVM-Satzung und den Ordnungen berücksichtigt diese Arbeit den Rechtsstand, der sich durch die Beschlüsse des *FVM-Verbandstags* am 23.06.2007 in *Hennef* ergeben hat.

gen, nicht jedoch im *WFLV* und *FVM*. So ist aber beispielsweise der *Bayerische Fußball-Verband (BFV)* in sieben Bezirke unterteilt, vgl. § 30 Abs. 1 BFV-Satzung.

Beispielhaft legt die BFV-Satzung die Aufgaben der Bezirke wie folgt fest:

„§ 30 Abs. 3 BFV-Satzung
Die Bezirke führen die ihnen durch Satzung, Ordnungen und sonstige übertragene Arbeiten und Anordnungen, insbesondere den Spielbetrieb in ihrem Bezirksgebiet, im Auftrag des BFV durch."

Die Bezirke verfügen, wie die Kreise und die Verbände, über einen „Vorstand" (im *BFV:* Bezirksausschuss), der sich der fußballtypischen Bezirksorgane zur Erledigung seiner Aufgaben bedient (vgl. §§ 31 ff. BFV-Satzung).

ee) Kreise (unselbständig)

Unterste verbandliche Gliederungsebene bilden die Fußballkreise. Sie zeichnen für den Kreisspielbetrieb der Herren, Frauen und Junioren verantwortlich.

Im *FVM* verfügen die insgesamt neun Fußballkreise (Köln, Bonn, Sieg, Berg, Euskirchen, Rhein-Erft, Aachen, Düren und Heinsberg) über einen Kreisvorstand, dem die Vorstandsmitglieder mit unterschiedlichen Ressortzuständigkeiten angehören. Sie stehen in ihren Ressorts wiederum Ausschüssen vor. Beim *FVM* sind sowohl der jeweilige Kreisvorstand als auch die Kreisausschüsse „Verwaltungsstellen", die nach Maßgabe der Satzung befugt sind, „Verwaltungsentscheidungen" zu treffen, was bedeutet, dass auch sie Sanktionen verhängen können. § 3 Abs. 6 RuVO/WFLV sieht gegen solche Entscheidungen die „Beschwerde" zur übergeordneten Verwaltungsstelle vor (zur verwaltungstechnischen Gliederung vgl. § 3 Abs. 3 – 5 RuVO/WLFV). Gegen diese Entscheidung ist der Antrag auf sportgerichtliche Entscheidung statthaft, § 3 Abs. 7 RuVO/WFLV.

Die Organisation des Kreisspielbetriebs übernehmen die Kreisvorstandsmitglieder mit ihren Ausschüssen. Dies sind die Spielausschüsse der Kreise, denen die Staffelleiter der einzelnen Ligen angehören, sowie die Kreisjugend- und Schiedsrichterausschüsse. Im Seniorenbereich wickeln die Kreise den Spielbetrieb der Kreisligen ab.

Alle Kreise verfügen über Sportgerichte, nämlich über jeweils eine Spruchkammer für die Angelegenheiten der Senioren und der Junioren.

ff) Vereine

Die Vereine sind die Mitglieder der Landesverbände. Ihre Mitglieder sind die Sportler, die so genannte „Basis". Die Bedeutung der Vereine als sozialer Ort kann gar nicht hoch genug eingeschätzt werden. In vielen Gemeinden ist der Sportverein Dreh- und Angelpunkt des gesellschaftlichen Lebens. In zahlreichen auch städtischen Brennpunkten dienen Fußball- und andere Sportvereine häufig fast als einziger Hort für Jugendliche aus unterprivilegierten Familien oder aus solchen mit Migrationshintergrund. Hier wird im Rahmen der sozialen und gesellschaftlichen Bedeutung des Fußballs die wichtigste Arbeit geleistet. Aber auch aus sportlicher Sicht darf kein Verband die Bedeutung der an der Basis tätigen, in unmittelbarem Kontakt mit den Sportlern befindlichen Vereine unterschätzen: Nur wenn es gelingt, hier qualifizierte Trainer und Übungsleiter einzusetzen, können Talente rechtzeitig erkannt und adäquat gefördert werden.

Die Fußballvereine sind traditionell als eingetragene Vereine i. S. d. BGB organisiert[104]. Sie sind gemeinnützig, d. h. sie verfolgen in aller Regel ausschließlich nur steuerbegünstigte Zwecke i. S. d. Abgabenordnung (AO), insbesondere die Förderung des Sports (§ 52 Abs. 2 Nr. 2 AO). Der gemeinnützige Verein ist damit insgesamt von der Körperschaftssteuer befreit, § 5 Abs. 1 Nr. 9 KStG. Unterhält er einen steuerpflichtigen wirtschaftlichen Geschäftsbetrieb, ist er mit dem in diesem erzielten Gewinn steuerpflichtig[105].

Wie gezeigt (s. o. unter cc, Aufnahmeanordnung des *FVM*, S. 73) haben sich die Vereine den Satzungen und Ordnungen des *DFB*, *WFLV* und *FVM* zu unterwerfen. Dies sollten sie in ihrer Satzung in der Regel in dieser oder ähnlicher Form tun:

> „Der Verein und seine Mitglieder unterwerfen sich den Satzungen und Ordnungen des DFB, WFLV und FVM in der jeweils gültigen Fassung."

gg) Überblick

Die verschiedenen angesprochenen Spielklassen und Zuständigkeiten lassen sich synoptisch am besten wie folgt visualisieren. Aus Sicht eines Kreisligavereins im *FVM* stellt sich die Spielklassenverteilung im deutschen Fußball wie folgt dar, wobei die erfolgten Änderungen auf dem *DFB*-Bundestag 2007 in Mainz, die ab der Spielzeit 2008/2009 umgesetzt werden, bereits berücksichtigt sind:

---

104 Vgl. hierzu den auch im übrigen sehr instruktiven Aufsatz von *Brete/Thomsen*, SpuRt 2008, 11 ff.

105 *Brete/Thomsen*, a. a. O. (s. o. Fn. 104), S. 14; *DFB*, DFB-Steuer-Handbuch, S. 36.

Ligenstruktur aus der Sicht eines FVM-Vereins

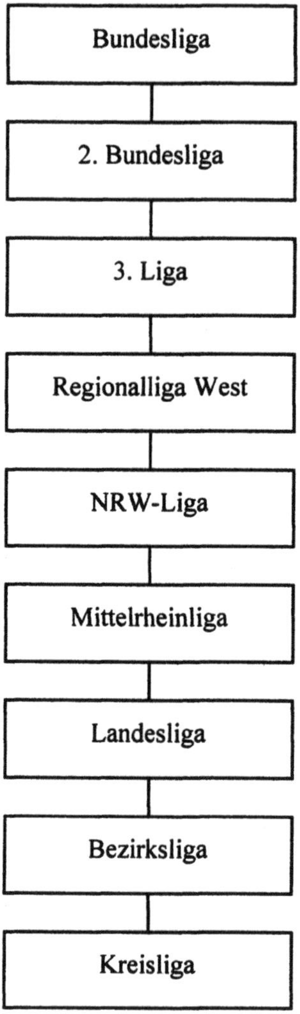

Abbildung 2 – Ligenstruktur aus Sicht eines Vereins des FVM nach dem DFB-Bundestag 2007

Ein Kreisliga-A-Verein im *FVM* spielt also in der 9. Liga.

V. Bedeutung des Sports im Recht

Die deutliche Zuwendung der Gesellschaft zum Sport steht in auffälligem Kontrast zu seiner geringen Berücksichtigung in der Verfassung sowie sonstigen gesetzlichen Regelungen.

Das Grundgesetz erwähnt den Sport nicht. Es gibt auch keine Grundrechtsbestimmung, welche die sportliche Betätigung ausdrücklich unter ihren Schutz stellt[106]. Er findet sich nicht im internationalen Recht wieder, nicht einmal im internationalen Pakt über wirtschaftliche, soziale und kulturelle Rechte vom 19. Dezember 1966, der die sog. „WSK-Rechte" garantiert, ist er erwähnt. Mit Inkrafttreten des EU-Reformvertrages, der EUV und EGV abändern wird, findet auch der Sport im internationalen Recht Beachtung[107].

Da im föderalistischen Staatswesen der Bund auf Fragen der gesamtstaatlichen Repräsentation, die Förderung von Maßnahmen nichtstaatlicher zentraler Organisationen sowie ressortzugehörige Funktionen (wie Sport in der Bundeswehr und bei der Bundespolizei) beschränkt ist, liegt der Schwerpunkt staatlicher Sportförderung in der Bundesrepublik auf Landesebene[108]. Nicht zuletzt deshalb haben bis auf Hamburg, wo aber über die Aufnahme eines Sportförderungsartikels in die Landesverfassung bereits vom Landesgesetzgeber diskutiert worden ist, sämtliche Bundesländer inzwischen den Sport zu einem Staatsziel erkoren[109]. Dadurch unterscheidet sich der Sport zunächst nicht mehr von anderen, in den Landesverfassungen genannten Lebensbereichen[110].

Allerdings ist bei einer Bewertung dieser Sportförderungsklauseln die Frage zu stellen, was sie als Staatszielbestimmungen tatsächlich leisten können. Die Aufnahme des Sports in die Landesverfassungen setzt natürlich ein Signal dafür, Sportbelange in Zukunft stärker zu berücksichtigen. Vorrangig ist die Legislative dazu aufgerufen, Probleme und Konflikte im Bereich des Sports durch Schaffung entsprechender Rechtssätze zu lösen; dies muss dann auch über das Vorsehen entsprechender Haushaltsansätze, Schaffung von infrastrukturellen Voraussetzungen für Sport und Spitzenförderung hinausgehen. Legislative Eingriffe in die Sportverwaltung sind wegen der aus Art. 9 Abs. 1 GG abgeleiteten Autonomie-

---

106 *Hölzl*, Sport in der Verfassung, S. 9. Zu neuesten Tendenzen: *Humberg*, ZRP 2007, 57.

107 Vgl. dazu insb. die geplanten neuen Art. 6 und Art. 149 EGV unter http://www.consilium.europa.eu/uedocs/cmsUpload/cg00001-re01.de07.pdf (abgerufen am 27.10.2007).

108 *Tettinger*, Sport als Verfassungsthema, S. 19.

109 *Hölzl*, Sport in der Verfassung, S. 62.

110 *Stern*, Verfassungsrechtliche Grundfragen, S. 287.

garantie nur möglich, wenn der Sport keine eigenständige oder ausreichend Lösung finden kann – vgl. die aktuelle Dopingdiskussion.

Die Diskussion um die Verankerung der Sportförderung im Grundgesetz ist nicht ausgestanden. Es stellt sich nämlich die nahe liegende Frage, ob nicht – nach Einführung des Art. 20a ins Grundgesetz – nunmehr dort gleichermaßen die Aufnahme einer Staatszielbestimmung „Sportförderung" angezeigt ist, um so etwa auch zu verhindern, dass der Sport bei Umweltkonflikten nicht mehr mit einem fairen Interessenausgleich rechnen darf.

Für den Sport an sich ist es ein Gewinn, in den Landesverfassungen der Bundesländer verankert worden zu sein. Dies unterstreicht seinen Stellenwert, welchen er in unserer heutigen Gesellschaft mit all seinen Möglichkeiten einnimmt. Schon das *Bundesverfassungsgericht* hat in seinem berühmten Urteil zur so genannten Kurzberichterstattung im Fernsehen vom 17.2.1998 festgestellt:

> „Der Sport bietet Identifikationsmöglichkeiten im lokalen und nationalen Rahmen und ist Anknüpfungspunkt für eine breite Kommunikation in der Bevölkerung. Eine umfassende Berichterstattung, wie sie von Art. 5 Abs. 1 Satz 2 GG gefordert wird, lässt sich daher unter Verzicht auf Sportereignisse nicht verwirklichen[111]."

Eines der entscheidende Probleme, das auch bei der im Rahmen dieser Bearbeitung bei der dogmatischen Bewertung der vorgefundenen Rechtsphänomene ausführlich zu diskutieren ist, ist die so genannte „Autonomie des Sports", die aus der in Art. 9 Abs. 1 GG verbürgten Vereins- und Verbandsautonomie abgeleitet wird: Es ist auf Grundlage unserer freiheitlichen demokratischen Grundordnung eine Rechtspflicht des Staates, die – zugestandene – Selbstregulierungskompetenz der gesellschaftlichen Institutionen im Bereich des Sportwesens prinzipiell zu achten und substantiell unangetastet zu lassen. Denn Art. 9 Abs. 1 GG garantiert unter der Vereinigungsfreiheit auf der positiven Gewährleistungsebene für die freiwilligen Zusammenschlüsse mehrer Personen zu einem gemeinsamen Zweck, was Sportvereine und -verbände zweifellos sind, die Bildung von Vereinigungen. Dieses Recht umfasst unterschiedliche Teilgarantien: die Freiheit der Gründung einschließlich der freien Entscheidung über Zeitpunkt, Zweck, Rechtsform, Namen und Sitz, die Freiheit des Beitritts und des Verbleibens sowie die Organisations- und innere Betätigungsfreiheit[112]. Der Grundrechtsschutz der Mitglieder einer Vereinigung umfasst insoweit dauerhaft ihre gemeinsame Selbstbestimmung über die eigene Organisation, das Verfahren ihrer Willensbil-

---

111 *BVerfG*, Urteil vom 17.02.1998, Az. 1 BvF 1/91, BVerfGE 97, 228, 257.

112 *Sachs*, Grundgesetz, Art. 9, Rdnr. 16.

dung und die Führung der Geschäfte[113]. Hierzu zählt auch die Möglichkeit, Vereinsstrafen vorzusehen und zu verhängen[114].

Für Sportwesen nach bundesdeutschem Verständnis ist Eigenständigkeit bei der organisatorischen Gestaltung sowie Autonomie bei der Statuierung sportlicher Verhaltensnormen ein unabdingbares Element[115]. Diese Autonomie stellt nicht zuletzt eine bedeutende Schutzfunktion vor einer Politisierung des Sports dar: Der Sport soll sich absolut unabhängig des parteipolitischen Geschehens bewegen und entwickeln können.

Ausfluss dieser Autonomie ist, dass die Sportverbände sich eigene Satzungen und Ordnungen geben. Die hier eintretende und im Folgenden zu diskutierende Gratwanderung, was die Vereinbarkeit des eigenen Verbandsrechtes mit der Verfassung – oder anderen übergeordneten staatlichen Rechtsnormen – betrifft, ist für alle hiermit befassten Personen immer wieder eine Herausforderung. Hier sind vor allem Artt. 2 Abs. 1, 9 Abs. 1 und 12 Abs. 1 GG betroffen, in denen sich die jeweiligen Schutzbereiche leicht auf den Sport beziehen lassen: So gehören sportliche Freizeitaktivitäten zu den Elementen der in Art. 2 Abs. 1 GG grundrechtlich abgesicherten freien Entfaltung der Persönlichkeit[116]. Gemeinsame sportliche Aktivitäten innerhalb eines Vereins und im Rahmen der von Sportverbänden organisierten Wettkämpfe genießen den besonderen Schutz der Vereinigungsfreiheit nach Art. 9 Abs. 1 GG[117]. Nach herrschender Auffassung ist der Schutzbereich des Art. 12 Abs. 1 GG für den Bereich des Sports weit auszulegen. Der *BGH*[118] hat auch den Vertragsamateur (so damals noch der richtige Terminus, heute: Vertragsspieler oder Nicht-Amateur ohne Lizenz, vgl. § 8 SpO/DFB) in der Regionalliga ausdrücklich in den Schutzbereich einbezogen, weil dieser – wie der Profisportler – am Arbeitsplatzwechsel durch eine Entschädigungsregelung, um deren Zulässigkeit es im konkreten Fall ging, an der Wahl seines ersten Arbeitsplatzes gehindert werde.

Die Kollisionsproblematik lässt sich an den berühmten Beispielen von *Stern* veranschaulichen, in denen die Kollision einer verbandlichen Sanktion mit einem garantierten Grundrecht offensichtlich wird:

---

113 *Sachs* in: *Stern*, Staatsrecht IV/1, § 107 III 2 b ββ = S. 1304; *BVerfG*, Urt. v. 01.03.1979, 1 BvR 532/77, BVerfGE 50, 290 (354).

114 Statt aller: *Sachs* in: *Stern*, Staatsrecht IV/1, § 107 III 2 b ββ = S. 1305, mit zahlreichen Nachweisen in Fußnote 700.

115 *Stern*, Grundrechte der Sportler, S. 143.

116 *Tettinger*, Sport als Verfassungsthema, S. 10.

117 *Tettinger*, Sport als Verfassungsthema, S. 11.

118 *BGH*, Urt. v. 27.09.1999, Az. II ZR 305/98, BGHZ 142, 304 = NJW 1999, 3552 = SpuRt 1999, 236.

Einem Boxer wird vom nationalen Boxverband der Titel des Weltmeisters aller Klassen aberkannt, weil er den Wehrdienst aus religiösen Gründen verweigert.

Die Mitglieder einer Hockeymannschaft werden vom nationalen Verband von der Teilnahme an der Landesmeisterschaft ausgeschlossen, weil sie sich an einem öffentlichen Protest gegen die Rassenpolitik eines anderen Landes beteiligt hatten[119].

Das Besondere an diesen Beispielsfällen ist, dass die Sportler weder gegen spezifisch sportliche Verhaltensnormen, noch gegen staatliches Ordnungsrecht verstoßen haben. Darüber hinaus ist auch kennzeichnend, dass die Handlungen nicht im Rahmen sportlicher Betätigung vorgenommen wurden. In solchen Fällen sind die Strafen bzw. Eingriffe in die jeweiligen Grundrechte der Sportler (Recht auf Kriegsdienstverweigerung nach Art. 4 Abs. 3 GG, Recht auf freie Meinungsäußerung nach Art. 5 Abs. 1 GG) kaum zu rechtfertigen.

Andererseits greifen auch anerkannte Sanktionen der Sportverbände (befristete Sperren) regelmäßig in das in Art. 12 Abs.1 GG gewährleistete Grundrecht der Berufsfreiheit ein:

Ein Vertragsspieler eines Fußballbundesligavereins wird nach einem Platzverweis wegen groben Fouls vom zuständigen Spruchkörper des Deutschen Fußball-Bundes für sechs Monate gesperrt.

Ein Profi-Boxer wird vom nationalen Boxverband auf Lebenszeit gesperrt, weil er in einem Kampf den Ringrichter angegriffen hat[120].

Bei der Betrachtung dieser Fälle soll nach *Stern* auch im Sport die Stufentheorie aus dem Apothekenurteil des Bundesverfassungsgerichts[121] herangezogen werden. Insofern wirkt sich das abgestufte Schrankenschema der Stufentheorie gegenüber den autonomen Verbänden in der Verpflichtung aus, beim Erlass interner Rechts- und Strafordnungen auf eine abgewogene, dem Grundsatz der Verhältnismäßigkeit entsprechende Beziehung zwischen der inkriminierten unsportlichen Handlung und der dafür angedrohten Straf- bzw. Disziplinarmaßnahme zu achten. Kurz: Die Dauer der bis auf Lebenszeit ausdehnbaren Sperre muss dem Schweregrad der widerrechtlichen Handlung des Sportlers in angemessener Weise entsprechen[122].

Zusammenfassend lässt sich der Sport trotz nur vereinzelter Erwähnung insbesondere in Bezug auf die Grundrechte keinesfalls als rechtsfreier Raum betrachten. Auf der einen Seite steht die wichtige Autonomie der Sportorganisatio-

119 Sämtliche Beispiele aus *Stern*, Grundrechte der Sportler, S. 150 ff.

120 Beispiele aus *Stern*, Grundrechte der Sportler, S. 154.

121 *BVerfG*, Urt. v. 11.06.1958, Az. 1 BvR 596/56, BVerfGE 7, 377 (Apothekenurteil).

122 *Stern*, Grundrechte der Sportler, S. 155.

nen, auf der anderen Seite steht das Grundgesetz, das – im sportlichen Sinne – auch für die privatrechtlich organisierten Sportverbände die äußersten Seitenauslinien für die autonome Gestaltung von Verbandsrecht darstellt, was unten gleich im Einzelnen zu zeigen sein wird.

B. Grundsätzliche rechtliche Anforderungen an Vereins- und Verbandsstrafen

Bei der Überprüfung von Vereins- und Verbandsstrafen sind einige grundsätzliche Wirksamkeitserfordernisse einzuhalten. Soweit (neuerdings) grundsätzlich alle Vereinsstrafen der gerichtlichen Nachprüfung unterliegen[123], allerdings nachdem der vereinsinterne Instanzenzug ausgeschöpft[124] und nicht eine schiedsgerichtliche Erledigung vereinbart ist[125], prüft das Gericht die verhängte Vereinsstrafe nicht nur auf unabdingbare Voraussetzungen (Grundlage in der Satzung, Unterliegen des Betroffenen der Vereinsstrafgewalt, ordnungsgemäßes Verfahren, hinreichend konkrete Benennung des Verstoßes[126]), sondern uneingeschränkt auch auf seine Vereinbarkeit mit den guten Sitten und dem geltenden staatlichen Recht[127].

Dies setzt für alle Vereins- und Verbandsstrafen einen einheitlichen, von den strafenden Instanzen einzuhaltenden Mindeststandard an Anforderungen für deren Verhängung voraus, der systematisiert hier kurz dargestellt werden soll. Dies ist der Ausgangspunkt der Wirksamkeitsprüfung vereinsrechtlicher Maßnahmen und damit eine grundsätzliche Rechtmäßigkeitsprüfung. Es bietet sich wegen der strukturellen Vergleichbarkeit an, eine Parallele zur Rechtmäßigkeitsprüfung eines belastenden Verwaltungsakts im öffentlichen Recht zu ziehen und diesen Aufbau um strafrechtlich relevante Punkte zu erweitern. Der Sache nach geht es bei der Verhängung von Vereins- und Verbandsstrafen um die Anwendung von Zivilrecht, weil die Unterwerfung des einzelnen unter die Strafgewalt eines Vereins oder Verbands eine privatautonome Entscheidung darstellt. Fraglich ist, inwieweit anerkannte rechtliche Prinzipien – deren Anwendung aufgrund der strukturellen Vergleichbarkeit mit staatlichen Eingriffen und staatlichem Strafen nahe liegend erscheint – Platz greifen dürfen oder sogar müssen.

123 *Palandt-Heinrichs*, § 25, Rdnr. 18; s. auch unten unter E. II. 1. c aa, S. 214.
124 *Palandt-Heinrichs*, § 25, Rdnr. 19; s. auch unten unter E. II. 1. c bb, S. 214.
125 *Palandt-Heinrichs*, § 25, Rdnr. 20; s. auch unten unter E. II. 1. d, S. 215.
126 *Palandt-Heinrichs*, § 25, Rdnr. 21.
127 *Palandt-Heinrichs*, § 25, Rdnr. 23.

I. Formelle Rechtmäßigkeit

Eine verhängte Vereins- oder Verbandsstrafe müsste zunächst in formeller Hinsicht rechtmäßig sein.

1. Zuständigkeit

Ein Vereins- und Verbandsorgan muss für die Verhängung der Strafe sachlich und funktionell zuständig sein.

a) Grundsatz

Wenn die Satzung für die Verhängung der Vereinsstrafe ein bestimmtes Organ oder eine bestimmte Stelle vorgesehen hat, so kann die Strafe wirksam nur von dort ausgesprochen werden[128]. Ist in der Satzung nichts geregelt, ist der Vorstand des Vereins zuständig. Darüber hinaus kann im Rahmen ihrer Allzuständigkeit und Eigenschaft als höchstes Beschlussorgan die Mitgliederversammlung jede Disziplinarmaßnahme beschließen[129], sie kann natürlich auch Gnadenerweise erteilen. Die Beschlusskompetenz der Mitgliederversammlung ist insoweit nur beschnitten, wenn die Satzung dem Prinzip der staatlichen Gewaltenteilung folgend die Disziplinarmaßnahmen einem selbständigen und unabhängigen Disziplinar- und Rechtsprechungsorgan übertragen hat[130].

b) Im Fußball

Im Fußballsport gilt in der Horizontalen der Grundsatz der Spielklassenzuständigkeit für die Verbände. Anhand der Spielklasse lässt sich bestimmen, welcher Verband für welche Vorkommnisse aus dem Spielbetrieb zuständig ist. In den jeweiligen Verbänden ist dann durch die Satzung festgelegt, welches konkrete Organ (ein Staffelleiter, ein Sportgericht, ein Präsidium) für die Verhängung von Maßnahmen zuständig ist.

Ein Struktur- und Zuständigkeitsüberblick für alle Spielklassen im *DFB*, im Weiteren bezogen auf *WFLV* und *FVM*, stellt sich tabellarisch wie folgt dar.

---

128 Für den Ausschluss: *BayObLG*, Beschl. v. 23.12.1986, Az. 3 Z 126/86, BayObLGZ 1986, 528.

129 *Janßen*, Rechtsschutz, S. 43.

130 *BayObLG*, a. a. O. (s. o. Fn. 128) – Ohne Satzungsänderung ist der Mitgliederversammlung untersagt, selbst zu entscheiden.

Hierbei sind die Beschlüsse des *DFB*-Bundestags vom Oktober 2007 (geltend ab der Spielzeit 2008/2009) umgesetzt.

Tabelle 1 – Spielklassenübersichten nach dem DFB-Bundestag 2007 aus Sicht des FVM mit verschiedenen Zuständigkeiten

Spielklasse	**Leitung (spieltechnisch)**	**Zuständiges Sportgericht beim...**	**SR-Ansetzung durch ...**
Bundesliga (BL)	bei der *DFL*	*DFB* / SpG	*DFB* / SRA
2. Bundesliga (2BL)	bei der *DFL*	*DFB* / SpG	*DFB* / SRA
3. Liga (3BL)	beim *DFB*	*DFB* / SpG	*DFB* / SRA
3 Regionalligen (RGL)	*DFB*; RVe werden jedoch mit der Verwaltung beauftragt	*DFB* / SpG	*DFB* / SRA
Regionalliga West	*WFLV* im Auftrag des *DFB*	*DFB* / SpG	*DFB* / SRA
6 Amateuroberligen (AOL)	bei einem RV	bei einem RV	bei einem RV
NRWLiga als Oberliga West	*WFLV*	*WFLV*	*WLFV*
Mittelrheinliga als Verbandsliga (VBL)	VSpA / *FVM*	*FVM* / VSK	VSA / *FVM*
2 Landesligen (LAL)	VSpA / *FVM*	*FVM* / VSK	VSA / *FVM*
4 Bezirksligen (BZL)	VSpA / *FVM*	*FVM* / BSK I + II	VSA / *FVM*
Kreisligen A – D (KLA...)	Kreis / TO	Kreis / KSK	Kreis / KSA

(Bedeutung der Abkürzungen, soweit sie sich nicht aus dem bisherigen Text ergeben: VSpA = Verbandsspielausschuss; TO = Technischer Obmann; SpG = Sportgericht; VSK = Verbandsspruchkammer; BSK = Bezirksspruchkammer; KSK = Kreisspruchkammer; SRA = Schiedsrichterausschuss; VSA = Verbandsschiedsrichterausschuss; KSA = Kreisschiedsrichterausschuss)

2. Verfahren

Ist ein besonderes Verfahren (Bekanntgabe-/Ladungsfristen, „Zustellung“ per Einschreiben o. ä.) in der Satzung vorgesehen, so muss dieses eingehalten werden[131]. Zwar mögen bestimmte Vorgaben für ein Verfahren, das zur Verhängung einer Sanktion führt, nicht in der Satzung oder den entsprechenden Ordnungen existieren. Dennoch erfordern es die allgemeinen Rechtsgrundsätze (soweit es nicht um die Ahndung von Bagatelltaten wie z. B. ein Ordnungsgeld von fünf Euro wegen nicht vorgelegter Spielerpässe oder eine kurze Sperrstrafe wegen unbestrittenen Feldverweises geht), dass dem Betroffenen die Vorwürfe bekannt gemacht werden, er hierzu Stellung nehmen kann und er auch alle seine Verhandlung betreffenden Unterlagen einsehen kann. Die Verletzung dieser grundlegenden Verfahrensrechte (Anhörung, rechtliches Gehör[132], Akteneinsicht, anwaltliche Vertretung[133]) können, falls sie nicht im vereinsinternen Rechtsweg mit Hilfe des Rechtsgedankens der Heilung nachgeholt werden können, zur Aufhebung einer Sanktion durch die staatlichen Gerichte führen. Denn die einer Sanktionsentscheidung zu Grunde gelegten Tatsachen des zuständigen Organs müssen aufgrund einer objektiven und an rechtsstaatlichen Grundsätzen ausgerichteten Ermittlung festgestellt werden[134]. Unbedenklich ist es, wenn das Verfahren in Normen, die unterhalb der Satzung stehen (wie z. B. Geschäftsordnungen, Rechts- und Verfahrensordnungen), geregelt sind[135], wenn die Satzung eine entsprechende Delegationsbefugnis vorsieht.

Der strafprozessuale Grundsatz des fairen Verfahrens gilt auch für das Vereinsstrafverfahren[136]. Im Übrigen beleuchtet die Geltung der weiteren rechtsstaatlichen Verfahrensgrundsätze ausführlich *Buchberger* unter besonderer Berücksichtigung der Verhältnisse beim *DFB*[137].

---

131 *KG,* Urt. v. 27.10.2006, Az. 3 U 47/05 (unveröffentlicht – abrufbar bei juris), Rdnr. 9.

132 *BGH,* Urt. v. 06.02.1959, Az. II ZR 137/57, BGHZ 29, 352 (355); *BGH,* Urt. v. 03.03.1971, Az. KZR 5/70, BGHZ 55, 381 (391); *Reichert,* Handbuch, Rdnr. 2823; *Stöber,* Vereinsrecht, Rdnr. 693.

133 *BGH,* Urt. v. 03.03.1971, a. a. O. (s. o. Fn. 132), gewährt den Anspruch auf anwaltliche Vertretung unter dem Gesichtspunkt der Waffengleichheit, wenn der Verein selbst anwaltlich vertreten ist. Generell befürwortend, gegen einen grundsätzlichen Ausschluss anwaltlicher Vertretung: *Buchberger,* SpuRt 1996, 157 (158).

134 *KG,* Urt. v. 27.10.2006, Az. 3 U 47/05 (unveröffentlicht – abrufbar bei juris), Rdnr. 11.

135 *BGH,* Urt. v. 06.03.1967, Az. II ZR 231/64, BGHZ 47, 173 (176 f.).

136 *Buchberger,* SpuRt 1996, 157 (158); *Petri,* Unschuldsvermutung, S. 264.

137 *Buchberger,* SpuRt 1996, 122 ff. und 157 ff.

3. Form

Vereins- und Verbandsstrafen müssen schriftlich, jedenfalls jedoch in Textform (§ 126b BGB) ergehen, wenn nicht Satzungen oder Ordnungen strengere Formvorschriften vorschreiben. Dies folgt aus dem Erfordernis, dass sie dem Betroffenen mitgeteilt werden müssen[138].

Vereinsstrafen von nicht vollkommen untergeordneter Bedeutung sind stets mit einer Begründung zu versehen[139], weil sie in die Rechtspositionen des Mitglieds eingreifen und ihm ein Anspruch darauf zusteht, diesen Eingriff nachzuvollziehen. Bei Bestrafungen nach Regelkatalogen (vgl. z. B. § 4 RuVO/WFLV) reicht eine stichwortartige Begründung aus. Ob die Begründung die Maßnahme rechtlich trägt, ist dagegen Frage der materiellen Rechtmäßigkeit. Die im verbandlichen Verfahren gegebene Begründung bindet nicht; noch im etwaigen Prozess zur gerichtlichen Nachprüfung können Gründe nachgeschoben werden[140], weil maßgeblicher Beurteilungszeitpunkt für das Gericht der Schluss der mündlichen Verhandlung ist.

II. Materielle Rechtmäßigkeit

Eine Verbands- oder Vereinsstrafe muss sich auch in materieller Hinsicht als rechtmäßig erweisen.

1. Ermächtigungsgrundlage

Jede Sanktionsnorm bedarf einer vereins- oder verbandsrechtlichen Rechtfertigungsnorm, einer Eingriffsbefugnis, also einer Ermächtigungsgrundlage.

a) Vorhanden?

Eine entsprechende Ermächtigungsgrundlage muss existent sein.

aa) Allgemein

Selbstverständlich bedarf die Körperschaft, die eine Strafe aussprechen will, einer entsprechenden Eingriffsbefugnisnorm. Diese muss in der Satzung den Tat-

---

138 *Fritzweiler/Pfister/Summerer,* Praxishandbuch, Rdnr. 3/274.

139 *Janßen,* Rechtsschutz, S. 44.

140 *BGH,* Urt. v. 20.04.1967, Az. II ZR 142/65, BGHZ 47, 381 (Leitsatz 3).

bestand strafbaren Verhaltens in der Rechtsfolge mit einer Strafandrohung versehen[141]. Dies ist Ausprägung des allgemeinen Rechtsgrundsatzes des *nulla poena sine lege.*

Auch nicht ausreichend ist das bloße Vorsehen von Strafvorschriften in Ordnungen[142] der Körperschaft, wenn die Satzung dies selber nicht vorsieht, denn Strafvorschriften unterliegen unzweifelhaft dem Satzungsvorbehalt[143]. Ein Vorstand also kann keine „Straf- oder Ehrenordnung" erlassen, aufgrund derer zahlreiche Vereinsstrafen erlassen werden, wenn dies in der Satzung nicht selbst vorgesehen ist. Sieht die Satzung selbst allerdings Vereinsstrafen vor, können – unter entsprechender Heranziehung der Grundsätze der Wesentlichkeitstheorie – begleitende Normsetzungsbefugnisse an den Vorstand (oder andere Organe) delegiert werden[144].

bb) Anwendungsbeispiel

Beim *FVM* gestaltet sich diese Voraussetzung außerordentlich problematisch. Ausdrücklich und unmittelbar sieht der *Fußball-Verband Mittelrhein e. V.* in seiner Satzung an keiner Stelle vor, dass er eine Strafbefugnis gegenüber seinen Mitgliedern hat und um welche Strafen es sich in deren Rahmen handeln kann. Zwar kommt diese Absicht in einigen Vorschriften mehr oder weniger direkt zum Ausdruck (vgl. §§ 14 Abs. 1, 27 Abs. 6, 27 Abs. 8, 39 ff. FVM-Satzung), aber eine ausdrückliche Bestimmung fehlt.

Das ist nach dem eben Gesagten unzulässig. Der *FVM* verlässt sich hier auf die dynamische Verweisung auf die *WFLV*-Vorschriften, insbesondere die WFLV-Satzung und die RuVO/WFLV. Soweit hier die Wirksamkeit solcher Verweisungen vertreten wird, ändert dies aber nichts an dem wichtigen Grundsatz, dass die Strafbestimmungen ausdrücklichen Niederschlag in der jeweiligen Satzung selbst finden müssen. Jedenfalls die grundsätzliche Strafkompetenz muss ihren Niederschlag unmittelbar und eindeutig in der Satzung finden, weil für Vereins- und Verbandsstrafen – wie dargestellt – der Satzungsvorbehalt gilt.

---

141 *RG,* Urt. v. 01.07.1929, Az. IV 662/28, RGZ 125, 338 (340); *BGH,* Urt. v. 03.03.1971, Az. KZR 5/70, BGHZ 55, 381 (385); *OLG Köln,* Urt. v. 23.09.2005, Az. 19 U 19/05, SpuRt 2007, 28 (29); *Rechtsausschuss des Deutschen Leichtathletik-Verbandes,* Beschl. v. 05.04.1992, Az. RA 2/92, NJW 1992, 2588; *AG Karlsruhe,* Urt. v. 21.05.2007, Az. 12 C 75/07, SpuRt 2008, 82.

142 Zur Rechtsqualität von Ordnungen: *Reichert,* SpuRt 2008, 7.

143 *Reichert,* Handbuch, Rdnr. 1589; *Stöber,* Vereinsrecht, Rdnr. 675; *Petri,* Unschuldsvermutung, S. 265; *Steinbeck,* Vereinsautonomie, S. 177; *Reuter,* ZHR 148 (1984), 523 (537); differenzierend: *Vieweg,* Normsetzung, S. 210 f.

144 *BGH,* Urt. v. 06.03.1967, Az. II ZR 231/64, BGHZ 47, 172.

Der Verband ist also dringend gehalten, seine Satzung an die eindeutigen rechtlichen Vorgaben anzupassen. Dies führt jedoch nicht dazu, dass die seitens des Verbands zwischenzeitlich ausgesprochenen Strafen rechtswidrig wären und etwaig auf solche Strafen gezahlte Geldbeträge zurückgefordert werden könnten. Denn die Mitgliedsvereine haben auf Grundlage dieser Satzung über mehrere Jahrzehnte Vereinsstrafen akzeptiert und bezahlt; das verbandliche Miteinander auch im Sanktionenbereich entspricht damit einer anerkannten, tradierten und gelebten Übung. Eine Berufung auf diesen Mangel wäre von daher rechtsmissbräuchlich, § 242 BGB, und zwar unter dem rechtlichen Gesichtspunkt des widersprüchlichen Verhaltens *(venire contra factum proprium)*[145]. Denn durch die jahrelange gelebte Akzeptanz haben die Vereine auf Seiten des Verbandes einen Vertrauenstatbestand geschaffen, aufgrund dessen der Verband zulässigerweise Dispositionen getroffen hat. Dies gilt im Ergebnis auch im Verhältnis für die Verbandsstrafen gegen Einzelmitglieder, für die ihre Vereine haften.

b) Wirksam?

Die ausgewählte Eingriffsnorm muss selbst wirksam sein. Sie ist unwirksam, wenn sie gegen die Satzung als Verfassung der Körperschaft verstößt. Sie ist ferner unwirksam, wenn sie mit den geltenden Gesetzen und der Rechtsordnung nicht in Einklang zu bringen ist. Beurteilungsmaßstab sind hierfür die unter 4. dargestellten Grenzen der möglichen Rechtsfolgen.

c) Ausreichend?

Schließlich muss die Eingriffsnorm für den beabsichtigten Eingriff ausreichend sein.

aa) Allgemein

Im Verbands- und Sportstrafrecht ist der aus Art. 103 Abs. 2 GG abgeleitete Bestimmtheitsgrundsatz, der im Strafrecht durchgängig gilt[146], zu beachten[147], weil er über die zivilrechtlichen Generalklauseln der §§ 138, 242 BGB in das zivilrechtlich ausgestaltete mitgliedschaftliche oder mitgliedschaftsähnliche Verhältnis hineinwirkt[148]. Entsprechend den allgemein bekannten Vorgaben des staatli-

---

145 Vgl. zu den Voraussetzungen nur: *Palandt-Heinrichs*, § 242, Rdnr. 55.
146 *BVerfG*, Beschl. v. 26.05.1981, Az. 2 BvR 215/81, BVerfGE 57, 250 (262).
147 *Westermann*, Verbandsrechtsprechung, S. 41, 49, 51 ff.
148 Vgl. statt aller nur: *Palandt-Heinrichs*, § 138, Rdnr. 4.

chen Strafrechts gilt auch im Vereinsstrafrecht, dass die Norm das verbotene Verhalten für den Normadressaten hinreichend klar darstellen muss. Der Bestimmtheitsgrundsatz gilt auch für die Strafarten und die Strafrahmen[149]. Im Übrigen sind auch die Vorgaben der Wesentlichkeitstheorie des Bundesverfassungsgerichts entsprechend heranzuziehen. Demnach ist es nicht möglich, eine sportliche Strafvorschrift allzu unscharf („Wer sich im Sport unsauber verhält, wird nach billigem Ermessen bestraft.") zu formulieren[150], obwohl Generalklauseln mit ausfüllungsbedürftigen unbestimmten Rechtsbegriffen generell nicht zu beanstanden sind[151]. Auch ein differenzierter und mit vielfachen Beispielen versehener Tatbestandskatalog ersetzt eine eindeutige Regelung nicht.

bb) Anwendungsbeispiel

Diese hohen und jedem rechtsstaatlichen Anspruch gerecht werdenden Anforderungen werden in der Praxis auch durchgehalten. Das *DFB-Bundesgericht* hatte in einem Beschwerdeverfahren über die nachträgliche Zulassung einer Revision über folgenden Sachverhalt zu entscheiden[152]:

> Der Vertragsspieler Mohammed Camara (DSC Arminia Bielefeld GmbH & Co. KG aA) ist beim Meisterschaftsspiel der Oberliga Westfalen zwischen dem SV Emsdetten 05 und der II. Mannschaft der DSC Arminia Bielfeld GmbH & Co. KG aA vom 07.08.2005 in der 70. Spielminute des Spielfelds verwiesen worden. Der Schiedsrichter hat dazu in seinem Spielbericht ausgeführt, der Spieler Camara habe seinen gegnerischen Spieler angesprungen ohne Chance, den Ball spielen zu können. Camara habe dabei seinen Gegenspieler Frank Bläker (SV Emsdetten 05) an Rücken und Kopf getroffen.
>
> Bläker hat bei diesem Vorfall u. a. eine Schädelfraktur (Impression) erlitten und musste notärztlich versorgt und intensivstationär behandelt werden.
>
> In dem gegen den Bielefelder Spieler Mohammed Camara deswegen eingeleiteten Sportstrafverfahren hat die Verbandsspruchkammer des WFLV durch Urteil vom 22.08.2005 den Spieler Camara wegen „eines tätlichen Angriffs auf den Gegenspieler" mit einer Sperrstrafe von sechs Monaten (bis 07.02.2006) belegt.
>
> Die dagegen eingelegte Berufung des verurteilten Spielers hat das Verbandsgericht des WFLV nach Verhandlung durch Urteil vom 06.10.2005 und den Antrag auf Zulassung der Revision abgelehnt.

---

149 *Schlosser*, Verbandsgerichtsbarkeit, § 2 II 1 b, S. 55; a. A. *Stöber*, Vereinsrecht, Rdnr. 685.

150 Auffangtatbeständen wie „sportwidriges Verhalten" ist mit Skepsis zu begegnen, vgl. auch: *Petri*, Unschuldsvermutung, S. 266.

151 *BGH*, Urt. v. 20.04.1967, Az. II ZR 142/65, BGHZ 47, 381 (384); *Habscheid*, Vereinsautonomie, S. 167; *Janßen*, Rechtsschutz, S. 40

152 *DFB-Bundesgericht*, Beschluss vom 25.11.2005, Az. 1/2005/2006 (unveröffentlicht – zu beziehen über die DFB-Zentralverwaltung, Direktion Recht-Personal-Verwaltung-Soziales).

Der Spieler hat gegen die Nichtzulassung der Revision zum Bundesgericht des DFB Beschwerde eingelegt[153].

Zwar hat das *DFB-Bundesgericht* die Nichtzulassungsbeschwerde insgesamt zurückgewiesen, aber in einem *obiter dictum* keinen Zweifel daran gelassen, dass die Verurteilung durch die Verbandsspruchkammer des *WFLV* wie geschehen unzulässig war. Unter Berufung auf den Bestimmtheitsgrundsatz hat das Bundsgericht dargelegt, dass die RuVO/WFLV (zum damaligen Zeitpunkt) weder die Voraussetzungen für die Spielsperre (als Eingriff in das Berufsausübungsrecht) noch einen entsprechenden Strafrahmen darstellt. Das Gericht hat ausgeführt:

> Weder in der Satzung noch in der zugehörigen Rechts- und Verfahrensordnung hat der WFLV den Straftatbestand des „tätlichen Angriffs auf einen Gegenspieler" normiert; auch nicht in der Begehungsform der „*Tätlichkeit*[154] gegen...", wie dies allgemein in den Landes- und Regionalverbänden geregelt ist (nach dem Vorbild der RuVO/DFB, § 8 Nr. 1. c) und den Fußballregeln mit dem Strafrahmen von sechs Wochen bis sechs Monaten Sperre bei Unterschreitungsmöglichkeit der Mindestsperre im Milderungsfall.
>
> Dagegen sind in § 27 Abs. 1, Nr. 7. SpO/WFLV lediglich „tätliche *Angriffe*[155] auf den Schiedsrichter" und „...einen Linienrichter" genannt, jedoch *nicht*[156] „...auf den Gegenspieler".
>
> In der Satzung des WFLV ist auch weder der Straftatbestand „eines tätlichen Angriffs gegen einen Gegenspieler" noch der einer „Tätlichkeit" überhaupt enthalten. Geregelt ist auch nicht die Höchstdauer einer Sperrstrafe auf Zeit, so dass ein rechtmäßiger Strafrahmen, wie er für die Festlegung des im Einzelfall zu verhängenden Strafmaßes (Sperrdauer) erforderlich ist [...], nicht besteht.
>
> Der erfolgten Bestrafung des Spielers Camara fehlt demnach die normierte Rechtsgrundlage auf landesverbandlicher Ebene in mehrfacher Hinsicht[157].

Diesen Ausführungen des *DFB-Bundesgerichts* ist nichts hinzuzufügen, weil sie aus sich heraus überzeugen. Der *WFLV* hat – wie oben unter A. IV. 2 b bb, S. 68, erkennbar – daraufhin seine Satzung und seine RuVO im Eilverfahren geändert, die bis dahin den sehr weiten Begriff der „groben Unsportlichkeit" ohne Angabe eines konkreten Strafrahmens vorgesehen haben. Die Sperre gegen den Spieler *Camara* wurde durch Beschluss des *WFLV-Präsidiums* vom 13.12.2005 rückwirkend aufgehoben. Unter dem Gesichtspunkt des Schadenersatzes hat der Spieler *Camara* vom *WFLV* im Hinblick auf während der Sperrstrafe nicht erzielten Spielprämien Ersatz verlangt, der letztlich nicht geleistet wurde, weil der

153 *DFB-Bundesgericht,* a. a. O. (s. o. Fn. 152) – I. 1. – 3 der Gründe.
154 Hervorhebung des Gerichts.
155 Hervorhebung des Gerichts.
156 Hervorhebung des Gerichts.
157 *DFB-Bundesgericht,* a. a. O. (s. o. Fn. 152) – II. 3. der Gründe.

Verband die Auffassung vertrat, ein Verschulden sei ihm nicht anlastbar. Nach Zurückweisung der Ansprüche wurden diese nicht weiter gerichtlich verfolgt.

d) Unterwerfung darunter?

Schließlich muss auch der Betroffene der Ermächtigungsgrundlage und damit der Strafgewalt des Vereins oder Verbands unterworfen sein. Insbesondere zu diesen Fragen verhalten sich die Kapitel C. und D. dieser Arbeit, so dass insoweit nach unten verwiesen werden darf.

2. Voraussetzungen der Ermächtigungsgrundlage

Durch den abzustrafenden Sachverhalt müssen die tatbestandlichen Voraussetzungen der Ermächtigungsgrundlage erfüllt sein. Diese Überprüfung erfolgt durch Subsumtion. Soweit normative Rechtsbegriffe betroffen sind, unterliegt diese jedenfalls bei den hier beschriebenen sozialmächtigen Sportverbänden der vollen inhaltlichen Kontrolle der staatlichen Gerichte[158]. Subsumtionsfehler führen damit zwingend zur Aufhebung der verbandlichen Maßnahme. Anderes kann nur gelten, wenn den entscheidenden Organen ein Beurteilungsspielraum zusteht oder die vorgenommene Bewertung Ausfluss eigener Beweiserhebung ist. Hier wird die staatliche Rechtsprechung, entsprechend der hierzu herausgebildeten verwaltungsgerichtlichen Maßstäbe, nur auf grobe Fehler überprüfen können und dürfen.

3. Richtiger Adressat

Adressat einer verbandlichen Sanktionsverfügung kann nur derjenige sein, dem das in Rede stehende Verhalten oder der Erfolg zugerechnet werden kann. Hier sind die allgemein anerkannten Lehren heranzuziehen, wobei sich die strafrechtlichen Theorien wegen der strukturellen Vergleichbarkeit am ehesten anbieten. Eine polizei- und ordnungsrechtliche Betrachtung (nach den Störerbegriffen, die im Gegensatz zu den hier besprochenen repressiven Maßnahmen eine Zurechnung für präventive Aktionen ermöglichen) würde eine zu weite Verantwortlichkeit auslösen, weil die verschiedenen und von der jeweiligen Befugnisnorm abhängenden Zurechnungsansätze naturgemäß häufig darauf angelegt sind, unter Präventionsgesichtspunkten eine möglichst große Zahl von potentiellen Störern

---

158 *BGH*, a. a. O. (s. o. Fn. 50).

ohne Rücksicht auf ihren Beitrag zu einer unmittelbaren Erfolgsverursachung oder ihr Verschulden zu erfassen. Die zivilrechtliche ist wegen der Zurechnungsprinzipien nicht sachgerecht; es wird insbesondere auf einen generell-objektiven Sorgfältigkeitsmaßstab abgestellt.

4. Rechtsfolgen und ihre Grenzen

Auf der Rechtsfolgenseite der Normen kommen im Vereinsrecht ebenfalls gebundene oder Ermessenentscheidungen in Betracht, also etwa wenn ein Verhalten („vereinsschädigendes Verhalten") zwingend mit dem Ausschluss aus dem Verband oder beispielsweise das „Verhindern einer klaren Torchance" mit einer Sperren von zwei bis vier Pflichtspielen geahndet wird.

Auch die Rechtsfolge selbst muss mit der Satzung und der Rechtsordnung in Einklang zu bringen sein. Ist nicht schon die Ermächtigungsnorm selbst unwirksam, weil sie zwingend eine nicht mit der Rechtsordnung korrespondierende Rechtsfolge anordnet, kann die im Einzelfall anzuordnende Rechtsfolge auch an der Rechtsordnung insgesamt zu messen sein.

An materiellen Schranken für die Rechtsfolge sind daher insbesondere zu beachten:

a) Gesetze

Vereins- und Verbandsstrafen dürfen nicht gegen geltende Gesetze verstoßen[159]. Verstoßen sie gegen Gesetze, sind sie zwingend rechtswidrig und unwirksam, § 134 BGB. § 134 BGB gilt unmittelbar, weil Vereins- und Verbandsstrafen „Rechtsgeschäft" i. S. d. Vorschrift sind. Ein Rechtsgeschäft besteht aus einer oder mehreren Willenserklärungen, die allein oder in Verbindung mit anderen Tatbestandsmerkmalen eine Rechtsfolge herbeiführen, weil sie gewollt ist[160]. Die Willenserklärung des Vereins, die durch das zuständige Organ abgegeben wird, geht dahin, dass er sein Mitglied bestrafen will. Dem geht die Rechtsfolge einher, dass das Mitglied in seinem Statusverhältnis herabgesetzt oder mit Belastungen belegt wird.

Damit stellt auch § 138 Abs. 1 BGB die „guten Sitten" als allgemeine Grenze von Vereins- und Verbandsstrafen zur Verfügung.

---

159 *BGH*, Urt. v. 26.10.1961, Az. KZR 3/61, BGHZ 36, 105 (114); *Palandt-Heinrichs*, § 25, Rdnr. 23.

160 *Palandt-Heinrichs*, Überbl v § 104, Rdnr. 2.

b) Grundrechte

Auch die durch das Grundgesetz gewährten Grundrechte sind bei der Verhängung von Vereins- und Verbandssanktionen zu beachten. Zwar entfalten die Grundrechte unmittelbare Bindungswirkung allein im Verhältnis zwischen Einzelnen und Staat; die Rechtsbeziehungen der Rechtssubjekte des Privatrechts untereinander richten sich nach bürgerlichem Recht, das allerdings unter Berücksichtigung der betroffenen Grundrechte interpretiert werden muss[161]. Allein mit diesem dogmatischen Ansatz der mittelbaren Drittwirkung kann begründet werden, warum der objektive Gehalt der Grundrechte dem zu Bestrafenden zu Gute kommt. Zu Recht weist *Petri* darauf hin, dass sich deren mittelbare Anwendung auch mit dem Ansatz des *BVerfG* zur strukturellen Ungleichheit[162] erklären lasst, mit dem vom Staat unter dem Gesichtspunkt der Schutzfunktion der Grundrechte gefordert wird, seine Bürger vor rechtswidrigen Eingriffen anderer zu bewahren, und zwar entweder durch entsprechende Zivilgesetzgebung oder die Rechtsprechung der Zivilgerichte[163]. Inhaltskontrolle durch die staatlichen Gerichte ist also insoweit geboten, als sie die Grundrechte schützen hilft[164]. Das *BVerfG* hat ausgeführt:

> „Hat einer der Vertragsteile ein so starkes Übergewicht, dass er vertragliche Regelungen faktisch einseitig setzen kann, bewirkt dies für den anderen Vertragsteil Fremdbestimmung. Wo es an einem annähernden Kräftegleichgewicht der Beteiligten fehlt, ist mit den Mitteln des Vertragsrechts allein kein sachgerechter Ausgleich der Interessen zu gewährleisten. Wenn bei einer solchen Sachlage über grundrechtlich verbürgte Positionen verfügt wird, müssen staatliche Regelungen ausgleichend eingreifen, um den Grundrechtsschutz zu sichern[165]."

Dass zwischen den Fußballverbänden, die wie dargestellt Monopolcharakter haben, und den ihnen gegenüberstehenden Vereinen und Einzelpersonen eine strukturelle Ungleichheit vorliegt, liegt auf der Hand: Sie haben eine erhebliche soziale Machtstellung, in der sie die für den Sport verbindlichen Regelungen festlegen können, und den Betroffenen steht eine Alternative nicht zur Verfügung, weil organisierter und ggf. professioneller Fußballsport weltweit und nach dem Ein-Platz-Prinzip ausschließlich von den hier dargestellten Verbänden angeboten wird.

---

161 *BVerfG,* Urt. v. 15.01.1958, Az. 1 BvR 400/51, BVerfGE 7, 198 („Lüth"); *BVerfG,* Beschl. v. 29.05.1989, Az. 1 BvR 1049/88, FamRZ 1989, 1047.

162 *BVerfG,* Urt. v. 07.02.1990, Az. 1 BvR 26/84, BVerfGE 81, 242.

163 *Petri,* Dopingsanktion, S. 95 f.

164 *Petri,* Dopingsanktion, S. 96; *Steinbeck,* Vereinsautonomie, S. 219 f.

165 *BVerfG,* a. a. O. (s. o. Fn. 162), S. 255.

Bei der Begründung der Geltung der Grundrechte für den zu Sanktionierenden ist jedoch zu beachten, dass sich der sanktionierende Verband selbst auf seine Vereinsautonomie nach Art. 9 Abs. 1 GG berufen kann. Denn das Verhängen von Strafen dient der Aufrechterhaltung der selbst gegebenen Ordnung, ohne die der organisierte Sport, also die Verwirklichung des Vereins- bzw. Verbandszwecks, nicht denkbar wäre[166].

Die Spannungsfälle zwischen Grundrechten des betroffenen Einzelnen und der Autonomie der Körperschaft sind im Wege praktischer Konkordanz zu lösen. *Petri* fasst zutreffend zusammen, Mittel hierzu sei die Betrachtung der inneren Beschränkungen der Vereinsautonomie[167]. Denn schon Art. 9 GG selbst weist darauf hin, dass sich die Vereinsautonomie in die Schablone der verfassungsmäßigen Ordnung einpassen muss (Art. 9 Abs. 2 GG) und nicht völlig schrankenlos gewährt ist. Damit ist der Verein nicht in gleicher Weise wie der Staat und seine Einrichtungen an die Grundrechte gebunden. Wie weit die Berücksichtigungspflichten des jeweiligen Grundrechts gehen, ist vom Einzelfall abhängig und durch eine umfassende Güterabwägung zu lösen[168]; diese hat bei der Verhältnismäßigkeitsprüfung zu erfolgen. Hierbei ist zu berücksichtigen, wie stark der Eingriff auf Seiten des Bestraften ist, wie wichtig das Interesse des strafenden Verbandes ist und wie weit die Sanktion wirkt, wenn der strafende Verband Monopolcharakter hat. Das Interesse des strafenden Verbandes bestimmt sich im Wesentlichen danach, ob er sich mit dem verfolgten Zweck im Rahmen seines Vereinszwecks bewegt und damit zulässigerweise seine Vereinsautonomie ausübt.

Nach alledem wirken die Grundrechte im Verhältnis zwischen Sportvereinen und -verbänden auf der einen und den ihnen unterworfenen Personen auf der anderen Seite[169]. Einfalltor hierfür sind die zivilrechtlichen Generalklauseln. Die Grundrechte sind bei Vereins- und Verbandsstrafen zu beachten. Am Ende der normativen Argumentation steht im konkreten Einzelfall die praktische Konkordanz zwischen den grundgesetzlich geschützten Rechtspositionen des Vereins und des Mitglieds[170].

Dieser Abwägungsvorgang einerseits und die für das Sportstrafrecht häufig besondere Bedeutung erlangenden Grundrechte andererseits sollen an den folgenden Beispielen dargestellt werden:

---

166 Ebenso: *Petri*, Dopingsanktion, S. 110.
167 *Petri*, Unschuldsvermutung, S. 253.
168 Ebenso: *Petri*, Unschuldsvermutung, S. 253.
169 Im Ergebnis gleich: *Petri*, Dopingsanktion, S. 99; *Reiß*, Strafgewalt, S. 42.
170 *Vieweg*, Normsetzung, S. 192; *Petri*, Unschuldsvermutung, S. 256.

aa) Rechtfertigungscharakter des Art. 9 Abs. 1 GG

Der Gleichbehandlungsgrundsatz des Art. 3 Abs. 1 GG ist, wenn Vergünstigungen vergeben oder Strafen ausgesprochen werden, naturgemäß von großer Bedeutung. Dies gilt auch im Sportstrafrecht.

Aber auch was diesen Grundsatz angeht, kann die Beachtung von Art. 9 Abs. 1 GG auf Seiten des Vereins bei der eben beschriebenen Abwägung zu vordergründig überraschenden Ergebnissen führen: So hat das *BVerfG* unter spezifischem Grundrechtsschutz eine Satzungsbestimmung eines Adelsverbandes – die das *OLG Celle* in seiner mit der Verfassungsbeschwerde angegriffenen Entscheidung goutiert hatte[171] –, wonach die Mitgliedschaft mit der Wahl des Geburtsnamens der Frau zum Ehenamen aus Anlass der Eheschließung mit einem Bürgerlichen endet, trotz ihrer diskriminierenden Wirkung nicht beanstandet[172]. Zur Begründung hat das *Verfassungsgericht* darauf hingewiesen, dass die Vereinsautonomie umso ungehinderter zur Geltung kommen darf, je stärker die Vereinigung im privaten Bereich angesiedelt ist. Sie müsse jedoch umso ungehinderter zur Geltung kommen, je stärker sie im öffentlichen Bereich wirkt und sich einem Interessenverband annähert, der für Erwerb, Fortkommen oder soziale Stellung ihrer Mitglieder wesentliche Bedeutung hat und dabei eine Monopolstellung einnimmt, so dass die ebenfalls in Art. 9 Abs. 1 GG garantierte Gründungsfreiheit für Vereinigungen die Interessen des auf verbandlichen Zusammenschluss angewiesenen Einzelnen nicht mehr ausreichend zu schützen vermag. Das Berufungsgericht hatte festgestellt, dass der beklagte Verband des Ausgangsverfahrens zwar eine Monopolstellung einnehme, jedoch keine Position wirtschaftlicher Macht nach der Art eines Interessenverbandes oder eine Berufsvereinigung besitze, sondern als Geselligkeitsverein ohne bedeutende gesellschaftliche Machtstellung wirke. Die darauf basierende Annahme, dass die dargestellte Satzungsbestimmung nicht zu beanstanden sei, war von Verfassungs wegen nicht zu beanstanden.

Die Entscheidung überzeugt. Sie lässt der Vereinsautonomie einen hinreichend großen Spielraum, ohne in berechtigte Interessen des Betroffenen einzugreifen. Denn schließlich gibt es für die beanstandete Satzungsnorm des beklagten Verbandes eine sachliche Rechtfertigung, die gerade in seinem Vereinszweck besteht. Es mag verwunderlich und kaum noch zeitgemäß erscheinen, dass Mitglieder des Verbandes nur solche sein sollen, die einen adeligen Namen tragen. Dies zu beanstanden, ist jedoch unzulässiger Eingriff in Autonomie dieses Vereins (s. o. unter A. V., S. 78).

171 *OLG Celle*, Urt. v. 13.06.1988, Az. 1 U 13/88, NJW-RR 1989, 313.

172 *BVerfG*, Beschl. v. 29.05.1989, a. a. o. (s. o. Fn. 161).

bb) Willkürverbot, Art. 3 Abs. 1 GG

Unter keinem Gesichtspunkt zu rechtfertigen oder von der Rechtsordnung zu dulden sind Strafentscheidungen von Vereinen oder Verbänden, die objektiv willkürlich sind. Sie sind unwirksam.

Das *BVerfG* hat früh entschieden, dass der Gleichheitssatz verletzt ist, wenn sich ein vernünftiger, sich aus der Natur der Sache ergebender oder sonst wie sachlich einleuchtender Grund für die (gesetzliche) Differenzierung oder Gleichbehandlung nicht finden lässt, kurzum, wenn die Bestimmung als willkürlich bezeichnet werden muss[173]. Angewendet auf Einzelfallentscheidungen bedeutet dies Folgendes: Für eine Annahme von Willkür genügt nicht, dass die Entscheidung inhaltlich unrichtig oder sonst fehlerhaft ist. Willkür liegt vor, wenn der Entscheidung jede rechtliche Grundlage fehlt. Dies ist auch dann der Fall, wenn der Entscheidung bei verständiger Würdigung der das Grundgesetz beherrschenden Gedanken nicht mehr verständlich erscheint und offensichtlich unhaltbar ist[174]. Diese rechtlichen Minimalanforderungen hat auch jede Vereins- und Verbandsstrafenentscheidung zu beachten.

cc) Berufsfreiheit, Art. 12 GG

Heute ist anerkannt, dass der Beruf des Sportlers von Art. 12 Abs. 1 GG geschützt wird und dieses Grundrecht – wie gerade allgemein dargelegt und zumindest auch über § 242 BGB – in das Sanktionsrecht der Vereine und Verbände ausstrahlt[175]. Die durch die Fußballverbände mit ihrer Monopolstellung ausgesprochenen, langjährigen oder lebenslangen Sperrstrafen gegen Spieler, deren Betätigung als grundrechtlich geschützter „Beruf" anzusehen sind, können für die Sportler ein Berufsverbot darstellen. Die Sanktion muss in jedem Fall den Kriterien der Stufentheorie des *BVerfG*[176] genügen, um die Berufsfreiheit der Profifußballer angemessen zu berücksichtigen[177]. D. h. schließlich, dass die Dauer der bis auf Lebenszeit ausdehnbaren Sperre dem Schweregrad der widerrechtlichen Handlung des Sportlers in angemessener Weise entsprechen muss[178], s. o. unter A. V., S. 77.

---

173 *BVerfG*, Beschl. v. 12.10.1951, Az. 1 BvR 201/51, BVerfGE 1, 14 (52) – ständige Rechtsprechung.
174 *BGH*, Beschl. v. 10.06.2003, Az. X ZR 92/03, NJW 2003, 3201.
175 *BGH*, a. a. O. (s. o. Fn. 118); *Fritzweiler/Pfister/Summerer*, Sportrecht, Rdnr. 1/6 f.; *Stern*, Grundrechte der Sportler, S. 153; *Westermann*, Verbandsstrafgewalt, S. 84; *Petri*, Unschuldsvermutung, S. 255.
176 *BVerfG*, a. a. O. (s. o. Fn. 121).
177 *Stern*, Grundrechte der Sportler, S. 155.
178 *Stern*, Grundrechte der Sportler, S. 155.

Hierzu sagt die Stufentheorie des *BVerfG* bekanntlich, dass Berufsausübungsregelungen (erste Stufe) schon durch vernünftige Erwägungen des Gemeinwohls, subjektive Berufszulassungsregelungen (zweite Stufe) nur insoweit, als sie zu Wahrung besonders wichtiger Gemeinschaftsgüter zwingend sind und zu dem angestrebten Zweck der ordnungsmäßigen Erfüllung der Berufstätigkeit nicht außer Verhältnis stehen, und schließlich objektive Berufszulassungsregelungen (dritte Stufe) ihrerseits letztlich nur durch die Abwehr nachweisbarer oder höchstwahrscheinlicher schwerer Gefahren für ein überragend wichtiges Gemeinschaftsgut zu rechtfertigen sind[179].

Danach sind kurz- und mittelfristige Spielersperren mit Berufsausübungsregelungen vergleichbar. Die Verhältnismäßigkeitsabwägung bei der entsprechenden Strafzumessung bewegt sich damit im bekannten Rahmen, dem aber schärfere Konturen verliehen werden. Werden langjährige oder lebenslange Sperren verhängt, kann die zweite Stufe betroffen sein, wenn diese ein faktisches Berufsverbot darstellen. Die Rechtmäßigkeitsanforderungen steigen, weil die Schutzwirkungen von Art. 12 Abs. 1 GG entsprechend stärker zu berücksichtigen sind. Dementsprechend gravierend muss der zu sanktionierende Verstoß wiegen, damit er nach objektiven Maßstäben im Rahmen des durch die Verbandsautonomie geschützten Verbandszwecks eine solche Sanktion rechtfertigen kann. Grundsätzliche Bedenken auch gegen einen lebenslangen Lizenzentzug bestehen (bei einem entsprechend schwerwiegenden Verstoß) jedoch nicht[180].

Für den Fußball ist noch darauf hinzuweisen, dass eine Tätigkeit, um unter den Berufsbegriff zu fallen, zwar auf gewisse Dauer angelegt sein muss[181], dies jedoch nicht eng verstanden wird: Sogar der Gelegenheits- und Ferienjob fallen darunter[182]. Auch das Merkmal, dass die geschützte Tätigkeit der Schaffung und Erhaltung einer Lebensgrundlage dienen muss[183], wird weit verstanden: Die Nebentätigkeit fällt darunter, weil sie, anders als ein bloßes Hobby, zur Erhaltung der Lebensgrundlage beiträgt[184].

Dies hat für Vereins- und Verbandsstrafen im Fußballsport die erhebliche Konsequenz, dass die Wirkung von Art. 12 Abs. 1 GG bereits im Amateurbereich bei solchen Spielern einsetzt, die für ihre Spielertätigkeit ein Entgelt erhalten, das über bloße Auslagenerstattung hinausgeht. Dies kann Konsequenzen bei der Strafzumessung haben, s. u. unter D. II. 3. c, S. 192.

---

179 *BVerfG*, a. a. O. (s. o. Fn. 121).

180 *Stern*, Grundrechte der Sportler, S. 156.

181 *BVerfG*, Urt. v. 28.07.1971, Az. 1 BvR 40/69 u. a., BVerfGE 32, 1 (28).

182 *Pieroth/Schlink*, Grundrechte, Rdnr. 812.

183 *BVerfG*, a. a. O. (s. o. Fn. 121), S. 397.

184 *BVerwG*, Urt. v. 06.12.1989, Az. 6 C 52/87, BVerwGE 84, 194 (197); *Pieroth/Schlink*, Grundrechte, Rdnr. 812.

c) Doppelbestrafungsverbot, ne bis in idem

Es ist für Verfahren mit Bestrafungscharakter ein allgemein anerkannter Grundsatz, dass eine wiederholte Sanktionierung wegen desselben Tatbestands unzulässig ist. Dieser als „*ne bis in idem*" bezeichnete Grundsatz ist in Art. 103 Abs. 3 GG grundrechtsgleich garantiert. Ihm ist ebenfalls im Vereins- und Verbandsstrafrecht Rechnung zu tragen[185], weil auch dieses verfassungsrechtliche Prinzip über die zivilrechtlichen Generalklauseln der §§ 138, 242 BGB das Vereinsstrafverhältnis prägt. Dies bedeutet, dass eine entgegen diesem Grundsatz verhängte Sanktion unwirksam ist.

Im staatlichen Strafrecht bedeutet dieser Grundsatz, dass die mehrmalige Behandlung derselben Sache durch Strafgerichte der *Bundesrepublik Deutschland* verboten ist[186]. Ein ausländisches Urteil steht dagegen einem deutschen Strafverfahren wegen derselben Tat nicht entgegen[187], die ausländische Strafe muss allerdings angerechnet werden, § 51 Abs. 3 StGB. Das Doppelbestrafungsverbot bezieht sich auf den „geschichtlichen Vorgang, auf welchen Anklage und Eröffnungsbeschluss hinweisen und innerhalb dessen der Angeklagte als Täter oder Teilnehmer einen Straftatbestand verwirklicht haben soll"[188]. Die Rechtsprechung sucht bei natürlicher Betrachtungsweise nach einem einheitlichen Lebensvorgang[189]. Anknüpfungspunkt ist also die Tat im prozessualen Sinne.

Seiner grundgesetzlichen Garantie nach verbietet Art. 103 Abs. 3 GG nur die erneue Behandlung „auf Grund der allgemeinen Strafgesetze". Daher greift der *ne bis in idem*-Grundsatz nicht im Verhältnis von Kriminal- und Disziplinar- bzw. Berufsstrafrecht ein[190]. Eine mehrfache Bestrafung ist wegen des unterschiedlichen Strafgrunds und der unterschiedlichen Zweckbestimmung gerechtfertigt[191]:

---

185 *RG*, Urt. v. 15.03.1902, Az. I 495/00, RGZ 51, 89; *OLG Hamm*, Beschl. v. 17.01.1973, Az. 23 W 483/72, AnwBl 1973, 110; *KG*, Urt. v. 27.10.2006, Az. 3 U 47/05 (unveröffentlicht – abrufbar bei juris); *Meyer-Cording*, Die Vereinsstrafe, 1957, S. 83; *Schlosser*, Vereins- und Verbandsgerichtsbarkeit, S. 214 f.; *Reichert*, Handbuch, Rdnr. 2850 und 5800a; *Petri*, Unschuldsvermutung, S. 265; *Buchberger*, SpuRt 1996, 122 (125).

186 *BVerfG*, Beschl. v. 31.03.1987, Az. 2 BvM 2/86, BVerfGE 75, 1 (5) – insgesamt zur Frage der Geltung von *ne bis in idem* im Völkerrecht.

187 *Jescheck/Weigend*, Lehrbuch des Strafrechts, S. 176.

188 *BVerfG*, Urt. v. 07.02.1968, Az. 1 BvR 628/66, BVerfGE 23, 91 (102).

189 *Pieroth/Schlink*, Grundrechte, Rdnr. 1103.

190 *BVerfG*, Urt. v. 02.05.1967, Az. 2 BvR 391/64, 2 BvR 263/66, BVerfGE 21, 378; *BVerfG*, Beschluss v. 04.04.1984, Az. 1 BvR 1287/83, BVerfGE 66, 337 (356).

191 *Pieroth/Schlink*, Grundrechte, Rdnr. 1108.

„Straf- und Disziplinarrecht unterscheiden sich nach Rechtsgrund und Zweckbestimmung. Das strafrechtliche Delikt ist seinem Wesen nach die schuldhafte Verletzung eines für alle gewährleisteten Rechtsgutes, es erscheint als eine Störung des allgemeinen Rechtsfriedens. Welche Rechtsgüter so bedeutsam sind, dass eine pflichtwidrige Verletzung eine Strafsanktion zur Folge hat, bestimmt der Gesetzgeber. Die Kriminalstrafe dient neben der Abschreckung und Besserung der Vergeltung; sie bemisst sich nach dem normativ festgelegten Wert des verletzten Rechtsgutes und dem Maß der Schuld. Sie trifft den Täter in seinem allgemeinen Staatsbürgerstatus. Demgegenüber bezieht sich die Disziplinarmaßnahme auf den besonderen Rechts- und Pflichtenstatus der Angehörigen eines bestimmten Berufsstandes. Sie dient nicht der Vergeltung eines Verstoßes gegen eine allgemeine Rechtsnorm, sondern bezweckt die Aufrechterhaltung eines geordneten Dienstbetriebes und bestimmt sich nach dessen Erfordernissen. Die Disziplinarmaßnahme ist darauf gerichtet, Ordnung und Integrität innerhalb eines Berufsstandes zu gewährleisten und den der Disziplinargewalt Unterworfenen zur korrekten Erfüllung seiner Berufspflichten anzuhalten[192].“

Bei diesem zulässigen Nebeneinander ergeben sich jedoch weitere Beschränkungen aufgrund des Verhältnismäßigkeitsgrundsatzes: Soweit das Disziplinar- oder Berufsstrafrecht gegenüber dem allgemeinen Strafrecht keine eigenständige Funktion hat, ist seine Anwendung ein nicht erforderlicher Grundrechtseingriff. Aus dem gleichen Grund ist bei der jeweils nachfolgenden Sanktion die vorangegangene (oder eine zwingend folgende, vgl. § 24 Abs. 1 BRRG) zu berücksichtigen[193].

Wollte man den *ne bis in idem*-Ansatz – entgegen der dargestellten herrschenden Meinung – nicht ins Vereins- und Verbandsstrafrecht übertragen, erreicht man über die Anwendung des Verhältnismäßigkeitsgrundsatzes (wiederum über §§ 138, 242 BGB) ähnliche Ergebnisse. Eine Doppelbestrafung ist nämlich zugleich ein krasses Beispiel für eine unverhältnismäßige Maßnahme[194], weil sie nie „erforderlich“ i. S. d. Verhältnismäßigkeitsprüfung sein kann: Der Strafzweck ist bereits erreicht.

Die mit der herrschenden Meinung wegen der strukturellen Vergleichbarkeit staatlicher und verbandlicher Strafverfahren zu bejahende Übertragung des Doppelbestrafungsverbots in das Vereins- und Verbandsstrafrecht birgt kein Anwendungsproblem, wenn lediglich ein einziger Verein oder Verband zur Bestrafung einer seiner Strafgewalt unterworfenen Person berufen ist. Seine Gerichte oder Strafinstanzen sind dann an diesen Grundsatz gebunden und können eine Doppelbestrafung nicht vornehmen; entgegenstehende Maßnahmen sind rechtswidrig. Im Pyramidenaufbau des organisierten deutschen Sports sind jedoch immer wie-

---

192 *BVerfG*, Urt. v. 2.10.1971, Az. 2 BvR 65/71, BVerfGE 32, 40 (48).
193 *Pieroth/Schlink*, Grundrechte, Rdnr. 1108.
194 *Petri*, Unschuldsvermutung, S. 265.

der Situationen denkbar, in denen verschiedene Körperschaften gleichzeitig und möglicherweise nebeneinander berufen sind, gegen eine Person eine verbandliche Maßnahme auszusprechen. Dieses besondere Verhältnis der Strafgewalt der verschiedenen Fußballverbände untereinander wird im speziellen Teil dieser Arbeit unter D. VII. (s. u. S. 209) behandelt. Bereits an dieser Stelle ist für die folgenden Überlegungen festzuhalten, dass das *BVerfG* bei der Beurteilung der Reichweite des *ne bis in idem*-Grundsatzes darauf abstellt, welcher Rechtsträger straft oder wessen Strafanspruch durchgesetzt werden soll (Verhältnis der deutschen Gerichte zu denen anderer Staaten) und den Rechtsgrund sowie die Zweckbestimmung der Strafe berücksichtigt.

d) Schuldprinzip

Fraglich ist, ob im Vereins- und Verbandsstrafrecht das Schuldprinzip Anwendung beansprucht.

aa) Geltung im Vereins- und Verbandsrecht

Soweit man Vereins- und Verbandsstrafen mit echten Strafen mit sozial-ethischem Unwerturteil (also mit nicht völlig untergeordneten Sanktionen, die einem der Sportgemeinschaft schädlichen Verhalten begegnen sollen) vergleichen kann, ist für deren Verhängung erforderlich, dass die ihr zu Grunde liegenden Vergehen oder Taten „schuldhaft" begangen, ergo auch nach Verschuldensgesichtspunkten dem „Täter" zurechenbar (zivilrechtlich gesprochen) bzw. vorwerfbar (strafrechtlich) sind[195]. Für nicht repressive, präventive Maßnahmen (z. B. Qualifikationen während eines laufenden Wettbewerbs) soll das Schuldprinzip im Sportrecht hingegen nicht gelten, weil bei ihnen als Maßnahmen der „verbandlichen Gefahrenabwehr" der Präventionsgedanke im Vordergrund steht[196].

Im staatlichen Strafrecht bedeutet die Prüfung der Schuld, dass gefragt wird, ob eine Tat dem Täter persönlich vorgeworfen werden kann. Schuldhaft handelt dort der Täter dann, wenn seine Willensbildung, die zu der rechtswidrigen Tat

---

195 *OLG Frankfurt,* Urt. v. 18.05.2000, Az. 13 W 29/00, NJW-RR 2000, 1117 (1120); *OLG Frankfurt,* Urt. v. 27.06.1985, Az. 6 U 122/84, NJW-RR 1986, 133 (135); *Palandt-Heinrichs,* § 25, Rdnr. 14; MünchKomm-*Reuter,* § 25, Rdnr. 30; *Reichert,* Handbuch, Rdnr. 2716; nicht ausdrücklich problematisierend, aber Verschulden verlangend für einen typischen Fall aus dem Amateurfußball: *AG Koblenz,* Urt. v. 21.02.2003, Az. 411 C 367/03, SpuRt 2006, 81. Verschulden prüft auch: *DFB-Sportgericht,* Urt. v. 20.04.2004, Az. 79/2003/2004, SpuRt 2006, 87.

196 *Petri,* Unschuldsvermutung, S. 264.

geführt hat, auf mangelhafter Rechtsgesinnung beruhte[197]. Das *BVerfG* versteht in ständiger Rechtsprechung unter dem Schuldprinzip – das heute vollkommen unbestritten für staatliche Strafen gilt – den Grundsatz „Keine Strafe ohne Schuld" und leitet aus ihm für die Strafgerichte das Gebot schuldangemessenen Strafens ab[198]. Dieser Grundsatz findet seine Grundlagen im Gebot der Achtung der Menschwürde (Art. 1 Abs. 1 GG), in Art. 2 Abs. 1 GG und im Rechtsstaatsprinzip[199]. Er hat „den Rang eines Verfassungssatzes"[200].

Auch bei Sportstrafen muss das inkriminierte Verhalten wegen ihrer dann gegebenen Vergleichbarkeit mit dem staatlichen Strafrecht grundsätzlich individuell vorwerfbar sein[201]. Das Schuldprinzip wirkt über §§ 138, 242 BGB auf das zivilrechtlich ausgestaltete Sportstrafrecht ein. Dies kann nur ausnahmsweise dann nicht gelten, wenn Gegenstand des Verfahrens so genanntes „Verwaltungsunrecht" ist (vgl. etwa das staatliche Bußgeldverfahren), bei dem mit der Sanktion gerade nicht zum Ausdruck gebracht werden soll, dass eine Person gegen grundlegende Regeln der Sportgemeinschaft verstoßen hat, sondern lediglich die Nichteinhaltung von bloßen Ordnungsregeln auf unterster Stufe in Rede steht[202]. Dies ist im Fußballsport vergleichsweise häufig der Fall, wenn beispielsweise die nicht rechtzeitige Meldung von Spielergebnissen, die Nichtvorlage von Spielerpässen gegenüber dem Schiedsrichter, das nicht ordnungsgemäße Ausfüllen des Spielberichts, das Nichteinhalten von Terminen, die nicht ausreichende Gestellung von Schiedsrichtern oder die Nichtteilnahme an Pflichtveranstaltungen mit (geringen) Ordnungsgeldern geahndet werden.

Die Geltung des Schuldprinzips auch im Vereinsstrafrecht lässt sich dogmatisch wie folgt begründen:

Es ist gerade dargelegt worden, dass die Grundrechte (modifizierte) Geltung im zivilen Vereinsrecht beanspruchen. Damit beschränkt sich der Einfluss der Verfassung auf das Zivilrecht jedoch nicht. Über die Drittwirkung der Grundrechte und der durch das Grundgesetz garantierten subjektiven Rechte hinaus ist auch eine Drittwirkung derjenigen objektiven Leit- und Wertentscheidungen der Verfassung zu fordern, die nicht ausdrücklich als Grundrechte oder grundrechts-

---

197 *Jescheck/Weigend*, Lehrbuch des Strafrechts, S. 425.

198 *BVerfG*, 1. Kammer des 2. Senats, Beschluss vom 27.12.2006, Az. 2 BvR 1895/05, EuGRZ 2007, 64; *BVerfG*, Beschl. v. 24.10.1996, Az. 2 BvR 1851/94, BVerfGE 95, 96 (140) = NJW 1997, 929 („Mauerschützen") m. w. N.

199 *BVerfG*, Beschl. v. 27.12.2006, a. a. O. (s. o. Fn. 198), Leitsatz 1.

200 *BVerfG*, Beschl. v. 25.10.1966, Az. 2 BvR 506/63, BVerfGE 20, 323 (331) und Leitsatz.

201 So ausdrücklich: *OLG Frankfurt*, Urt. v. 18.05.2000, a. a. O. (s. o. Fn. 195).

202 Ebenso für Vereinsstrafen bei geringen Verstößen: *BGH*, Urt. v. 26.02.1959, Az. II ZR 137/57, BGHZ 29, 352 = NJW 1959, 982; *OLG Frankfurt*, Urt. v. 27.06.1985, a. a. O. (s. o. Fn. 195).

gleiche Rechte formuliert sind. Dies gelingt jedenfalls über die zivilrechtlichen Generalklauseln wie §§ 138, 242 BGB. Vereine und Verbände bewegen sich nicht im Raum vollkommener Autonomie; es ist bereits dargestellt worden, dass dieses Recht nur im Rahmen der verfassungsmäßigen Ordnung und der allgemeinen Gesetze wahrgenommen werden kann: Man bewegt sich gleichsam nicht im luftleeren Raum, sondern ist als Organisation Teil einer Gesellschaft, die sich für das Zusammenleben unumstößliche Grundsätze (Wertentscheidungen) gegeben hat. Der Rechtskreis des Einzelnen und der Rechtskreis des Zusammenschlusses können sich nicht alleine dadurch vergrößern, dass man einen Verband gründet. So versteht *Vieweg* auch das Rechtsstaatsprinzip als verfassungsrechtliche Außengrenze der Verbandsautonomie und fordert alleine hieraus unmittelbar die Einhaltung wesentlicher Verfahrensgrundsätze[203].

Es ist ebenso selbstverständlich wie unproblematisch, dass eine Einwirkung der objektiven Wertentscheidungen der Verfassung nur dann in Frage kommen kann, wenn sich die spezifische Situation, für welche die jeweilige Ausprägung des angesprochenen Rechtsprinzips entwickelt worden ist, in dem konkreten zivilrechtlichen Verhältnis wieder findet, worauf *Blum/Ebeling* vollkommen zu Recht hinweisen[204]. Diese Vorgaben des Verfassungsgebers passen auf die im organisierten Sport vorgefundene Ausgangssituation: Auch hier liegt ein Über-/Unterordnungsverhältnis vor, in dem die Sportler und Vereine den Normen der übergeordneten Verbände als Normgeber unterworfen sind, und ohne deren Beachtung sie an dieser Sportgemeinschaft nicht teilhaben können.

Petri wählt einen ähnlichen Ansatz und gelangt über das Schuldprinzip als Konkretisierung des Verhältnismäßigkeitsgrundsatzes über §§ 138, 242 BGB ebenfalls zur Geltung des Schuldprinzips im Sportrecht[205].

bb) Anwendungsbeispiel

Bejaht man mit *Verfasser* die Anwendbarkeit des Schuldprinzips auch im Bereich – echter – Vereins- und Verbandsstrafen, muss zwingend eine jüngere Entscheidung des *CAS/TAS* in den Fokus der Betrachtung fallen.

α) Der Sachverhalt der Entscheidung Feyenoord Rotterdam N. V. vs. UEFA

In der Rechtssache *Feyenoord Rotterdam N. V.*, Rotterdam, Niederlande gegen die *UEFA*[206] ging der *CAS/TAS* von folgendem Sachverhalt aus:

203 *Vieweg*, Normsetzung, S. 208.
204 *Blum/Ebeling*, Dynamische Verweisungen, S. 106.
205 *Petri*, Unschuldsvermutung, S. 268.

Kläger vor dem *CAS/TAS* war *Feyenoord Rotterdam N. V.* (im Folgenden: „Feyenoord“) als professioneller Fußballclub mit Sitz in Rotterdam (Niederlande), der Mitglied des königlich-niederländischen Fußball-Verbands *(KNVB)* und der Beklagten, der *UEFA*, ist[207]. Auch der *KNVB* ist Mitglied der *UEFA*.

Die *UEFA* veranstaltete, was der Tatbestand allerdings verschweigt, auch den *UEFA-Cup* 2006/2007. In diesem Rahmen spielte der Kläger am 30.11.2006 in *Nancy/Frankreich* gegen *AS Nancy-Lorraine*. Zur Vorbereitung dieses Spiels besuchte am 02.11.2006 eine Delegation des Klägers zusammen mit Vertretern der niederländischen Polizei den *AS Nancy*. Sie sprach mit Vertretern des *AS Nancy* und den örtlichen Behörden. Zu diesem Zeitpunkt waren alle 1.030 Tickets, die dem Kläger zur Verfügung gestellt worden waren, ausverkauft. Der Kläger fragte nach weiteren Karten an. Am 21.11.2006 gewährte *AS Nancy* dem Kläger ein weiteres Kontingent von 250 Karten[208].

In einem Brief datiert auf den 27.11.2006 und adressiert an *AS Nancy*, informierte der Kläger den französischen Club, dass er erwarte, dass eine große Gruppe von Menschen, ungefähr 3.000 bis 4.000 Personen, ohne Ticket zum Spieltag nach Nancy reisen werde. Weiter bemerkte der Kläger, Kenntnis davon erlangt zu haben, dass 400 Personen, die ihm möglicherweise zugeordnet werden könnten, entgegen dem von ihm entwickelten System für die Vergabe von Auswärtsspielkarten Tickets für Plätze außerhalb des offiziellen Gästeblocks erworben haben. Bezug nehmend auf diese Anhängergruppierung gab der Kläger dem freien Verkaufsystem vom *AS Nancy* hierfür die Schuld, in dem Anhänger Karten ohne irgendwelche Beschränkungen kaufen konnten. Solche Verkaufsmethoden zögen die Effektivität und Effizienz des von *Feyenoord* eingerichteten Systems für die Vergabe von Auswärtsspielkarten in Mitleidenschaft, das speziell entwickelt worden war, um bekannte Störer vom Zutritt zum Stadion bei bestimmten Spielen auszuschließen. Deswegen stellte der Kläger fest, dass er für Schäden, die in Folge dieser Methoden auftreten würden, nicht haftbar gemacht werden könne.

Am 28.11.2006 gab der *AS Nancy* zu, dass 300 bis 350 Karten an niederländische Anhänger verkauft worden waren. Ihm seien diese Informationen seit dem

---

206 CAS 2007/A/1217 Feyenoord Rotterdam v/ *UEFA*, zunächst unveröffentlicht. Übersetzung von *Verfasser* auf Grundlage des Entscheidungstextes, der auf der Homepage des Schiedsgerichts abrufbar ist. Nunmehr publiziert (*CAS/TAS*, Schiedsspruch vom 20.04.2007, Az. CAS 2007/A/1217, SpuRt 2007, 164), allerdings mit einem zu stark verdichtetem Sachverhalt.

207 Die Feststellung des *CAS/TAS*, dass Feyenoord Rotterdam Mitglied der *UEFA* ist, ist nach den o. g. Struktur- und Satzungsvorgaben schlichtweg falsch.

208 Der *AS Nancy* spielt im *Stade Marcel Picot* mit einer Kapazität von nur 20.100 Plätzen (Anmerkung von *Verfasser)*.

20.11.2006 bekannt, und die Verkaufsstellen seien daraufhin sofort geschlossen worden.

Die seitens des Klägers gegebenen Informationen berücksichtigend, nahm *AS Nancy* weitere Änderungen in der Vorbereitung des Spiels vor:

- Einrichtung einer Ticket-Vorprüfung mit der Polizei an den Stadioneingängen, durch die alle Anhänger, die als zu *Feyenoord* gehörend identifiziert wurden, Richtung Gästeblock geschickt wurden;
- Einsatz 100 weiterer „Stewards" zu den üblichen 300, insgesamt also 400;
- Polizeikräfte im Umfang zwischen 250 und 300;
- Eckabschnitt 3 (Sektoren 16, 17 und 18) wurde komplett vom restlichen Stadion isoliert, um die Sicherheit derjenigen Anhänger zu gewährleisten, die ihr Ticket von dem niederländischen Club gekauft hatten (es wurden zusätzliche Barrieren eingebaut und Stühle entfernt, um einen menschenleeren Bereich zu schaffen);
- Eingang 3 war exklusiv für *Feyenoord*-Anhänger reserviert.

Sehr viele Anhänger reisten am Spieltag von den Niederlanden nach *Nancy*, um sich das Spiel anzusehen. Kurz vor Spielbeginn musste die französische Polizei wegen durch niederländische Anhänger verursachter Probleme intervenieren. Diese Anhänger mussten seitens der Polizei aus der Innenstadt hinaus in Richtung Stadion gedrängt werden. Ein Teil dieser Fangruppe hatte bereits Karten für das Spiel.

Als plötzlich vor dem Stadion Unruhen begannen, entschied die französische Polizei, die Kasse für die verbleibenden Fans zu öffnen, die kein Ticket hatten, und die Unruhestifter ins Stadion zu lassen. Diese Entscheidung wurde durch den Umstand motiviert, dass das Stadion genug gesichert war, um solche Anhänger aufzunehmen, und es leichter sein würde, sie im Stadion zu kanalisieren, als in den umliegenden Bereichen. Diese Anhänger wurden in den Sektoren 14 und 15 platziert, die ursprünglich freigehalten worden waren, um die Fans von *Feyenoord* zu isolieren. Da die Entscheidung, diese Fans ins Stadion zu lassen, von der Polizei relativ schnell getroffen wurde – weil das Problem mit den andauernden Unruhen schleunigst gelöst werden sollte – hatte die Polizeieinsatzleitung an Ort und Stelle mit den Repräsentanten des Klägers und/oder der *UEFA* vorher keine Rücksprache genommen.

Nachdem in der 22. Minute das erste Tor von *Nancy* geschossen wurde, begannen *Feyenoord*-Anhänger in Sektor 14, die Trennwand zwischen Sektor 13 und 14 einzureißen, und einigen Fans des Gastvereins gelang es, den angrenzenden Sektor zu betreten. Daraus folgten panische Reaktionen von Anhängern des Gastvereins in Sektor 13, die ihre Plätze verließen, um Störungen zu vermeiden. Durch Einschreiten der Polizei wurden die Gästeanhänger zurück in Sektor 14 gedrängt, während Polizeikräfte in Sektor 13 verlieben, um die Situation zu beobachten. Anhänger von *Feyenoord* begannen dann damit, Sitze in Richtung der Polizeikräfte und den Besuchern in Sektor 13 zu werfen und provozierten darüber hinaus die Polizeibeamten bis zum Ende der ersten Halbzeit.

Die Störungen gingen auch während der Halbzeitpause und in der zweiten Halbzeit weiter. Darüber hinaus warfen *Feyenoord*-Anhänger in Sektor 18 weitere Sitze auf das Spielfeld und in Richtung Stewards. In der 79. Minute schritt die Polizei mit Tränengas ein, um die Menge auseinander zu treiben. Wegen der Auswirkungen des Tränengases auf Spieler und Offizielle unterbrach der Schiedsrichter das Spiel für ungefähr 34 Minuten.

Am 07.12.2006 belegte der *UEFA Kontroll- und Disziplinarausschuss* den Kläger mit einer Geldstrafe von 200.000,00 SFR. Der Ausschuss ordnete ferner an, dass der Kläger die nächsten zwei Heimspiele im *UEFA-Cup* „hinter geschlossenen Türen" („behind closed doors", also ohne Publikum, als so genanntes „Geisterspiel") zu absolvieren habe. Diese Auflage wurde für drei Jahre zu Bewährung ausgesetzt.

Hiergegen hat die Beklagte am 13.12.2006 Berufung mit dem Ziel einer härteren Bestrafung eingelegt. Mit seiner Anschlussberufung vom 11.01.2007 begehrte der Kläger die Aufhebung der Entscheidung und seinen Freispruch.

Das *UEFA-Berufungsgericht* entschied nach mündlicher Verhandlung am 19.01.2007 mit Urteil vom 25.01.2007:

- Die Berufung der UEFA ist teilweise begründet. Feyenoord wird von dem laufenden UEFA-Cup-Wettbewerb disqualifiziert und in eine Geldstrafe von 100.000,00 SFR genommen.
- Die Anschlussberufung von Feyenoord wird zurückgewiesen.
- Feyenoord wird angewiesen, mit AS Nancy Kontakt mit dem Ziel aufzunehmen, den durch die niederländischen Anhänger verursachten Schaden auszugleichen.
- Der Disziplinarinspektor wird ermächtigt, eine Untersuchung hinsichtlich der Umstände durchzuführen, die zum Einlass der niederländischen Anhänger in das Stadion entgegen dem Rat von Feyenoord geführt haben. Der Bericht über diese Untersuchung muss der *UEFA* bis spätestens Ende 2007 übermittelt werden.
- Die Verhandlungskosten von 10.000,00 SFR sind wie folgt zu tragen: 2.000,00 SFR von der UEFA und 8.000,00 SFR von Feyenoord unter Abzug der Berufungsgebühr.

Gegen diese, den Parteien am 26.01.2007 bekannt gegebene Berufungsentscheidung legte der Kläger mit Schreiben vom 26.01.2007 Berufung beim *CAS/TAS* ein.

Der Kläger trug vor, die Anwendung des UEFA-Disziplinarreglements sei rechtswidrig. Da er ein spezielles Verkaufssystem für Karten von Auswärtsspielen etabliert und *AS Nancy* hinsichtlich des Risikos des freien Kartenverkaufs gewarnt habe, habe er nichts falsch gemacht und könne für nichts verantwortlich gemacht werden. Im Gegenteil: Er habe alles in seinem Bereich getan, um Störungen zu vermeiden. Es sei offensichtlich, dass die Tickets nicht gemäß Artikel 14.1 der UEFA-Sicherheitsbestimmungen, der zwingend einzuhalten sei, verkauft worden seien, weswegen es den Störern möglich war, in das Stadion zu kommen. Gemäß Art. 14.1 hätte die Polizei seine Vertreter vor der Entscheidung, die Kasse zum Kartenverkauf zu öffnen, konsultieren müssen. Die Entscheidung der Polizei, diese Leute nicht festzunehmen, sondern unmittelbar vor dem Spiel die Kasse zu öffnen und sie ins Stadion zu lassen, sei falsch und verletze die *UEFA*-Bestimmungen, die besagen, dass potentielle Störer oder Personen unter Alkohol- und Drogeneinfluss keinen Zutritt zum Stadion haben dürfen. Die Entscheidung, die Sektoren 14 und 15 mit *Feyenoord* zurechenbaren Personen zu füllen, die direkt neben den Sektoren 16, 17 und 18 mit den „offiziellen" *Feyenoord*-Anhängern lagen, war unangemessen, weil die Fans in den Sektoren 14 und 15 leichten Zugang auch zu den Sektoren 16, 17 und 18 hätten (die Toiletten wurden gemeinsam genutzt und die Tür zwischen den Sektoren konnte leicht geöffnet werden). Hilfsweise machte der Kläger geltend, dass diejenigen Menschen, welche die Störungen verursacht hatten, nicht als Anhänger von *Feyenoord* i. S. d. Art. 6 des UEFA-Disziplinarreglements verstanden werden könnten, weil ihre Anreise und ihr Zutritt zum Stadion nicht unter der Aufsicht von *Feyenoord* stand, sie keine *Feyenoord*-Fanaustattung trugen, sie kein Ticket im Vergabesystem von *Feyenoord* gekauft hatten und einige von ihnen in den Niederlanden mit einem Stadionverbot belegt seien. Eine strikte Erfolgshaftung für seine Anhänger in diesem Fall anzunehmen sei zu hart, weil dies zu einer Bestrafung des Klägers führen würde, bevor die Untersuchung der Tatsachen vollständig abgeschlossen ist. Ferner sei die angegriffene Berufungsentscheidung unverhältnismäßig, weil die zweitschwerste Sanktion gegen den Kläger ausgesprochen worden sei. Er werde erheblichen wirtschaftlichen Schaden erleiden, weil Einnahmen aus Fernsehgeldern und Ticketverkäufen ausblieben. Weiter hilfsweise meinte der Kläger, die das Spiel umgebenden Ereignisse und seine Vorbereitung seien als strafmildernde Umstände zu berücksichtigen und müssten zu einer normalen und weniger einschneidenden Sanktion als der festgesetzten führen.

Der Kläger beantragte, die *UEFA*-Berufungsentscheidung zu annullieren und aufzuheben und – nur für den Fall, dass der *CAS/TAS* entscheide, dass er mit einer Sanktion belegt werden könnte – eine neue Entscheidung mit einer angemessenen Strafe dahin zu erlassen, dass der Kläger in seinem Stadion unter Publikum das *UEFA*-Cup-Spiel gegen *Tottenham Hotspur* austragen und insgesamt im *UEFA*-Cup-Wettbewerb 2006/2007 verbleiben darf.

Die Beklagte beantragte, die *UEFA*-Berufungsentscheidung zu bestätigen.

Sie bemerkte, die Basis, aus der sich die Verantwortlichkeit von Mitgliedsverband und Club ergebe, liege in Art. 6 ihres Disziplinarreglements und finde auf den Kläger Anwendung. Die Haftung des Klägers ergebe sich alleine durch eine seitens der im Reglement genannten Personen begangene Tat, und zwar unabhängig von den Umständen, unabhängig vom fehlenden Vorsatz des Vereins und unabhängig von schuldhaftem Fehlverhalten. Im Gegenteil seien Vereine und Mitgliedsverbände unabhängig von ihrem eigenem Fehlverhalten verantwortlich für alle Vorfälle, die durch ihre Anhänger vor, während und nach dem Spiel verursacht werden. Gemäß der *UEFA*-Bestimmungen treffe den Kläger eine unbeschränkte Erfolgshaftung („strict liability“)[209] für alle seine Anhänger (7.2 der Urteilsgründe). Der Begriff des „Anhängers“ („supporter“) hänge weder von der Rasse oder des Staates des Wohnorts eines Fans, noch von einem Vertrag, den der Anhänger mit dem Mitgliedsverband oder dem Verein beim Kauf einer Eintrittskarte geschlossen hat, ab. Es gebe keine *UEFA*-Bestimmung, die zwischen „offiziellen“ und „inoffiziellen“ Anhängern einer Mannschaft unterscheidet. In Ansehung dieser strengen Haftungsregelung seien die Maßnahmen, die der Verein vor dem Spiel unternommen hat, namentlich die warnenden Hinweise an den gastgebenden Verein oder sein Versuch, die Verantwortlichkeit für eine bestimmte Anhängergruppierung auf den gastgebenden Verein abzuwälzen, bei der Anwendung von Art. 6 des UEFA-Disziplinarreglements irrelevant. Im Lichte der Statuten sei auch unerheblich, dass der Kläger nicht Organisator des Spiels war. Die ergriffene Sanktion sei, vor dem Hintergrund der Schwere der aufgetretenen Vorfälle und der bemerkenswerten Anzahl von Vorbefassungen mit dem Kläger, gerechtfertigt.

β) Die Entscheidung des CAS/TAS und deren Begründung

Nach mündlicher Verhandlung am 08.02.2007 einschließlich Beweisaufnahme durch Telefonkonferenz hat der *CAS/TAS* entschieden[210]:

---

209 Unter „strict liability“ wird im staatlichen Recht verstanden, dass weder Vorsatz noch Fahrlässigkeit erforderlich ist, um eine Haftung zu begründen, vgl. *OLG Frankfurt a. M.*, Urt. vom 18.05.2000, Az. 13 W 29/00, NJW-RR 2000, 1117 (1120), u. a. mit Nachweisen zur Kritik an derselben im Zusammenhang mit Dopingvergehen.

210 Die Entscheidung wurde den Parteien am 09.02.2007 mitgeteilt. Die schriftlichen Urteilsgründe stammen vom 20.04.2007.

1. Die Berufung von Feyenoord Rotterdam vom 26.01.2007 wird zurückgewiesen.
2. Die Entscheidung des UEFA-Berufungsgerichts wird bestätigt.
3. Die Entscheidung ergeht gebührenfrei, abgesehen von der Gerichtsgeschäftsgebühr i. H. v. 500,00 SFR, die der Kläger bereits bezahlt hat und der CAS/TAS einbehält.
4. Jede Partei trägt ihre eigenen Kosten.

In seiner Begründung stellt der Gerichtshof zunächst seine Kompetenz fest, als Berufungsinstanz zu entscheiden (8. der Entscheidungsgründe). Er stellt klar, dass er primär das Recht der *UEFA* und subsidiär Schweizer Recht anzuwenden habe (9.). Er prüft kurz die Zulässigkeit der Berufung, die er bejaht (10.)

Der Gerichtshof tritt dann in die „Untersuchung der angefochtenen Entscheidung“ ein, die er mit Ausführungen über die *UEFA* beginnt (11.). Mit Sitz in der Schweiz sei für die *UEFA* Schweizer Recht und insbesondere Artikel 60 ff. ZGB anwendbar. Diese Artikel gewährten einen extrem weiten Raum für die Autonomie, in welcher der Verband sein Vereinsleben strukturieren kann. Die Statuten, Reglemente und Direktiven der *UEFA* seien Ausdruck dieser Autonomie und deswegen von zivilrechtlicher Natur im Hinblick auf ihre grundsätzliche Struktur. Disziplinarrecht – eingebettet in seine Reglemente und Direktiven – ist ein wesentliches Mittel für die *UEFA*, um innerhalb ihrer Organisation Ordnung zu schaffen, die satzungsmäßigen Verhaltsstandards durch die Verhängung von Strafen durch die zuständigen Gremien durchzusetzen und letztlich deren Vollstrekkung zu sichern. Es sei unbestritten, dass der Kläger den *UEFA*-Regelungen unterliegt. Hieraus zitiert der Gerichtshof:

„Artikel 52 (UEFA-Statuten)
Unsportliches Verhalten, Spielregelverletzungen sowie Widerhandlungen gegen die Statuten, Reglemente, Beschlüsse und Weisungen der *UEFA* werden disziplinarisch geahndet.

Artikel 6 Verantwortung (*UEFA*-Rechtspflegeordnung[211])
(1) Mitgliedverbände und Vereine verantworten das Verhalten ihrer Spieler, Offiziellen, Mitglieder, Anhänger und weiterer Personen, die im Auftrag des Verbandes oder Vereins beim Spiel eine Funktion ausüben.
(2) Der organisierende Verband oder Verein ist verantwortlich für Ordnung und Sicherheit im Stadionbereich vor, während und nach dem Spiel. Er haftet für Zwischenfälle jeder Art und kann mit disziplinarischen Maßnahmen belegt werden. Er hat Weisungen zu befolgen.“

Auf dieser Grundlage beschäftigen sich die Entscheidungsgründe mit der Definition des Begriffs des „Anhängers“. Das Panel hält fest, dass der Begriff nicht

211 Im Folgenden: UEFA-RPflO. Warum die „Disciplinary Regulations“ seitens der *UEFA* mit „Rechtspflegeordnung“ übersetzt werden, erschließt sich jedenfalls spontan nicht.

in den UEFA-Statuten definiert ist. Es bestätigt das Berufungsvorbringen der *UEFA*, dass der Begriff rassische, nationale oder vertragliche Bindungen nicht beinhaltet. Fast schon hämisch, in jedem Fall aber unrichterlich wirken die Bemerkungen des Panels zur Unterscheidung von „offiziellen" und „inoffiziellen" Anhängern, die von *Feyenoord* ins Feld geführt wurde. Im Termin sei ihren Vertretern keine Definition gelungen. Dies stellt das Panel fest, nicht ohne die *UEFA* vorher noch für ihre absichtliche und weise (sic!) („*UEFA*'s deliberate, and wise, policy") Politik zu loben, gerade keine Definition des Anhängers zu liefern. Denn die *UEFA* könne es nicht zulassen, dass ihre Vereine wie vorgeschlagen die Anhänger unterscheiden. Die einzige Möglichkeit, die Verantwortlichkeit der Vereine sicherzustellen, sei es in der Tat, den Begriff des Anhängers offen zu lassen. Haftung seitens eines Vereins ergebe sich damit für jede Person, dessen Verhalten einen vernünftigen und objektiven Betrachter schließen lassen würde, dass er einen bestimmten Verein unterstütze. Das Verhalten einer Person und ihr Verhalten im Stadion und der näheren Umgebung sind wichtige Kriterien zur Bestimmung der von ihr unterstützten Mannschaft oder des von ihr unterstützten Vereins.

Im Folgenden stellt der Gerichtshof unter Bezugnahme auf seine bisherige Rechtsprechung die Wirksamkeit von Art. 6 UEFA-Disziplinarreglement und die Differenzierung zwischen dessen Absatz 1 und Absatz 2 dar. Er bestätigt, dass Absatz 1 eine strikte Erfolgshaftung konstituiert, und führt mit Zitaten aus einer Vorentscheidung aus, aus welchen Gründen das auch so sein muss (Effizienz der *UEFA*-Rechtsdurchsetzung). Er stellt dessen Wirksamkeit vor dem schweizerischen Recht dar. Diese ergebe sich daraus, dass ein Verband sein Mitglied ohne Angaben von Gründen ausschließen kann. Es sei paradox, wenn ein Verband aufgrund seiner Satzung ein Mitglied ausschließen könne, ohne hierfür eine konkrete Pflichtverletzung darlegen zu müssen, aber andererseits ein Mitglied nur bestrafen könne, wenn er ihm einen konkreten Pflichtverstoß beweisen kann[212]. Das Prinzip der strikten Erfolgshaftung des Art. 6 Abs. 1 UEFA-RPflO werde noch durch die Regelung des Art. 17 UEFA-RPflO bestätigt, der bestimmt, dass – gemäß Art. 6 Abs. 1 – keine Disziplinarmaßnahmen in denjenigen Fällen getroffen werden dürfen, in denen der zu bestrafenden Partei kein Verschulden zur Last fällt.

Der Gerichtshof stellt dann fest, dass ein Fall des Art. 6 Abs. 1 UEFA-RPflO vorliege, weswegen das Prinzip der strikten Erfolgshaftung vorliegend Anwen-

212 Dieses Rechtsverständnis muss bei uns freilich überraschen: Selbstverständlich kann ein Monopolverband wie die *UEFA* ein Mitglied nach deutschem Recht nicht ohne das Vorhandensein rechtfertigender Gründe ausschließen, §§ 826 BGB, 20 GWB.

dung finde. Für ihn ergibt sich die Haftung des Klägers daraus, dass es ihm so erscheine, als sowohl „offizielle" als auch „inoffizielle" Anhänger des Klägers vor und während des Spiels Probleme verursacht hätten. Auch deswegen komme es auf die, wie bereits dargestellt unzulässige, Unterscheidung, die der Kläger wünscht, nicht an. Bewiesen sei, dass die Anhänger in Sektor 14 und 15 *Feyenoord*-Anhänger seien, weswegen der Kläger für sie zu haften habe. Auch die Frage, ob Fans aus den Sektoren 14 und 15 sich mit Personen aus den Sektoren 16, 17 und 18 vermischt hätten, sei von keiner Relevanz, weil sämtliche Fans in den Sektoren 14 bis 18 für Anhänger des Klägers i. S. d. Art. 6 Abs. 1 UEFA-RPflO zu halten sind. Wegen der strikten Erfolgshaftung des Art. 6 Abs. 1 RPflO helfe es dem Kläger nicht, dass er „viel" getan habe, um Störungen zu vermeiden, wie die Einrichtung des speziellen Ticketsystems für Auswärtsspiele oder die Warnung an *AS Nancy* im Hinblick auf die Risiken eines freien Kartenverkaufs.

Das Panel stellt dann noch klar, dass Art. 6 Abs. 2 RPflO zu Gunsten des Klägers nicht eingreift, weil er nicht der Veranstalter ist. Die dort geregelte Beweislastumkehr greife nicht. Die Nichteinhaltung der *UEFA*-Kartenverkaufsbestimmungen, das Hereinlassen der störenden Fans durch die französische Polizei und deren unterlassene Kontaktaufnahme zu den Repräsentanten des Klägers entlaste den Kläger wegen der strikten Erfolgshaftung nicht; diese Umstände seien allenfalls bei der Bemessung einer Sanktion für den *AS Nancy* zu berücksichtigen.

In Gliederungspunkt 12 seiner Urteilsbegründung befasst sich der Gerichtshof dann mit der verhängten Sanktion und insbesondere deren Verhältnismäßigkeit, die er im Hinblick auf die Schwere des Vergehens, das erhebliche Strafregister des Klägers (12 Disziplinarfälle gegen den Kläger wegen Fanverhaltens in fünf Jahren) und das verfolgte Ziel der Ausrottung von Hooliganaktivitäten als gegeben erachtet.

γ) Kritik

Diese Entscheidung des *CAS/TAS* ist nach deutschem Rechtsverständnis kaum hinnehmbar. Sie überzeugt weder im Ergebnis noch in der Begründung und ist daher abzulehnen. Es ist nach geltendem deutschen Recht nicht möglich, im Bereich der Verbandsstrafen eine verschuldensunabhängige Haftung der (Fußball-) Vereine für ihre Anhänger zu schaffen.

Mit der Auslegung, die Art. 6 UEFA-RPflO durch den *CAS/TAS* erfahren hat, und die ganz zweifelsohne durch die *UEFA* mehr als gewünscht ist, wird für die europäischen Fußballvereine eine Gefährdungshaftung für alle ihre Fans installiert. Den Vereinen wird nicht nur jeglicher Erfolg von Handlungen ihrer Anhänger zugerechnet; sie haften hierfür unabhängig von jedem Verursachungs- oder

Verschuldensbeitrag. Dies ist nach deutschem Rechtsverständnis nicht mehr von der Vereinsautonomie des Art. 9 Abs. 1 GG gedeckt, weil Grenzen von Verfassungsrang erreicht und überschritten sind. Denn das mit Verfassungsrang ausgestattete und gemäß §§ 138, 242 BGB ins Vereinsrecht übertragbare Schuldprinzip ist verletzt. Im Übrigen ist an dieser Stelle daran zu erinnern, dass schon im staatlichen Recht (und zwar sowohl im Privat- wie im öffentlichen Recht) ohne spezielle gesetzliche Regelung eine Gefährdungshaftung nicht möglich ist[213], weil sie eben eine besondere Ausnahme vom anerkannten Verschuldensprinzip darstellt. Auch soweit durch Schaffung von Verkehrssicherungspflichten und Beweislastregeln im Rahmen der deliktischen Haftung der §§ 823 ff. BGB ähnliche Ergebnisse erzielt werden, bleibt es dort grundsätzlich doch bei den anerkennten Zurechnungsgrundsätzen und (wenigstens) Entlastungsmöglichkeiten.

Zuerst ist vorliegend auf der einen Seite die Zurechnung jeglichen Handlungserfolgs auf der Anhängerseite zum Verein zu sehen. Dies allein ist natürlich schon eine ganz erhebliche Ausweitung der Haftung, was auch an diesem Fall einfach zu verdeutlichen ist: Üblicherweise wäre nach den allgemeinen Zurechnungsgrundsätzen für eine Haftung des Vereins zuerst nach einer Pflichtverletzung (im Sinne von zum Taterfolg „Satzungsverstoß" führenden Tathandlung) zu fragen. Sicherlich trifft den am *UEFA-Cup* teilnehmenden Verein nach unproblematischer Ansicht aller Beteiligter die nicht zu beanstandende Pflicht, alles dafür zu tun, dass auch seine Fans sich sportlich und fair verhalten, sich also an Spielregeln und Verhaltensbestimmungen halten, die der veranstaltende Verband zur Konkretisierung dieser Verhaltenspflichten erlassen hat[214]. Gegen diese Pflicht verstoßen die Fans sicherlich, wenn sie vor dem Stadion (gewalttätige) Unruhen stiften oder gegnerische Fans wie Ordnungskräfte mit Sitzschalen bewerfen[215]. Welche Pflicht hat aber der Verein deswegen verletzt? Welche zumutbare Handlung wäre geboten gewesen, um solche Ausschreitungen zu verhindern, die der – hier immerhin Gast- – Verein unterlassen hat?[216] Diese Fragen offenba-

213 *BGH*, Urt. v. 15.10.1970, Az. III ZR 169/67, BGHZ 54, 332; *BGH*, Urt. v. 25.01.1971, Az III ZR 208/68, BGHZ 55, 229; *Palandt-Sprau*, Einf v § 823, Rdnr. 6.

214 Aus dem Vertrag, der den Zuschauer zum Betreten des Stadions und zum Schauen von dem aus der Eintrittskarte ersichtlichen Platz berechtigt, folgt nach deutschem Schuldrecht jedenfalls die vertragliche Pflicht, den Spielbetrieb nicht zu stören und das Spielfeld nicht zu betreten, vgl. *OLG Rostock*, Urt. v. 28.04.2006, Az. 3 U 106/05, NJW 2006, 1819 = SpuRt 2006, 249.

215 Zur Frage, ob die störenden Zuschauer seitens des bestraften Vereins unter dem Gesichtspunkt des Schadenersatzes zur Tragung der verbandlichen Geldstrafe verpflichtet sind, vgl. *OLG Rostock*, a. a. O. (s. o. Fn. 214).

216 Zum Pflichtenkreis des veranstaltenden Vereins und den Anti-Rassimus-Pflichten beider beteiligter Vereine vgl. *Weller*, NJW 2007, 961, 962 (II. 2. und III.)

ren schon auf der Ebene der Frage nach der Pflichtverletzung kaum überwindbare Probleme. Zu Recht hat *Weller* – allerdings für die Haftung des veranstaltenden Vereins – darauf hingewiesen, dass es in solchen Fällen gerade nicht um eine Art Erfolgshaftung geht, mit der dem Verein die Haftung für das fremde Verhalten aufzubürden ist[217]. Ansatzpunkt ist unter dem Gesichtspunkt der Verletzung von Organisationspflichten das eigene (z. B. planerisch-organisatorische) Fehlverhalten des durch seine Organe handelnden Vereins. Will man dem Verein eine Rechtsgutverletzung seines Fans objektiv zurechnen, muss zwischen dessen Fehlverhalten und der Rechtsgutverletzung bei wertender Betrachtung ein kausaladäquater, durch den Schutzzweck der Verkehrs- oder Schutzpflicht gedeckter Ursachenzusammenhang bestehen[218]. Hier ist aber schon eine auf Seiten des Vereins gebotene Handlung kaum feststellbar, nachdem *Feyenoord* im Vorfeld des Spiels alles Erdenkliche getan hat, um auf problematische Fans hinzuweisen. Verlegt man den Zurechnungszeitpunkt noch weiter nach vorne, hat der Verein – mutmaßlich in Reaktion auf die im *CAS/TAS*-Urteil angesprochenen Vorbefassungen der Disziplinarausschüsse mit ihm und seinen Fans – ein spezielles Ticketingsystem eingeführt und Stadionverbote gegen bekannt gewaltbereite Fans erwirkt. Selbst wenn man – unter erheblicher Ausweitung des Pflichtkreises und rechtlich problematischer Vorverlagerung des Zurechnungszeitpunkts – noch eine gebotene Handlung findet, kann die Kausalitätskette – jedenfalls was die Fans in den Sektoren 13 und 14 angeht – durch das eigenständige Dazwischentreten eines Dritten (nämlich die polizeiliche Entscheidung, die von *Feyenoord* als gefährlich eingestuften Fans ins Stadion zu lassen) unterbrochen werden.

Schließlich wird dann für die stark erweiterte Haftung noch eine verschuldensunabhängige Einstandspflicht des unterstützten Vereins installiert. Dies kann dazu führen, dass der Verein für etwas haftet, für das er, vulgo, gar nichts kann. Er soll sogar dann haften, wenn er – wie vorliegend möglicherweise sogar vorbildlich – alles getan hat, um störende Vorfälle zu vermeiden. Dies ist nicht haltbar und widerspricht dem allgemeinen Gerechtigkeitsempfinden. Nach deutschem Rechtsverständnis wäre der Fahrlässigkeitsvorwurf gegenüber *Feyenoord*, also die Außerachtlassung der im Verkehr erforderlichen Sorgfalt (§ 276 Abs. 2 BGB), hier zu beseitigen. Hierbei kann ruhig der strengere zivilrechtliche (nämlich an objektiv-abstrakten Sorgfaltsmaßstäben orientierte) Fahrlässigkeitsbegriff herangezogen werden, obwohl wegen der in Rede stehenden verbandlichen Sanktion die Anwendung des dargestellten strafrechtlich-individuellen Sorgfaltsmaßstabs nahe liegt. Denn der hier eingetretene Erfolg war für *Feyenoord*

---

217 *Weller*, NJW 2007, 961 (II. 2).

218 *Weller*, a. a. O. (s. o. Fn. 217); durch eine Zumutbarkeitsschranke begrenzt sieht die Verkehrssicherungspflichten des Veranstalters: *LG München*, SpuRt 2006, 121.

schon objektiv weder vorhersehbar noch vermeidbar: Mit der schlechterdings nur als hanebüchen zu bezeichnenden Maßnahme der französischen Polizei, die gewalttätigen Fans in das Stadion zu lassen, konnte und musste niemand rechnen. Sie war für *Feyenoord* auch nicht vermeidbar, nachdem die Polizei entschieden hatte, diese Maßnahme ohne jegliche Rücksprache anzuordnen.

Unabhängig von der Frage nach der Rechtslage in der *Schweiz* nach den dort geltenden nationalen Vorschriften wird eine Prognose dahin abzugeben sein können, dass eine Überprüfung der Entscheidung durch ein nationales ordentliches Gericht die Auffassung des *CAS/TAS* nicht teilen kann und wird. Jedenfalls für das Strafverfahren sieht die EMRK die Geltung des Schuldprinzips vor; dies ergibt sich schon aus dem Wortlaut von Art. 6 Abs. 2 EMRK. Mittlerweile steht aber auch fest, dass es nach der Vorstellung der Konvention im Strafverfahren um Feststellung von Schuld i. S. d. Schuldprinzips geht: Die Strafbarkeit eines Tuns oder Unterlassens darf nach Konventionsvorstellung nicht allein an die objektive Erfüllung eines gesetzliches Tatbestandes geknüpft sein, sondern der Richter muss im Einzelfall prüfen können, ob dem Angeklagten in subjektiver Hinsicht ein Schuldvorwurf zu machen ist[219]. Damit gilt das Schuldprinzip im Bereich der EMRK und damit auch für die *Schweiz*[220] – jedenfalls im staatlichen Strafverfahren.

Weitergehend hat der *EGMR* – ausdrücklich für Art. 5 EMRK – entschieden, dass ein Mitgliedsstaat auch dann die Konventionsgarantien verletzen kann, wenn seine Gerichte in Zivilprozess die zivilrechtlichen Bestimmungen über den streitgegenständlichen Anspruch nicht im Sinne der Konvention ausgelegt haben[221]. Einer durch die Konvention auferlegten Verpflichtung kann sich der Staat nicht dadurch entziehen, dass er seine Befugnisse auf eine private Stelle überträgt[222]. Die erhebliche Vergleichbarkeit mit der dargestellten Situation, dass nämlich der Schweizer Staat der *FIFA*, der *UEFA* und dem *CAS/TAS* im Rahmen der Vereinsautonomie ermöglicht, ihre Angelegenheiten selbst zu regeln, und er damit die eigenen Schutzverpflichtungen aus der EMRK aus der Hand gibt, legen nahe, dass auch vorliegend die (schweizerischen) Zivilgerichte bei der Beurteilung von *CAS/TAS*-Entscheidungen Art. 6 EMRK jedenfalls mittelbar zu berücksichtigen haben.

Losgelöst von der Frage, ob Art. 6 EMRK nach schweizerischem Recht mittelbaren oder unmittelbaren Einfluss auf die Rechtslage in einem Verein nach Artt. 60 ff. ZGB hat, löst die unbestreitbare Geltung dieser Vorschrift in der

---

219 *Frowein/Peukert*, MenschenRechtsKonvention, Rdnr. 158 (S. 281).

220 Erst im November 1974 trat die Schweiz der Konvention bei.

221 *EGMR*, Urt. v. 16.06.2005, Az. 61603/00, NJW-RR 2006, 308 (Leitsatz 2) = NJW 2006, 1577 (nur Leitsätze).

222 *EGMR*, a. a. O. (s. o. Fn. 221), Leitsatz 3.

Schweiz für Betroffene auch im Vereinsrecht, sofern es um echte verbandliche Sanktionen geht, einen derart hellen Rechtsreflex zu ihren Gunsten aus, dass die Rechtmäßigkeit einer auf einer nicht staatlich statuierten verschuldensunabhängigen Gefährdungshaftung für einen Sanktionierten durch einen Verband stark in Zweifel steht[223]. Nach den hier vertretenen Grundsätzen und dargelegten Methoden lässt sich die Entscheidung des *CAS/TAS* nach Auffassung von *Verfasser* auch in der *Schweiz* nicht halten.

Dass der *CAS/TAS* den Verschuldensaspekt nicht problematisiert, sondern die „strict liability" trotz entsprechenden Klägervorbringens gleichsam *en passant* akzeptiert, stimmt insbesondere vor dem Hintergrund nachdenklich, dass der Schiedsgerichtshof ansonsten, jedenfalls im Dopingbereich, das „drastische System" der „strict liability" nicht uneingeschränkt anerkennt, sondern nach seiner Rechtsprechung bei einer Dopingsperre ohne Ausnahme Vorsatz oder Fahrlässigkeit voraussetzt. Eine Regel, die vom Verschulden absehe, sei wegen Verstoßes gegen höherrangiges Recht nichtig[224]. Diese Tatsache und die beschriebene Diktion in den Urteilsgründen kann den böswilligen Betrachter dazu führen, in dieser Entscheidung einen „Kniefall" des *CAS/TAS* vor der *UEFA* zu sehen, nachdem man in der Vergangenheit teilweise erheblich über Kreuz gelegen hatte[225].

e) Unschuldsvermutung

Die Geltung des Schuldprinzips im Vereins- und Verbandssanktionsrecht wurde eben nach deutschem Recht und unter dem Einfluss der EMRK begründet. Bejaht man die Geltung des Schuldprinzips im Sportstrafrecht, stellt sich ebenfalls die Frage nach der Geltung der Unschuldsvermutung.

aa) Geltung im Sportrecht

Die Frage nach der Geltung der Unschuldsvermutung im Sportstrafrecht ist aber nach dem Vorgesagten schnell beantwortet: Sie gilt im Strafverfahren der Sportverbände[226], wenn auch nicht so statisch wie im staatlichen Recht und mit Modi-

---

223 Einen ähnlichen Gedanken vertrat bereits ebenso *OLG Frankfurt*, Urt. v. 18.05.2000, a. a. O. (s. o. Fn. 195).

224 *CAS/TAS*, Az. CAS 2001/A/317, zitiert nach: *Mertens*, SpuRt 2006, 177 (179) – s. a. dort Fn. 34.

225 Nachdem nämlich die *UEFA Gibraltar* recht widerwillig als „provisorisches Mitglied" aufnahm, weil der *CAS/TAS* im Jahr 2006 einen entsprechenden Anspruch *Gibraltars* bejaht hatte, s. o. unter A. IV. 2. a bb β, S. 54.

226 *Petri*, Unschuldsvermutung, S. 273; bejahend, aber für Doping-Verstöße – insbesondere bei Vorliegen einer positiven A-Probe – differenzierend: *OLG Frankfurt*,

fikationen, die der Vereinsautonomie der Verbände gerecht wird. Denn sie wird ebenso wie das Schuldprinzip an sich als grundgesetzlich fundiert angesehen[227]. Wie beim Schuldprinzip sieht das *BVerfG* in der Unschuldsvermutung eine besondere Ausprägung des Rechtsstaatsprinzips von Verfassungsrang[228]. Durch die Verankerung in der Verfassung ist die Unschuldsvermutung damit jedenfalls gemäß § 242 BGB in die grund- und privatrechtliche Interessenabwägung zwischen Sportler und Verband einzubeziehen[229]. Sie wirkt auch im Sportstrafrecht – wie im staatlichen Strafprozess – verfahrenslimitierend[230], d. h. dass der strafwillige Verband erst den gesamten verfahrensrechtlichen Weg des Schuldbeweises zurücklegen muss, bevor Sanktionen ausgesprochen und hieraus negative Folgerungen für das Mitglied gezogen werden können.

Praktisch erlangt die Frage Relevanz bei der Beweislast für das Verschulden und der Frage nach der Zulässigkeit des Anscheinsbeweises[231]. Denn es ist einleuchtend, dass die Unschuldsvermutung im Sportstrafverfahren verglichen mit dem staatlichen Strafverfahren angemessenen Modifikationen unterliegen muss. Sie kann nicht schablonenartig übertragen werden, weil dem strafenden Verband die Ermittlungs- und Eingriffsbefugnisse, über welche die Staatsanwaltschaft und ihre Ermittlungspersonen verfügen, naturgemäß nicht zur Verfügung stehen[232].

Die vereinsrechtliche Bindung an die Unschuldsvermutung schlägt auch auf einen Anfechtungsprozess vor den ordentlichen Gerichten durch: Auch bei der gegen ihn gerichteten Feststellungsklage bleibt der Verein oder Verband für die Voraussetzungen seiner Sanktion (eben auch die Schuld des Sanktionierten) darlegungs- und beweisbelastet, selbst wenn er sich auf der Passivseite befindet[233]. Die Beweislast zu Gunsten des Angeklagten oder Betroffenen ist gerade Kernaussage der Unschuldsvermutung.

Urt. v. 18.05.2000, a. a. O. (s. o. Fn. 195): „gilt nicht ohne weiteres ausnahmslos"; *Fenn/Petri*, SpuRt 2000, 232.

227 *Maunz-Dürig/Schmidt-Aßmann*, GG, Art. 103, Rdnr. 171; *Petri*, Unschuldsvermutung, S. 272.

228 *BVerfG*, Urt. v. 29.05.1990, Az. 2 BvR 254/88, 2 BvR 1343/88, BVerfGE 82, 106 (114).

229 *Petri*, Unschuldsvermutung, S. 272.

230 *Petri*, a. a. O. (s. o. Fn. 229).

231 *Petri*, Unschuldsvermutung, S. 273.

232 Einschränkungen werden dann auch im Hinblick auf das Selbstbelastungsverbot als weiteren wichtigen Verfahrensgrundsatz gefordert, so dass Mitwirkungspflichten des zu sanktionierenden Sportlers vorgesehen werden können. Ausführlich hierzu: *Petri*, Unschuldsvermutung, S. 273 f.; jede Äußerungspflicht verneint: *Reichert*, Handbuch, Rdnr. 2822.

233 *Petri*, Unschuldsvermutung, S. 275.

bb) Anwendungsbeispiel

Kommt man damit zu einer Geltung der Unschuldsvermutung im Verbandsstrafrecht, so begegnet die herrschende Regelung in § 26 SpO/WFLV, die so genannte automatische Sperre, erheblichen Rechtmäßigkeitsbedenken. Sie ordnet an, dass jeder Spieler, der seitens des Schiedsrichters des Feldes verwiesen wird, zunächst ohne weitere Prüfung und ohne Verfahren (§ 26 Abs. 1 Satz 1, letzter Halbsatz SpO/WFLV) gesperrt wird – und zwar ab sofort (§ 28 Abs. 1 Satz 1 SpO/WFLV).

Dies ist ohne weiteres ein Verstoß gegen die Unschuldsvermutung, weil nicht in einem verbandlichen Verfahren überprüft wird, ob die Sperrvoraussetzung (ein dem Feldverweis zu Grunde liegender, erheblicher Regelverstoß) tatsächlich durch den fehlbaren Spieler vorliegt und der richtige Spieler (im Sinne des „wahren Täters") des Feldes verwiesen wurde. Das krasse Gegenteil ist der Fall: Das Feststehen all dieser Tatbestandsmerkmale wird durch die Satzungsbestimmung vermutet; ein Spieler wird verfahrenslos *stante pede* mit einer Sperrstrafe belegt. Es kommt also zur Schuldvermutung. Dies ist rechtlich nicht mehr gedeckt. Die grundsätzlich anwendbare und für den Spieler streitende Unschuldsvermutung bedarf hier auch keiner einschränkenden Modifikation (s. o., gerade unter aa), weil es die Verbandsautonomie nicht gebietet. Denn der Zweck, durch eine Sperre des fehlbaren Spielers für einen geordneten Spielbetrieb zu sorgen, kann mit die Rechte des Spielers weniger beschneidenden Maßnahmen erreicht werden.

Gegen dieses Zwischenergebnis kann auch nicht angeführt werden, dass der Schiedsrichter – zweifelsohne als verbandliches Ausführungsorgan handelnd – entsprechende Tatsachenfeststellungen getroffen hat, die zu einem Feldverweis geführt haben. Der Schiedsrichter nimmt seine Befugnisse im Wesentlichen nach den Fußballregeln wahr; nur wenige verbandliche Exekutivbefugnisse sind ihm daneben übertragen (z. B. das Ausfüllen des Spielberichts, § 24 Abs. 1 SpO/WLFV i. V. m. § 3 Abs. 2 SRO/WFLV und die Kontrolle der Spielerpässe, § 2 Abs. 9 Satz 2, lit. d SRO/WFLV). Das Aussprechen eines Feldverweises ist ureigene Befugnis des Schiedsrichters, die ihm aus seiner Stellung gemäß den Fußballregeln zukommt (Regel 5, 2. Absatz, 13. Gliederungspunkt; Regel 12, 5. Absatz). Dieser Feldverweis hat bereits für das Spiel erhebliche Konsequenzen: Der Spieler darf an dem weiteren Spiel nicht mehr teilnehmen; er wird ausgeschlossen. Seine Mannschaft darf sich nicht ergänzen, sondern spielt reduziert weiter[234]. Er hat den Innenraum zu verlassen (Anweisung Nr. 5 des *DFB* zu Re-

234 Dies ist wohl so selbstverständlich, dass die Fußballregeln dies nicht mehr explizit anordnen, wie ohnehin sich die gesamte „moderne Fassung" der Fußballregeln durch dogmatische Verstöße, unsystematischen Aufbau und rechtstechnische Män-

gel 3, Entscheidung Nr. 7 des *IFAB* zu Regel 12). Damit ist der Schiedsrichter nicht berufen, über die (weiteren) Konsequenzen eines Feldverweises zu entscheiden.

Es ist zwar nicht zu beanstanden, dass diese schiedsrichterliche Feststellung – auch mit einem gewissen Grundvertrauen in seine Richtigkeit – zur Grundlage der verbandlichen Strafentscheidung gemacht wird. Dass die Feststellung fehlerbehaftet sein kann und in der Praxis nicht selten ist, zeigt schon die ausführliche und detailreiche Regelung des § 26 Abs. 4 SpO/WFLV. Im *Bayerischen Fußballverband (BFV)* findet sich für den Gesamtkomplex folgende Regelung:

„§ 40 RuVO/BFV
Einstweilige Verfügung / Vorläufige Sperre

(1) Der Vorsitzende des zuständigen Sportgerichts ist berechtigt, eine schriftlich begründete einstweilige Verfügung zu erlassen, wenn und soweit dies zur Aufrechterhaltung von Ordnung, Recht und Fairness im Fußballsport notwendig erscheint, insbesondere einen Spieler vorläufig zu sperren.
(2) Gegen die einstweilige Verfügung nach Absatz 1 kann binnen einer Woche die Entscheidung des jeweiligen Rechtsorgans beantragt werden. Dieses entscheidet endgültig. Der Antrag hat keine aufschiebende Wirkung.
(3) Bei einem Feldverweis (Rote Karte) ist der Spieler bis zur Entscheidung durch die zuständige Instanz gesperrt, ohne dass es eines besonderen Verfahrens oder einer besonderen Benachrichtigung bedarf. Diese Sperre ist nicht an den vom Schiedsrichter gemeldeten Namen, sondern an die des Feldes verwiesene Person gebunden. Der Verein des hinausgestellten Spielers ist verpflichtet, eine etwaige Namensverwechslung durch den Schiedsrichter unverzüglich richtig zu stellen und bei Juniorenspielen den Spielerpass dem zuständigen Sportgericht zuzuleiten.
(4) In Ausnahmefällen kann mit einstweiliger Verfügung auf Antrag des Betroffenen die automatische Sperre bis zum Erlass des Urteils ausgesetzt werden. Dies gilt auch in der Rechtsmittelinstanz."

Auch diese Regelung, § 40 Abs. 3 RuVO/BFV, zeigt, dass es im Hinblick auf die Feststellung eines tatsächlich des Feldes verwiesenen Spielers des Öfteren zu Schwierigkeiten kommt[235]. Im Übrigen kennzeichnet sich die Regelung des *BFV* durch einen erheblichen qualitativen Unterschied. Jeder Platzverweis zieht – im Gegensatz zum *WFLV* – zur Überprüfung der verbandsrechtlichen Sanktionen ein

---

gel auszeichnet. Was diese Rechtsfolge angeht, hilft methodisch ein Erstrechtschluss aus Regel 3, letzter Absatz.

235 In das Spannungsfeld Tatsachenentscheidung vs. Regelverstoß (vgl. hierzu *Hilpert, SpuRt 1999, 49)* gelangt man hier nicht, weil Anknüpfungspunkt der weiteren verbandlichen Sanktion nicht der per Tatsachenentscheidung festgestellte Platzverweis sondern dessen Ursache (das Vergehen selbst) ist. So kann man beispielsweise nach Feldverweis noch „freigesprochen" oder noch gesperrt werden, ohne des Feldes verwiesen worden zu sein.

sportgerichtliches Verfahren nach sich[236]. Es tritt keine automatische, sofortige Sperre ein, die ohne Zutun des Betroffenen möglicherweise gar nicht mehr überprüft wird. Vielmehr gilt der Spieler bis zur sportgerichtlichen Entscheidung als vorläufig gesperrt, während der fehlbare Spieler im Bereich des *WFLV* schon eine echte Sperre (teil-)verbüßt. Damit kommt der *BFV* genauso wie der *WFLV* der Forderung des allgemeinverbindlichen Teils der SpO/DFB nach, in der es heißt:

„§ 2 DFB-Spielordnung (allgemeinverbindlicher Teil)
Vorläufige Sperre bei Feldverweis

1. Bei einem Feldverweis (Rote Karte) ist der Spieler bis zur Entscheidung durch die zuständige Instanz gesperrt, ohne dass es eines besonderen Verfahrens oder einer besonderen Benachrichtigung bedarf. § 11 der Rechts- und Verfahrensordnung des DFB bleibt unberührt.
2. [...]“

Während die automatische (Voll- und Sofort-)Sperre des *WFLV* im Lichte der Unschuldsvermutung Bedenken begegnet, scheint die bayerische Lösung die elegantere und rechtlich vertretbarere zu sein. Dies liegt daran, dass erstens jede Sperrstrafe in einem Verfahren von einem Sportrichter angeordnet wird, zweitens die bis dahin wirkende Sperre eine ausdrücklich vorläufige ist und drittens die Satzung keine Beweislastregeln aufstellt, so dass der Verband nach den allgemeinen Regeln in seinem Verfahren beweisbelastet für das Vorliegen der Sperrvoraussetzungen[237] bleibt.

Im verbandsrechtlichen Verfahren ist die rechtlich zulässige Lösung Folgende: Die Fußballschiedsrichter sind so zuverlässig, dass sich ein Erfahrungssatz dahin aufstellen lässt, dass der des Feldes verwiesene und im Spielbericht vermerkte Spieler tatsächlich schuldhaft einen groben Regelverstoß begangen hat (nur dieser, nicht der bloße „technische“ Feldverweis, ist doch Grund für eine spätere Sperre des Spielers, also eine Sanktion seines Verbandes), weil es sich um einen Tatbestand handelt, für welchen nach der Lebenserfahrung eine schuldhafte Verursachung typisch ist[238]. Dies entspricht dem zivilrechtlichen Anscheinsbeweis; er ist auch im Sportstrafverfahren zulässig[239]. Träger des An-

236 Um keine Fehlvorstellung aufkommen zu lassen, ist darauf hinzuweisen, dass es sich hierbei regelmäßig nicht um ein Verfahren mit kostenträchtiger mündlicher Verhandlung und umfangreichen Schriftsätzen handelt, sondern der Einzelrichter in einem knappen schriftlichen Verfahren eine Entscheidung herbeiführt.

237 *Petri/Fenn*, SpuRt 2000, 232 (233) – III. 1.

238 Vgl. zu dieser Voraussetzung: *BGH*, Urt. v. 19.03.1996, Az. VI ZR 380/94, NJW 1996, 1828.

239 Ausführlich für den Anscheinsbeweis beim Doping: *Petri*, Unschuldsvermutung, S. 279. Eine Beweislastumkehr lehnt *Petri* – natürlich gerade wegen der Unschuldsvermutung – ab.

scheinsbeweises ist der seitens des Schiedsrichters ausgesprochene Platzverweis. Dem Spieler bleibt hier eine gute und zumutbare Möglichkeit, wie es übrigens beide Verfahrensordnungen vorsehen, um sich zu entlasten: Er muss (nur) einen atypischen Geschehensablauf vortragen (z. B. Irrtum des Schiedsrichters), wonach sich das zuständige Sportgericht im Wege der Beweisaufnahme, ggf. nach weiterem Vortrag des Verbandes, über die tatsächliche Täterschaft des Spielers Gewissheit verschaffen kann und muss[240].

Die hierbei in § 26 Abs. 5 SpO/WFLV vorgegebene Beweiserschwerung im Sinne einer Beweislastumkehr dahin, dass das Rechtsorgan die automatische Sperre aufheben kann, wenn es „die Unschuld des Spielers zweifelsfrei für erwiesen hält", ist unzulässig. Nach der geltenden Unschuldsvermutung hat das Rechtsorgan die Sperre aufzuheben, wenn es nicht die Schuld des Spielers zweifelsfrei für erwiesen hält.

f) Verhältnismäßigkeit

Gelingt in der beschriebenen Weise über das Rechtsstaatsprinzip als Prinzip von Verfassungsrang die Ableitung ihm inne wohnender grundlegender Rechtsgrundsätze, wie z. B. das Schuldprinzip oder die Unschuldsvermutung, folgt aus ihm auch die Anwendung des Verhältnismäßigkeitsgrundsatzes im Sportstrafrecht. Es ist dann bei jedem Einzelfall anzuwenden. Dies ist nur konsequent und folgerichtig, wenn man von dem dargestellten Grundsatz ausgeht (s. o. unter B. II. 4. b, S. 94), dass am Ende der Rechtmäßigkeitsuntersuchung einer Vereins- oder Verbandsstrafe die praktische Konkordanz zwischen den grundgesetzlich geschützten Rechtspositionen des Vereins und des Mitglieds herzustellen ist; denn durch eine Vereins- oder Verbandsstrafe ist der Sportler jedenfalls in seinem Grundrecht aus Art. 2 Abs. 1 GG betroffen. Dieser letztlich verfassungsrechtlichen Prüfung ist die Verhältnismäßigkeitsüberprüfung immanent, wenn nicht gar vorgelagert: Wenn schon die verbandliche Strafe für sich genommen einen unverhältnismäßigen (weil ungeeignet, nicht erforderlich oder unverhältnismäßig i. e. S.) Eingriff in die grundsätzlich garantierte Positionen des Bestraften darstellt, stellt sich die Frage nach kollidierendem Verfassungsrecht als Eingriffsrechtfertigung (i. S. eines Ausgleichs der Kollision mit anderen Grundrechten oder Verfassgütern im Sinne praktischer Konkordanz[241]) nach hier vertretener Auffassung schon nicht, weil sich schon vor der Rechtfertigungsfrage die Strafe *per se* als unverhältnismäßig und damit endgültig rechtswidrig erweist.

---

240 *Fenn/Petri*, SpuRt 2000, 232.
241 *Pieroth/Schlink*, Grundrechte, Rdnr. 325.

Jede Vereins- und Verbandsstrafe muss daher verhältnismäßig, also nach dem bekannten Prüfungsmaßstab geeignet, erforderlich und verhältnismäßig i. e. S. sein[242].

g) Subsidiaritätsprinzip

Vieweg hat die Frage gestellt, ob und mit welchen Konsequenzen das Subsidiaritätsprinzip im Verhältnis von Sportorganisationen zum Staat Anwendung findet[243]. Er untersucht die sog. positive Subsidiarität, die staatliche Hilfe verlangt, damit die kleineren gesellschaftlichen Gemeinschaften ihre Aufgaben erfüllen können; zum anderen die negative Subsidiarität, die Eingriffe des Staates davon abhängig macht, dass die kleineren gesellschaftlichen Gemeinschaften eine bestimmte Aufgabe nicht zu leisten vermögen[244]. Diese Fragestellungen im Verhältnis Verband/Staat sind für Vereins- und Verbandsstrafen nicht in erster Linie von Bedeutung.

Fraglich ist aber darüber hinaus und mit anderem Ansatzpunkt, ob das Subsidiaritätsprinzip als politisches und gesellschaftliches Idealprinzip im Sport im Verhältnis der verschiedenen Verbände Anwendung finden muss.

In diesem Verständnis ist das Subsidiaritätsprinzip das der katholischen Sozialphilosophie entnommene Prinzip, wonach jede gesellschaftliche und staatliche Tätigkeit ihrem Wesen nach „subsidiär" (unterstützend und ersatzweise eintretend) sei, die höhere staatliche oder gesellschaftliche Einheit also nur dann helfend tätig werden und die Funktionen der niederen Einheiten an sich ziehen darf, wenn deren Kräfte nicht ausreichen, diese Funktionen wahrzunehmen[245]. Dies soll zugunsten des Einzelnen eine stufenweise Entfaltung der Macht ermöglichen.

Übertragen auf die verbandliche Organisation müsste verlangt werden, dass bei einer verbandlich zu lösenden Aufgabe zuerst und im Zweifel immer die sachnähere, untergeordnete, lokale Gliederungsebene wie Kreis und Landesverband zuständig ist, während übergeordnete Glieder (wie etwa *DFB, UEFA* und *FIFA*) zurücktreten. Die Geltung dieses Prinzips im Vereins- und Verbandsrecht ist jedoch zweifelhaft, auch wenn seine Anwendung offensichtlich vernünftig erscheint. Es könnte sicherlich im Verbandsverbund durch Satzungen angeordnet werden. Eine Übertragung aus dem Staatsrecht, in dem es als allgemeingültiges

242 Ebenso: *Buchberger*, SpuRt 1996, 157 (161).
243 *Vieweg*, Normsetzung, S. 178 ff.
244 *Vieweg*, Normsetzung, S. 178.
245 Meyers Enzyklopädisches Lexikon, Bd. 22, S. 753.

Prinzip Anerkennung gefunden hat[246], kollidiert mit der Vereinsautonomie, die gerade die Selbstorganisationsfragen schützt (s. o. unter A. V., S. 77). Ihr dürfte auch die Organisation der Strafzuständigkeit im Verbandsgefüge unterfallen. Unabhängig von der Frage, wo im Staatsrecht das Subsidiaritätsprinzip seine Grundlage findet (etwa im Rechtsstaatsprinzip oder im Verhältnismäßigkeitsgrundsatz[247]), kann damit eine weitgehende mittelbare Wirkung des Subsidiaritätsprinzips nicht befürwortet werden.

Wenn dieses Subsidiaritätsprinzip allerdings aufgrund eigener verbandlicher Regelung eingreift oder aufgrund der Geltung staatlichen Rechts Anwendung finden muss, kann es auf die Rechtmäßigkeitsbeurteilung von Vereins- und Verbandsstrafen unmittelbaren Einfluss haben: Eine seitens der *FIFA* ohne weiteres eigenes Strafinteresse ausgesprochene Sanktion beispielsweise gegen einen Kreisliga-B-Verein kann unverhältnismäßig und damit rechtswidrig erscheinen, weil eine solche Maßnahme nicht „geeignet" im Sinne der Verhältnismäßigkeitsprüfung sein kann.

Nach hier vertretener Auffassung kann dies auch der einzige Ansatzpunkt der Geltung des Subsidiaritätsprinzips im Sportstrafrecht sein. Der Grundsatz der Subsidiarität soll Auslegungshilfe bei der Frage der Erforderlichkeit der verbandlichen Sanktion sein: Nicht nur der Gesichtspunkt, „wie" der sanktionierende Verband straft, sondern auch der Aspekt, „ob" gerade der tätig werdende Verband hierzu konkret berufen ist, muss im Rahmen der Erforderlichkeitsprüfung gesehen werden. Dies gilt gerade unabhängig von einer satzungsgemäßen und formellen Zuständigkeit der (übergeordneten) Verbände, welche sie sich zur Verdeutlichung ihrer Machtstellung freilich für möglichst viele Personen zuschreiben (lassen).

Für den Fußball gelten folgende Auslegungshilfen: Bestraft ein Verband im Rahmen seiner gewachsenen Spielklassenzuständigkeit (s. o. unter B. I. 1. b, S. 84), ist er immer zur Ahndung der mit Sachzusammenhang versehenen Vorkommisse berufen. In allen anderen Fällen muss, damit seine Maßnahme erforderlich ist, seine eigene Betroffenheit hinzukommen, die sich dadurch ergibt, dass möglicherweise seine Rechte oder Rechtsgüter hinreichend konkret beeinträchtigt sind.

---

246 *Jessberger*, SpuRt 2007, 231 (233). Im Bereich der supranationalen Rechtssetzung auf europäischer Ebene ist es generell wichtiges Kriterium, Art. 3b EGV, vgl. *Jessberger*, a. a. O.; *Baur/Blask*, ET 2002, 636.

247 vgl. *Vieweg*, Normsetzung, S. 180.

h) Völker- und Europarecht

Völker- und Europarecht können den Vereins- und Verbandsstrafen ebenfalls Grenzen setzen. Dies gilt insbesondere dann, wenn die entsprechenden inter- und supranationalen Normen durch entsprechendes (Zustimmungs-)Gesetz in das deutsche Recht inkorporiert worden sind, z. B. die Verträge für die Gemeinschaften unter dem Dach der *Europäischen Union*. Auch Sekundärrecht stellt *eo ipso* eine Beschränkung dar, wenn es unmittelbar gilt, wie beispielsweise Verordnungen nach Art. 249 Abs. 2 EG.

Im Sportsanktionsrecht haben insbesondere die Grundfreiheiten des EG (anders als bei den Wechselbestimmungen, s. o. *EuGH*-Urteile) bislang nicht die große Bedeutung erlangen können und werden dies wohl auch in Zukunft nicht tun. Sperrt nämlich zum Beispiel der *DFB* einen Bundesligaspieler mit französischer Nationalität nach einem Feldverweis (und natürlich genau so, wie jeden deutschen Spieler nach einem vergleichbaren Vergehen), ist schon fraglich, ob überhaupt die Arbeitnehmerfreizügigkeit nach Art. 39 EG des Spielers betroffen ist und ob ein grenzüberschreitender Sachverhalt vorliegt. Sollte man gleichwohl zu einem Verstoß gelangen, wäre dieser allerdings unproblematisch gerechtfertigt, weil im Vergleich mit jedem anderen deutschen Spieler gar keine Ungleichbehandlung vorliegt. Dies alles gilt unabhängig von der Streitfrage, ob die Grundfreiheiten – namentlich Art. 39 EG –, die sich ihrer Grundkonzeption nach freilich an die Mitgliedsstaaten wenden, im Verhältnis von Spieler und Verband unmittelbare Wirkung[248] oder mittelbare Drittwirkung[249] entfalten.

Unter anderem europarechtlichen Ansatzpunkt verstoßen schließlich auch sportliche Regelwerke mit grundsätzlich wettbewerbsbeschränkenden Wirkungen, die mit der Organisation und dem ordnungsgemäßen Ablauf eines sportlichen Wettbewerbs untrennbar verbunden sind und gerade dazu dienen, einen freien Wettstreit zwischen den Sportlern zu gewährleisten, nicht gegen Art. 81 EG[250].

---

248 *EuGH*, Urt. v. 06.06.2000, Rs. C-281/98, Slg. I-2000, S. 4139 ff = EuZW 2000, 468.

249 *Hoppe*, Staatshaftung, S. 189 ff., insbes. S. 193 ff.; *Roloff*, Beschränkungsverbot, S. 238.

250 *EuGH*, Urt. v. 18.07.2006, Rs. C-519/04, SpuRt 2006, 195 = EuZW 2006, 593.

C. Vereinsstrafen

In diesem Kapitel sollen diejenigen Strafen besprochen werden, welche die Vereine selbst gegen Dritte, ihre Mitglieder, ihre Arbeitnehmer und ihre Organmitglieder verhängen können. Zu unterscheiden sind hierbei die Vereinsstrafen i. e. S., die Vereine möglicherweise gegen ihre Mitglieder allein aufgrund dieses Mitgliedschaftsverhältnisses aussprechen können. Vereinsstrafen i. w. S. sollen all diejenigen Sanktionen sein, die ein Verein gegen Dritte aus anderem Rechtsgrund aussprechen kann. Hierbei wird, was die Vereinsstrafen i. e. S. angeht, auf den eingetragenen Verein nach dem deutschen bürgerlichen Recht abgestellt. Soweit die Fußball"vereine" im professionellen Fußball teilweise in den Rechtsformen des Gesellschaftsrechts tätig werden[251], vermögen diese Gesellschaften natürlich keine „Vereinsstrafen" i. e. S. zu verhängen. Die in diesem Kapitel unter II. und III. diskutierten Sanktionsbefugnisse gegen Arbeitnehmer und Dritte können selbstverständlich auch von den Gesellschaften wahrgenommen werden. Regelmäßig werden sie den Arbeitgeber des Fußballprofis darstellen.

I. Gegen Vereinsmitglieder

Es stellt den vereinsrechtlichen Normalfall dar, wenn ein Verein gegen seine eigenen Mitglieder Ordnungsmittel anwenden will.

1. Legitimation

Die Anerkennung einer Vereinsstrafgewalt und ihre dogmatische Einordnung sind umstritten[252]. Für die vorliegende Arbeit soll mit der herrschenden Meinung[253] von der Zulässigkeit von Vereinsstrafen ausgegangen werden. Der Verein ist aufgrund seiner Autonomie berechtigt, gegenüber seinen Mitgliedern nach

251 Zur Rechtsformwahl für Bundesligisten vgl. *Arnold*, Rechtsform, S. 1 ff.

252 Eine jüngere, ausführlichere Darstellung des Streitstandes findet sich bei *Petri*, Dopingsanktion, S. 51 ff.; siehe auch *Meyer-Cording*, Vereinsstrafe, S. 53 ff.

253 *BGH*, Urt. v. 04.10.1956, Az. II ZR 121/55, BGHZ 21, 370; *BGH*, Urt. v. 30.05.1983, Az. II ZR 138/82, BGHZ 87, 337; *Palandt-Heinrichs*, § 25, Rdnr. 12; MünchKomm-*Reuter*, § 25, Rdnr. 34 ff., 40.

Maßgabe der Satzung Vereinsstrafen zu verhängen[254]. Nach h. M. und Rechtsprechung ist die Vereinsstrafe keine Vertragsstrafe i. S. d. §§ 339 ff. BGB, sondern ein eigenständiges verbandsrechtliches Institut[255].

Der klaren, schon auf Entscheidungen des *Reichsgerichts*[256] zurückgehenden, Linie der Rechtsprechung, Vereinsstrafen – zu Beginn sogar fast ohne jede gerichtliche Überprüfung – zuzulassen, ist das Schrifttum überwiegend schon seit Längerem nicht mehr gefolgt. Dies reicht bis zur berühmten Auffassung *Flumes*[257], der die Vereinsstrafe insgesamt ablehnt. Die dogmatischen Ansätze der Kritik sind verschieden; Auftrieb hat in den letzten Jahren die Auffassung erhalten, Umfang und Schranken der Vereinsstrafe seien aus der Privatautonomie des einzelnen Mitglieds zu entwickeln[258].

Seit jeher korrespondierte die Frage nach der Rechtsnatur der Vereinsstrafe mit der Rechtsnatur der Vereinssatzung. Folgt man der Vertragstheorie, nach der die Satzung nichts anderes ist als eine besondere Erscheinungsform des Vertrages[259], liegt es nah, die Vereinsstrafe als Vertragsstrafeversprechen i. S. d. BGB zu begreifen. Präferiert man die Normentheorie, welche die Vereinssatzung als auf die Vereinsautonomie gegründetes objektives Gesetz, deren Inhalt sich die Mitglieder durch Beitritt verpflichtend auferlegen, versteht[260], bietet es sich an, die Vereinsstrafe als Strafe *sui generis* auf Satzungsgrundlage durch Unterwerfung anzuerkennen. Der Meinungsstreit über die Rechtsnatur der Satzung bedarf für diese Untersuchung keiner Entscheidung; *Verfasser* möchte sich ohne tiefere Begründung der herrschenden Meinung, der modifizierten Normentheorie, anschließen, nach der die Satzungsaufstellung ein Vertrag zwischen ihren Gründern darstellt, die fertige Satzung jedoch wie ein Gesetz zu behandeln ist[261]. Denn unzweifelhaft ist die Vereinssatzung ein besonderer Vertrag, für den übereinstimmende Willenserklärungen der Gründungsmitglieder erforderlich sind. Ihr ist kollektive Wirkung gegenüber den Vereinsmitgliedern innewohnend. Diese erlangt sie allen Vereinsmitgliedern gegenüber alleine durch deren Mitgliedschaft.

---

254 *BGH*, a. a. O. (s. o. Fn. 253).
255 *BGH*, Urt. v. 04.10.1956, Az. II ZR 121/55, BGHZ 21, 370; *BGH*, Urt. v. 02.12.2002, Az. II ZR 1/02, ZIP 2003, 343; *Palandt-Heinrichs*, § 25, Rdnr. 12.
256 *RG*, Urt. v. 30.10.1901, Az, IV 218/01, RGZ 49, 150; *RG*, Urt. v. 10.10.1912, Az. IV 88/12, RGZ 80, 189.
257 *Flume*, Vereinsstrafe, S. 101 ff.
258 MünchKomm-*Reuter*, § 25, Rdnr. 39 m. w. N.
259 MünchKomm-*Reuter*, § 25, Rdnr. 17.
260 MünchKomm-*Reuter*, a. a. O. (s. o. Fn. 259).
261 MünchKomm-*Reuter*, a. a. O. (s. o. Fn. 259); *Palandt-Heinrichs*, § 25, Rdnr. 3.

2. Unterwerfung

Damit Sanktionsbefugnisse bestehen, muss eine Unterwerfung der zu bestrafenden Personen unter die Strafgewalt des Vereins vorliegen.

a) Unter die Satzung durch Mitgliedschaft

Es ist anerkannt, dass derjenige, der unmittelbares Mitglied eines Vereins ist, rechtlich grundsätzlich dem Regelwerk dieser Körperschaft unterfällt[262]. Mitglieder unterliegen der in der Satzung begründeten Strafgewalt infolge der mit dem Beitritt zum Verein eingetretenen privatautonomen Bindung an die Satzung[263].

b) Unter Nebenstimmung

Nebenbestimmungen, die als Durchführungsbestimmungen, Richtlinien und Allgemeine Anordnungen usw. vorgesehen werden können, enthalten vereinsinterne Regelungen. Sie können mit vereinsinternen Einzelregelungen in den Grenzen von Gesetz und Satzung den ordnungsgemäßen Vereinsbetrieb näher bestimmen oder den rein geschäftsordnungsmäßigen Verfahrensablauf als Weisung für die Vereinsorgane festlegen[264]. Sie gelten, vorbehaltlich der Zulässigkeit (s. o. unter B. II. 1. a aa, S. 87), auch für das Vereinsstrafverfahren.

3. Strafarten

Die Strafarten ebenso wie ihre Reichweite (auch im Sinne von Ausmaßen oder Strafrahmen) kann durch die Vereinssatzung frei bestimmt werden[265]. Die vorgesehene Strafe selbst darf nicht gesetzes- oder sittenwidrig sein. Zulässigerweise können Satzungen insbesondere folgende Strafen vorsehen: Ermahnung oder Verwarnung (= Verweis), Geldstrafe, zeitweiligen Ausschluss von Vereinseinrichtungen und Vereinsveranstaltungen (Sperre, Platzverbot, Verlust der Spielberechtigung), Verlust eines Vereinsamtes, Aberkennung eines Ehrenamts, Bestimmung der Nichtwählbarkeit für ein Vereinsamt, Entziehung des Stimmrechts, Ruhen der Mitgliedschaft und den Ausschluss aus dem Verein[266].

---

262 *Reichert,* Handbuch, Rdnr. 347; *Heermann,* NZG 1999, 352 – I.

263 *BGH,* Urt. v. 27.02.1954, Az. II ZR 17/53, BGHZ 13, 5; *Schlosser,* Vereins- und Verbandsgerichtsbarkeit, § 1 II, S. 43; *Stöber,* Vereinsrecht, Rdnr. 669.

264 *Stöber,* Vereinsrecht, Rdnr. 659.

265 *Stöber,* Vereinsrecht, Rdnr. 684, 676.

266 *Stöber,* Vereinsrecht, Rdnr. 684.

4. Konkurrenzen

Die Vereinsstrafen stehen staatlichen Strafen nicht entgegen – und umgekehrt[267].

II. Gegen Arbeitnehmer

Arbeitnehmer unterliegen, wenn sie nicht gleichzeitig Mitglieder des Vereins sind, grundsätzlich nicht der Vereinsstrafgewalt (i. e. S.) ihres Vereins. Das gilt auch, wenn der Verein das in seiner Satzung anders vorsieht. Eine entsprechende Satzungsvorschrift wäre rechtswidrig und unwirksam, weil ein Verein kein Nichtmitglied seiner Strafgewalt unterstellen kann[268]. Gleichwohl kommen Sanktionsbefugnisse des Vereins als Arbeitgeber in Betracht. Weitergehende Strafbefugnisse können sich nur aufgrund spezieller Unterwerfung ergeben.

1. Personenkreis

Arbeitnehmer der Vereine im Profifußballbereich sind regelmäßig die Spieler, Trainer und sonstige Angestellte. Hier wird nur auf die fußballtypischen Angestellten und damit exemplarisch nur auf die Spieler eingegangen. Für die Trainer, die Fußballlehrer, gelten die Ausführungen entsprechend. Soweit Amateurfußballer Arbeitnehmer bei den Amateurvereinen sind, können die Grundsätze auch für sie herangezogen werden.

2. Strafarten

Exemplarisch für den Fußballsport sollen einige mögliche Strafarten und deren rechtliche Zulässigkeit herausgearbeitet werden.

a) Geldstrafe

Die Verhängung von Geldstrafen als Vereinsstrafen ist im Wege von Vertragsstrafen (§§ 339 ff. BGB) möglich, arg. e § 339 Satz 1 BGB. Vertragsstrafen können grundsätzlich auch in Arbeitsverträgen zum Zwecke der Einhaltung arbeits-

---

267 *BGH,* Urt. v. 04.10.1956, Az. II ZR 121/55, BGHZ 21, 370 (374); *Buchberger,* SpuRt 1996, 121 (125); *Reiß,* Strafgewalt, S. 72.

268 *Petri,* Dopingsanktion, S. 67 m. w. N.

vertraglicher Pflichten durch den Arbeitnehmer zu seinen Lasten vereinbart werden[269]. Dies ist auch grundsätzlich in allgemeinen Geschäftsbedingungen zulässig[270]. § 309 Nr. 6 BGB, der die Vertragsstrafe behandelt, greift als Ausschlussgrund von seinem Wortlaut her nicht ein.

Vertragsstrafen sind regelmäßig für Profifußballer in ihren Arbeitsverträgen vorgesehen. Im Musterarbeitsvertrag der *DFL* für Lizenzspieler (Stand: 05. April 2007) heißt es u. a. hierzu:

„§ 2 Pflichten des Spielers
Der Spieler verpflichtet sich, seine ganze Kraft und seine sportliche Leistungsfähigkeit uneingeschränkt für den Club einzusetzen, alles zu tun, um sie zu erhalten und zu steigern und alles zu unterlassen, was ihr vor und bei Veranstaltungen des Clubs abträglich sein könnte. Gemäß diesen Grundsätzen ist der Spieler insbesondere verpflichtet
a) [...]
b) sich im Falle einer beruflich relevanten Verletzung oder Erkrankung im Rahmen seiner Tätigkeit als Lizenzspieler bei dem vom Club benannten Arzt unverzüglich vorzustellen;
[...]

§ 6 Vertragsstrafe
Bei Verstößen des Spielers gegen seine Pflichten gemäß § 2 lit. a) bis g), i) bis k), m), n), § 2a, § 7 und § 8 dieses Vertrags ist der Club – unbeschadet seines Rechts zur Kündigung des Vertrages aus wichtigem Grund – im Rahmen der gesetzlichen Bestimmungen in jedem Einzelfall berechtigt, Vertragsstrafen gegen den Spieler festzusetzen. Als Vertragsstrafen werden vorgesehen Verweis, Ausschluss von Clubveranstaltungen sowie Geldbußen bis zur Höhe von Euro ..... [maximal ein monatliches Brutto-Grundgehalt].
[...]

§ 8 Krankheit
a) [...] Der Spieler hat jeden Fall der Arbeitsunfähigkeit unverzüglich dem Club mitzuteilen und binnen drei Tagen eine ärztliche Bescheinigung vorzulegen, aus der sich die voraussichtliche Dauer der Arbeitsverhinderung ergibt. [...]“

Das *LAG Berlin* hat hierzu – allerdings zu einer Fassung des Musterarbeitsvertrags, dessen Vertragsstrafenregelung noch wesentlich undifferenzierter ausfiel, vgl. den Tatbestand der Entscheidung – kürzlich entschieden, dass dieses Strafversprechen keine Betriebsbuße[271], sondern ein wirksames Vertragsstrafe-

---

269 Erfurter Kommentar-*Müller-Glöge*, §§ 339-345 BGB, Rdnr. 10.

270 Erfurter Kommentar-*Müller-Glöge*, §§ 339-345 BGB, Rdnr. 11, 13.

271 Nach h. M. unterscheiden sich Betriebsbußen von Vertragsstrafen grundlegend darin, dass die Vertragsstrafen einerseits als Druckmittel zur ordnungsgemäßen Erfüllung der Vertragspflichten und andererseits zur Erleichterung für einen Schadensausgleich dienen, während Betriebsbußen Verstöße des Arbeitnehmers gegen

versprechen sei[272]. Es sei auch hinreichend bestimmt. Verletzt der Sportler seine Anzeige- und Mitwirkungspflichten bei Krankheit, so konnte – zumindest vor Anwendbarkeit der §§ 305 ff. BGB – dieses Verhalten mit einer Vertragsstrafe durch den Club geahndet werden. Diese Entscheidung ist nicht unkritisiert geblieben: *Klose* führt aus, das *LAG Berlin* habe, was die Bestimmtheit der Vertragsstrafenregelung angeht, neueren Auffassungen, die deren Bestimmtheit bezweifeln, zu wenig Beachtung geschenkt[273]: Bereits *Preis* hält die pauschale Vertragsformulierung „bei Verstößen gegen Anordnungen sowie Verstößen gegen Vertragspflichten“ in Verbindung mit einem weiten Ermessensspielraum auf der Rechtsfolgenseite für zu weitgehend[274]. Auch *Rybak* hält sie wegen Verstoßes gegen das Bestimmtheitsgebot für unwirksam; er schließt sich darüber hinaus der Auffassung an, dass Vertragsstrafenvereinbarungen in Arbeitsverträgen wegen der Verletzung von Nebenpflichten ausdrücklich vereinbart werden müssen[275]. *Klose* wagt daher den Ausblick – nachdem die Bereichsausnahme für das Arbeitsrecht gemäß § 23 AGBG im BGB in Fortfall geraten ist –, dass die Regelung des § 307 Abs. 1 Satz 2 BGB künftig bei der Überprüfung derartiger Vertragsgestaltungen in den Mittelpunkt rücken wird. Im Ergebnis hält er das Transparenzgebot wohl für verletzt und die Vertragsstrafenklausel für unwirksam[276].

Dem war schon nach der alten Vertragslage entgegen zu treten. Was die konkret im *LAG*-Urteil angesprochene Verletzung der Mitteilungs- und Mitwirkungspflichten angeht, waren diese ausdrücklich im Arbeitsvertrag genannt. Auch im Übrigen erscheint diese Regelung hinreichend klar und verständlich: Jede der im Musterarbeitsvertrag genannten vertraglichen Nebenpflichten kann mit einer Vertragsstrafe bis zu einer bestimmten Höhe geahndet werden. Diese Pflichten sind dem Spieler nicht nur bekannt; er ist auf ihre Einhaltung als Profifußballer über Jahre (wenn nicht sogar Jahrzehnte) durch die entsprechende Aus- und Weiterbildung sowie Spitzenförderung in den Vereinen, Verbänden und Leistungszentren der Bundesligisten vorbereitet worden. Er weiß genau, was von ihm erwartet wird. Der Verein als Arbeitgeber hat zur Aufrechterhaltung des an hohe persönliche Anforderungen gebundenen Spielbetriebs auf Profiniveau ein beachtenswertes Interesse; er darf unprofessionelles Verhalten seiner Athleten mit Sanktionen bedrohen. Geltungserhaltend ist die Klausel allerdings dahin aus-

---

die betriebliche Ordnung, also ein gemeinschaftswidriges Verhalten, ahnden, MüHdbArbR-*Blomeyer*, § 56 IV, Rdnr. 11.

272 *LAG Berlin*, Urt. v. 25.08.2004, Az. 9 Sa 877/04, SpuRt 2005, 75.

273 *Klose*, Anmerkung zu LArbG Berlin, unter C.

274 *Preis*, Grundfragen, S. 474.

275 *Rybak*, Rechtsverhältnis, S. 160.

276 *Klose*, Anmerkung zu LArbG Berlin, unter D.

zulegen, dass geringste Verstöße nicht von der Vertragsstrafenklausel umfasst sein sollen.

Abgesehen davon hat aber die *DFL* durch die konkrete Verankerung derjenigen Nebenpflichten in der Vertragsstrafenregelung, welche den Vertragsstrafenanspruch auslösen können sollen, den Rechtmäßigkeitsbedenken der Literatur abgeholfen. Weitere Bedenken gegen die Zulässigkeit dieser Vertragsstrafenregelung verbleiben heute nicht.

b) Freistellung

Fraglich ist, ob der Verein als Arbeitgeber einen Spieler aus disziplinarischen Gründen von seiner Arbeitspflicht freistellen, also ihn (durch den Trainer) nicht im Spiel zum Einsatz bringen darf. Dies könnte mit dem arbeitsvertraglichen Beschäftigungsanspruch des Spielers kollidieren. Die Frage, ob dem Arbeitnehmer ein Recht auf Arbeit zusteht, ist im Fußballsport extrem virulent. Verfügt er über ein solches, ist dieses dann verletzt, wenn der Trainer einen Spieler nicht aufstellt? Ändert sich die Beurteilung, wenn das Nichtaufstellen eines Spielers Sanktionscharakter erreicht?

Beispiel:
Stürmerstar Patrick Helmes vom 1. FC Köln teilte über die Medien im September 2007 mit, dass er mit seiner Position auf der rechten Seite derzeit nicht einverstanden sei. FC-Trainer Christoph Daum regierte ebenso öffentlich[277]: „Patrick soll sich nicht immer bei den Journalisten ausweinen. Es wäre besser, er nutzt mal die Torchancen auf dem Platz, als sich mit den Medien gemein zu machen. [...] Patrick spielt letztendlich da, wo ich ihn aufstelle. Wenn ihm das nicht passt, dann sitzt er eben draußen."

Ein umfassender allgemeiner Beschäftigungsanspruch, wie ihn das Arbeitsrecht in der Regel für Arbeitnehmer kennt, besteht für den Lizenzfußballspieler nicht. Weil er als Fußballer weiß, dass er der Grundkonzeption des Spiels folgend keinen Anspruch auf einen Spieleinsatz hat, sondern insbesondere der Trainer darüber verfügt, ist auch eine ausdrückliche Abbedingung des allgemeinen Beschäftigungsanspruchs im Arbeitsvertrag insoweit nicht notwendig[278]. Gleichwohl ist der Verein bei der Entscheidung über die Berücksichtigung des betreffenden Lizenzspielers nicht völlig frei; der Spieler muss vor willkürlichen Entscheidungen des Trainers oder von Vereinsverantwortlichen geschützt werden[279]. Es ist zu fordern, dass die diesbezüglichen Erwägungen zumindest sachgerecht

277 *Kölner Stadt-Anzeiger* vom 15./16.09.2007, Nr. 215, S. 21: „Daum droht Helmes mit der Bank".

278 *Küpperfahrensberg*, Arbeitsrechtliche Stellung, S. 39.

279 *Küpperfahrensberg*, Arbeitsrechtliche Stellung, S. 39.

sein müssen[280], § 242 BGB. Welche Erwägungen im Einzelnen sachgerecht oder sachwidrig sind, ist eine Frage wertender Betrachtungsweise, die den jeweiligen Umständen unterliegt und nicht pauschal beantwortet werden kann[281]. Diese Frage bereitet insbesondere bei disziplinarischen Gründen Schwierigkeiten[282].

Im geschilderten Beispielsfall ist bei der Abwägung auf der einen Seite zu sehen, dass *Daum* bei seiner Drohung durchaus sachgerechte, sportliche Motive berücksichtigt: Ein Spieler, der erklärtermaßen der taktischen Ausrichtung der Mannschaft nicht folgen kann oder will, ist nicht einsetzbar[283]. Für *Helmes* spricht, dass seine Auffassung von Art. 5 Abs. 1 GG gedeckt sein dürfte und er sie in vergleichsweise harmlose Worte gefasst hat. Auch im Lichte von Art. 5 Abs. 1 GG dürften die Drohung *Daums* und ein tatsächlicher Nichteinsatz wegen der klaren Sport- und Taktikbezogenheit des Vorgangs zwar grenzwertig, aber noch hinnehmbar sein.

c) „Gehaltskürzung" wegen Schlechtleistung

Eine in der Bundesliga viel diskutierte Frage ist, wie man die Berufsfußballer angesichts teilweise zur geschuldeten Arbeitsleistung (Fußballspielen!) kaum noch im Verhältnis stehender Gegenleistungen zu besserem Fußballspielen motivieren, d. h. wie man „schlechtes Spielen" sanktionieren kann.

Eine angedachte „Kölner Lösung", nämlich nach einem blamablen Kölner Zweitligaspiel im Februar 2007 in Essen (0:5) die Prämien der Spieler – die für einen Stammspieler nach zehn erspielten Punkten durchaus eine fünfstellige Summe darstellen kann – einzufrieren[284], ist jedoch sicherlich kein probates Mittel. Sämtliche Gehaltskürzungen aufgrund spielerischer Schlechtleistungen scheiden als Sanktionsmöglichkeit aus. Auch Punkte-, Aufstiegs oder Meisterschaftsprämien sind eine Form der Leistungsentlohnung, und – wenn sie vertraglich vereinbart sind – Entgeltbestandteil[285].

Um rechtlich relevant zu werden, müsste das Abliefern einer schlechten Leistung in einem Fußballspiel dann zunächst eine schuldrechtliche Schlechtleistung darstellen. Eine solche liegt bei einer Verletzung arbeitsrechtlicher Pflichten vor, die weder Verzug noch Unmöglichkeit zur Folge haben oder zu einer darüber hinausgehenden Schädigung des Arbeitgebers führen[286]. Sicherlich

---

280 *Küpperfahrensberg,* Arbeitsrechtliche Stellung, S. 39.
281 *Küpperfahrensberg,* Arbeitsrechtliche Stellung, S. 40 m. w. N.
282 *Küpperfahrensberg,* Arbeitsrechtliche Stellung, S. 40.
283 Ebenso: *Küpperfahrensberg,* Arbeitsrechtliche Stellung, S. 40.
284 *Kölner Stadt-Anzeiger* vom 22.02.2007, 1. Sportseite.
285 Erfurter Kommentar-*Preis*, § 611 BGB, Rdnr. 500.
286 Erfurter Kommentar-*Preis*, § 611 BGB, Rdnr. 844.

ist es arbeitsvertragliche Pflicht eines Berufsfußballers, Fußballspiele auf hohem sportlichen Niveau abzuliefern. Schlechtes Spielen mag daher grundsätzlich eine relevante Pflichtverletzung darstellen; durch ein verlorenes Spiel ist der arbeitgebende Verein sicherlich geschädigt, wenn zumeist auch mittelbar.

Jedoch ist eine Minderung des Arbeitsentgelts wegen der Schlechtleistung ausgeschlossen[287]. Dies gilt alleine deswegen, weil die §§ 611 ff. BGB für den Fall der Schlechtleistung keine Minderung vorsehen. Damit bleibt auch bei einer Schlechtleistung des Arbeitnehmers das Arbeitsentgelt der Höhe nach unangetastet, es sei denn, dass seitens des Arbeitgebers ein aufrechenbarer Schadenersatzanspruch gemäß § 280 Abs. 1 BGB gegen den Arbeitnehmer besteht[288].

Dies dürfte *in praxi* jedoch realistischerweise nie der Fall sein. Zum einen greift gemäß § 619a BGB die Beweislastumkehr zu Gunsten des Gläubigers des Schadenersatzanspruchs nicht ein (§ 280 Abs. 1 BGB). Auf der anderen Seite sind die Grundsätze der privilegierten Haftung des Arbeitnehmers gegenüber dem Arbeitgeber, nämlich Schadensteilung nach Grad des Verschuldens des Arbeitnehmers bei Schadensverursachung anlässlich einer betrieblichen Tätigkeit, zu berücksichtigen[289]. Hierbei wird schon eine Differenzierung zwischen leichter und mittlerer Fahrlässigkeit so gut wie unmöglich sein; grobe Fahrlässigkeit wird man angesichts der gegebenen Professionalität der Spieler kaum ernsthaft unterstellen können. Schließlich dürfte es aus prozessualer Sicht unmöglich sein, einen solchen Schadenersatzanspruch auch nur einigermaßen genau zu konkretisieren und zu substantiieren. Es ist schlechterdings nicht feststellbar, welchen konkreten Schaden ein Verein durch welche Anteile eines einzelnen Spielers zu einem schlechten Spiel erlitten hat, welches nur möglicherweise deswegen verloren gegangen ist. Letztlich dürfte auch der zivilprozessuale Beweis einer solchen Pflichtverletzung nur äußerst schwer zu erbringen sein.

d) Außerordentliche Kündigung bei grobem Fehlverhalten, § 626 BGB?

Gegen Arbeitnehmer eines Vereins kommt als Sanktion für seitens des Arbeitgebers (des Vereins) nicht geduldeten Verhaltens des Arbeitnehmers schließlich eine Kündigung des Arbeitsverhältnisses in Betracht. Dies ist dann der Fall, wenn das beanstandete Fehlverhalten gleichzeitig eine Verletzung einer Haupt- oder Nebenpflicht aus dem Arbeitsvertrag, mithin also einen Kündigungsgrund unter

---

287 *BAG*, Urt. v. 06.06.1972, Az. 1 AZR 438/71, BAGE 24, 286 = AP Nr. 71 zu § 611 BGB Haftung des Arbeitnehmers; Erfurter Kommentar-*Preis*, § 611 BGB, Rdnr. 845, § 619a BGB, Rdnr. 7.

288 Erfurter Kommentar-*Preis*, § 611 BGB, Rdnr. 845; *Hanau/Adomeit*, Arbeitsrecht, Rdnr. 703.

289 Vgl. Erfurter Kommentar-*Preis*, § 611 BGB, § 619a BGB, Rdnr. 9 ff, 13.

dem Gesichtspunkt der verhaltensbedingten Kündigung i. S. d. § 1 KSchG darstellt[290].

Wiegt der Verstoß gegen den Arbeitsvertrag schwer, kommt auch immer eine außerordentliche Kündigung nach § 626 BGB in Betracht. Denn die ordentliche verhaltensbedingte Kündigung unterscheidet sich im Wesentlichen hiervon nur dadurch, dass bei der außerordentlichen Kündigung eine Lage gegeben sein muss, die es dem Arbeitgeber unter Abwägung der beiderseitigen Vertragsinteressen nicht zumutbar macht, den Arbeitsvertrag bis zum Ablauf der ordentlichen Kündigungsfrist bestehen zu lassen[291].

3. Weitere Vereinsstrafen gegen Arbeitnehmer

Gemäß § 2 des Musterarbeitsvertrags der *DFL* für Lizenzspieler (Stand: 05. April 2007) für Spieler sind die Lizenzspieler auch der Satzung ihres Vereins und dessen Vereinsstrafgewalt unterworfen. Soweit diese – wirksame[292] – Klausel wegen der regelmäßigen Arbeitgeberstellung von Gesellschaften noch von Bedeutung ist, hat sie, soweit ersichtlich, praktische Relevanz nicht entfaltet.

Die entsprechende Regelung findet sich auch im Mustervertrag für Nicht-Amateure ohne Lizenz.

4. Konkurrenzen zu verbandlichen Maßnahmen

Eine Konkurrenz von verbandlichen und vereinsrechtlichen Sanktionen dergestalt, dass der *ne bis in idem*-Grundsatz verletzt sein könnte (s. o. unter B. II. 4. c, S. 99), besteht nicht. Denn diese Maßnahmen werden von unterschiedlichen Körperschaften mit verschiedenen Strafzwecken ausgesprochen. Soweit der Lebenssachverhalt identisch ist, müssen Verbandsgerichte erhebliche Vereinsmaßnahmen im Rahmen ihrer eigenen Strafzumessung aus Verhältnismäßigkeitsgesichtspunkten berücksichtigen.

---

290 Erfurter Kommentar-*Ascheid,* § 1 KSchG, Rdnr. 289.

291 Erfurter Kommentar-*Ascheid,* § 1 KSchG, Rdnr. 325; *Palandt-Weidenkaff,* § 626, Rdnr. 40.

292 *BAG,* Urt. v. 17.01.1979, Az. 5 AZR 498/77, NJW 1980, 470.

III. Gegen Dritte

Möglicherweise können auch Dritte, also Personen, die nicht als Mitglieder oder sonst mittelbar sonderrechtlich mit dem Verein verbunden sind, seiner Sanktionsgewalt unterliegen. Es liegt auf der Hand, dass es hierbei hinsichtlich dieses Sanktionsanspruchs besonderer, von vertraglichen oder vertragsähnlichen Bindungen losgelöster Ermächtigungsgrundlagen bedarf. Denn Grundlage für die Bestrafung eines Vereinsmitglieds durch den Verein (Vereinsstrafe i. e. S.) ist das bestehende, wie auch immer zu qualifizierende (s. o.), Sonderrechtsverhältnis.

1. Strafart: Stadionverbot

Allein in Betracht kommende Strafart gegen solche Dritte ist ein Platz- oder Stadionverbot, also das an den Dritten gerichtete Verbot, den Bereich der Sportplatzanlage bzw. des Stadions des das Verbot aussprechenden Vereins zu betreten. Dies stellt, sowohl im Amateur- als auch im Profisport, gegenüber dem einer Mannschaft anhängenden Fan eine erhebliche und spürbare Sanktion darf, weil sie den elementaren Wunsch des Fans beschneidet, sich die Fußballspiele seines Teams vor Ort anzusehen.

Im Bereich des Profifußballs wird es – extrem wirkungsvoll – sogar insoweit ausgedehnt, als dass potentiellen oder identifizierten Störern sogar ein Stadionverbot für alle Bundesligastadien ausgesprochen wird. Stadionverbote werden von den Betroffenen als sehr einschneidend empfunden[293]; da sie als Sanktion wirken und zugleich Rüpel aus den Stadien und von den Plätzen fernhalten, sind sie sicherlich adäquates Mittel der Wahl.

Nach *DFB*-Definition in § 1 Abs. 1 der aufgrund von § 31 der Richtlinien zur Verbesserung der Sicherheit bei Bundesspielen erlassenen „Richtlinien zur einheitlichen Behandlung von Stadionverboten"[294] (in diesem Absatz im Folgenden: Richtlinien) ist ein Stadionverbot

---

293 Vgl. *Bündnis aktiver Fußballfans – BAFF* (Hrsg.), Die 100 „schönsten" Schikanen gegen Fußballfans. Einige der hier abgedruckten Erfahrungsberichte über „Repression und Willkür rund ums Stadion" suggerieren in der Tat, dass es für einen Fan nichts Schlimmeres geben kann, so z. B. „Was tun, wenn's brennt?! – Erste Hilfe bei Stadionverboten", a. a. O., S. 149; „Erfolgreich klagen gegen Stadionverbot", a. a. O., S. 151.

294 Die Richtlinien zur einheitlichen Behandlung von Stadionverboten wurden letztmalig am 29.02.2008 vom *DFB-Präsidium* in Neufassung beschlossen und in den Offiziellen Mitteilungen des *DFB* Nr. 3 vom 31.03.2008 veröffentlicht. Sie sind

- die auf der Basis des Hausrechts
- gegen eine natürliche Person
- wegen sicherheitsbeeinträchtigenden Auftretens im Zusammenhang mit dem Fußballsport, insbesondere anlässlich einer Fußballveranstaltung,
  = innerhalb oder außerhalb einer Platz- oder Hallenanlage
  = vor, während oder nach der Fußballveranstaltung
- festgesetzte Untersagung
- bei vergleichbaren zukünftigen Veranstaltungen
- eine Platz- oder Hallenanlage zu betreten bzw. sich dort aufzuhalten.

Das Stadionverbot ist keine staatliche Sanktion auf ein strafrechtlich relevantes Verhalten, sondern eine Präventivmaßnahme auf zivilrechtlicher Grundlage[295], § 1 Abs. 2 letzter Satz der Richtlinien. Trotz dieses selbst gegebenen Verständnisses als Präventionsmaßnahme wird man dem Stadionverbot wegen seines reaktiven Elements den Sanktionscharakter nicht aberkennen wollen; Präventionsaspekte sind zudem häufig Bestandteil der Bestrafungsmotivation.

2. Legitimation

Rechtlich ist das Platz- oder Stadionverbot ein Unterfall des Hausverbots[296]. Dieses, auf § 903 BGB beruhende Recht des Eigentümers gestattet schließlich auch dem Stadioninhaber, grundsätzlich frei darüber zu entscheiden, wen er wann in sein Stadion hineinlässt[297].

Es steht natürlich denjenigen Sportvereinen zu, die Eigentümer ihrer Platzanlage bzw. ihres Stadion sind. Sie sind dann unmittelbar aus §§ 903, 1004 BGB gegenüber Jedermann zur Durchsetzung ihres Hausrechts berechtigt. Aber auch diejenigen Vereine, die – was häufig die Regel sein dürfte – kommunale Einrichtungen benutzen, haben die Hausrechte aus § 903 BGB, weil ihnen für die Zeit ihrer Nutzung diese Rechte der Kommune regelmäßig durch den Nutzungsvertrag übertragen sind. Eine solche Übertragung des Hausrechts ist zu fordern, wenn der Nichteigentümer als Stadionnutzer zum Ausspruch des Stadionverbots befugt sein soll. Der *DFB* lässt sich, veranstaltet er beispielsweise selbst Pokal- und Nationalmannschaftsspiele, das Hausrecht über das jeweilige Stadion anlass-

---

am 31.03.2008 in Kraft getreten. Im Internet sind sie zu beziehen unter: http://www.dfb.de/index.php?id=503930 (abrufen am 01.05.2008).

295 Zu den Grenzen präventiven polizeilichen Verhaltens gegenüber Hooligans (Ingewahrsamnahme) vgl. *OLG Köln,* Beschl. v. 17.01.2007, Az. 16 Wx 220/06, SpuRt 2007, 208 = FGPrax 2007, 193.

296 Ebenso: *AG Freiburg (Breisgau),* Urt. v. 23.03.2005, Az. 6 C 3294/04, SpuRt 2005, 257, Rz. 50; *LG Duisburg,* Az. 7 S 63/05, Urt. v. 22.07.2005 (juris).

297 Zutreffend: *AG Freiburg (Breisgau),* a. a. O. (s. o. Fn. 296).

bezogen und ausdrücklich übertragen. Nach Übertragung kann auch der jeweilige Hausrechtsinhaber unmittelbar gemäß §§ 1004 Abs. 1 BGB i. V. m. § 903 BGB vorgehen, der bloße berechtigte Besitzinhaber (ohne förmliche Übertragung des Hausrechts) kann aber seinen Unterlassungsanspruch i. V. m. § 823 Abs. 1 BGB geltend machen[298]. *Breucker* hat zu Recht darauf hingewiesen, dass die Durchsetzung des *ad hoc* ausgesprochenen Stadionverbots gemäß §§ 859, 858 BGB (Selbsthilfe gegen verbotene Eigenmacht) erfolgt. Im Übrigen hat der possessorische Unterlassungsanspruch nach § 862 Abs. 1 Satz 2 BGB keine praktische Bedeutung, weil er wegen § 864 BGB auf ein Jahr beschränkt ist[299].

Für die Verhängung überörtlicher bundesweiter Stadionverbote haben sich der *DFB* und die Vereine der in Betracht kommenden Ligen (Bundesliga, 2. Bundesliga, Regionalliga und seit der Spielzeit 2008/2009 die 3. Liga) gemäß § 1 Abs. 5 der Richtlinien – natürlich in Kenntnis der Legitimation für das Stadionverbot alleine durch die jeweilige Hausrechtsinhaberschaft – verpflichtet, sich zu Beginn einer jeden Spielzeit durch gesonderte Erklärung gegenseitig zu bevollmächtigen[300]. Dem geht eine Einteilung von Stadionverboten in drei Kategorien, A, B und C, gemäß § 5 Abs. 1 i. V. m. § 4 Abs. 2, 3 und 4 der Richtlinien einher, die als minderschwere Fälle (§ 4 Abs. 2), Fälle schwerer Gewalt und Einleitung eines entsprechenden Ermittlungsverfahrens (§ 4 Abs. 3) und besonders erhebliche Fälle auch ohne Einleitung eines Ermittlungsverfahrens (§ 4 Abs. 4). Die Richtlinien enthalten darüber hinaus dezidierte Anordnung über Zuständigkeiten (§ 3), Aufhebung (§ 6), Reduzierung, Aussetzung und Aufhebung eines Stadionverbots (§ 7) sowie deren Verwaltung (§ 9).

3. Dogmatische Einordnung

Natürlich als Sanktion empfunden, ist das Stadionverbot gleichwohl etwas Besonderes. Es findet seine Ermächtigung in § 903 BGB, das unmittelbar einfachgesetzliche Ausgestaltung von Art. 14 GG ist. Die weit reichende Befugnis des

298 *Breucker,* JR 2005, 133 (135) unter II. 1.
299 *Breucker,* JR 2005, 133 (134) unter I. 3. a).
300 Das *AG Frankfurt a. M.* hat kürzlich entschieden (Urt. v. 17.08.2007, Az. 30 C 1282/07-71, SpuRt 2008, 123), das ein überörtliches Stadionverbot, dem nicht die Original-Vollmachten aller vertretenen Vereine, Kapitalgesellschaften und Verbände beigefügt sind, unwirksam ist, wenn der Adressat unter Berufung auf § 174 BGB unverzüglich zurückweist. Daraufhin sind nunmehr auch sämtliche Vollmachten der in Betracht kommenden juristischen Personen auf der Homepage des DFB abrufbar. Fraglich bleibt, ob dies i. S. v. § 174 BGB ausreicht. Ausführlich hierzu und zum Urteil des *AG Frankfurt: Räker,* SpuRt 2008, 99.

Eigentümers, mit seinem Eigentum nach Belieben zu verfahren, schließt auch die Macht ein, eben nach seinem Belieben zu bestimmen, wen er sein Eigentum nutzen lässt[301]. So kann auch der private Hauseigentümer (fast) willkürlich bestimmen, wen er in sein Haus hineinlässt und wen nicht. Er benötigt keinen störenden Anlass eines Dritten; es kann nicht darauf ankommen, ob jemand schuldhaft den Hauseigentümer in seinen Rechten gestört hat.

Dies bedeutet, dass auch dem Stadioneigentümer (oder dem Inhaber übertragenen Hausrechts) grundsätzlich ein sehr weiter Spielraum dabei zusteht, wen er vom Stadionbesuch ausschließt. Er ist jedoch nicht völlig frei. Die Sozialbindung des Eigentums gemäß Art. 14 Abs. 2 GG hat hier ihre einfachgesetzliche Aktualisierung in den grundlegenden Prinzipien des Zivilrechts gefunden und ist zu beachten: So geben §§ 826, 242 BGB einem Betroffenen, gegen den ein Stadionverbot ohne begründeten Anlass oder gar willkürlich ausgesprochen worden ist, den notwendigen Korrekturanspruch. Denn für die Veranstaltung der Fußballspiele in seinem Stadion ist der jeweilige Verein (oder für Nationalmannschaftsspiele der *DFB*) Monopolist und dürfte mit seinem Angebot, das er grundsätzlich öffentlich anbietet, einem grundsätzlichen Kontrahierungszwang unterliegen[302]. Die gegenteilige Auffassung, der Verein unterliege als Veranstalter von Fußballspielern im Ergebnis nicht einem Kontrahierungszwang (wie er für sonstige privatrechtliche Unternehmen bestehen kann), weil das Bedürfnis nach der Teilhabe an der Fußballveranstaltung nicht der Deckung von Lebensbedürfnissen gleichzusetzen ist und für den Besucher regelmäßig noch andere Informationsquellen bestehen[303], vermag nicht zu überzeugen. Warum dieser nur bestehen soll, wenn es sich um elementare Dinge der Daseinsfürsorge handelt (Strom, Wasser, medizinische Versorgung), erschließt angesichts der dargestellten Wertigkeit und Wichtigkeit des (Fußball-)Sports (auch für den betroffenen Einzelnen) und der Tatsache, dass ein Kontrahierungszwang auch für Theater oder Kreditinstitute angenommen wird[304], nicht. Wer darüber hinaus die Zeitung, das Fernsehen oder das Internet als alternative Informationsquelle neben dem Stadionbesuch zur Verneinung des Kontrahierungszwangs ausreichen lässt[305], dürfte noch nie in einem Stadion gesessen haben: Es kommt dem Fan doch nicht auf die bloße Information über den Spielverlauf und dessen Ergebnis an; er möchte an dem Erlebnis

---

301 *Baur/Stürner*, Sachenrecht, § 24 II. 2., Rdnr. 5.

302 Zu den jeweiligen Voraussetzungen: *Palandt-Sprau*, § 826, Rdnr. 48, 49; *Palandt-Heinrichs*, Einf v § 145, Rdnr. 9.

303 *AG Frankfurt*, Az. 30 C 1600/04-47, Urt. v. 08.10.2004 (unveröffentlicht); *LG Duisburg*, a. a. O. (s. o. Fn. 296); *Breucker*, JR 2005, 133 (136).

304 Vgl. *Palandt-Heinrichs*, § 145, Rdnr. 10 m. w. N.; auch die Nachweise bei *Breucker*, JR 2005, 133 (136).

305 *AG Frankfurt*, a. a. O. (s. o. Fn. 303).

„Fußballspiel im Stadion“ teilhaben. Ob hier grundsätzlich ein Kontrahierungszwang besteht, kann im Ergebnis allerdings dahinstehen. Denn auch ein solcher hindert den Monopolisten nicht, den Verbraucher berechtigt von seiner Leistung auszuschließen (wie beispielsweise kommunale Versorger nach Nichtleistung der Entgelte). So liegt es auch beim Stadionverbot.

Grenze der Ausübung des Hausrechts ist zudem ein Abwehranspruch des Besuchers aus § 1004 BGB analog, wenn dieser durch die Verweigerung des Zugangs in seinen Grundrechten, insbesondere in seinem allgemeinen Persönlichkeitsrecht aus Art. 2 Abs. 1 GG beeinträchtigt wird[306].

Das gegen eine Person verhängte Stadionverbot wird also rechtlich daran gemessen, ob es sittenwidrig oder treuwidrig ist oder ob es unverhältnismäßig in die Grundrechte des Betroffenen eingreift[307]. Dies ist angesichts der abgewogenen Regeln, die sich der deutsche Fußball selbst gegeben hat, nie der Fall, wenn die Bestimmungen der dargestellten *DFB*-Richtlinien eingehalten werden.

Das *LG Duisburg* sieht in der oben dargestellten wechselseitigen Bevollmächtigung der Vereine der Bundesliga, der 2. Bundesliga und der Regionalligen zum Ausspruch von Stadionverboten im Wege des bundesweiten Stadionverbots die Bildung einer Gesellschaft bürgerlichen Rechts im Sinne der §§ 705 ff. unabhängig „von der vereinsrechtlichen Verbindung im Rahmen der Mitgliedschaft beim DFB“. Der gemeinsame Zweck dieser BGB-Gesellschaft liege daran, dass die Umsetzung der Sicherheitsrichtlinien des *DFB* für alle Vereine verbindlich erfolgen kann und einheitlich gehandhabt wird. Darüber hinaus träfen die Vereine auch weitere Förderungspflichten, wie die Anerkennung der *DFB*-Regelungen als verbindlich sowie die Verpflichtung beim Vorliegen der entsprechenden Voraussetzungen ein überörtliches Stadionverbot auszusprechen[308].

Soll das überörtliche Stadionverbot angegriffen werden, ist damit nach Auffassung des *LG Duisburg* eine Feststellungsklage gegen die Gesellschaft der seinerzeit in den Ligen spielenden Vereine und Gesellschaften, vertreten durch den das Stadionverbot aussprechenden Verein, notwendig[309].

---

306 *LG Duisburg,* a. a. O. (s. o. Fn. 296). Die in Art. 2 Abs. 1 GG zum Ausdruck kommenden Maßstäbe begründen zwar keine Individualansprüche, wirken aber wie die Wertordnung des Grundgesetztes auf das Privatrecht ein und sind deshalb bei der Auslegung und Anwendung der Normen entsprechend heranzuziehen, vgl. *OLG Köln,* Beschluss vom 07.03.2000, Az. 16 W 8/00, NJW-RR 2001, 1051 zu Art. 5 GG, § 1004 BGB und dem lesenswerten Fall, dass ein Journalist allein wegen kritischer Berichterstattung vom Besuch des Spielgeländes und der Pressekonferenzen eines Bundesligafußballvereins ausgeschlossen wurden, obgleich diese Veranstaltungen ansonsten der allgemeinen Presseöffentlichkeit zugänglich waren.

307 Ebenso: *LG Duisburg,* a. a. O. (s. o. Fn. 296).

308 *LG Duisburg,* a. a. O. (s. o. Fn. 296).

309 *LG Duisburg,* a. a. O. (s. o. Fn. 296).

Der Auffassung des *LG Duisburg* ist zuzustimmen. Die Annahme einer besonderen GbR zur Durchsetzung bundesweiter Stadionverbote hat das Gericht überzeugend an den herrschenden gesellschaftsrechtlichen Lehren begründet und mit seiner Auffassung gleichzeitig eine pragmatische und für den Betroffenen rechtsschutzintensive Möglichkeit zur Überprüfung eines Stadionverbots geschaffen. Nicht zu beanstanden ist damit ebenso die zentrale Überlegung des Gerichts, dass in der wechselseitigen Bevollmächtigung nach §§ 133, 157 BGB auch die Erklärung liegt, dass der jeweils aussprechende Verein auch zur Aufhebung des Stadionverbots befugt sein soll (jedenfalls für die Fälle nach § 4 Abs. 2 und 4 des Stadionverbots). Danach muss aber auch ein Anspruch auf Aufhebung oder Feststellung der Unwirksamkeit des Stadionverbots gegen ihn als Vertreter der übrigen Vereine gerichtet werden können, weil er insoweit aufgrund der wechselseitigen Bevollmächtigungen zu entscheiden hat[310].

Der seitens des *Landgerichts* gezogene Gesellschafterkreis reicht aber nach hier vertretener Auffassung nach heutiger Fassung der Stadionverbotsrichtlinie nicht mehr aus. Vielmehr müssten aufgrund der Zuständigkeitenregel des § 3 der Richtlinie auch der *DFB* und der *Ligaverband* in den Kreis der „Stadionverbotsgesellschafter" aufgenommen werden. Entscheidet der *DFB* auf ein Stadionverbot wegen einer Auslandstat (§ 4 Abs. 5 der Richtlinien), ist die Klage gleichwohl gegen die Gesellschaft vertreten durch den *DFB* zu richten.

310 *LG Duisburg*, a. a. O. (s. o. Fn. 296).

D. Verbandsstrafen

Dieses Kapitel befasst sich mit den Sanktionsmöglichkeiten, welche die Fußballverbände haben, um ungewünschtem Verhalten von Personen oder Körperschaften zu begegnen.

Die deutschen Verbände werden definiert als körperlich strukturierte, gegenüber ihren Trägern verselbständigte Organisationen, die keinem beherrschenden staatlichen Einfluss unterliegen, sondern vorwiegend durch Private gegründet und getragen werden[311]. Den Fußballverbänden, wie den meisten anderen deutschen Sportverbänden auch, ist darüber hinaus eigen, dass ihre Mitglieder selbst Körperschaften, nämlich Vereine oder Verbände, nicht aber natürliche Personen sind.

Die dogmatische Einordnung der Verbandsstrafen, die nicht auf unmittelbarer mitgliedschaftlicher Unterwerfung beruhen, ist seit jeher umstritten[312]. Einheitlich ist sie gar nicht möglich und auch überhaupt nicht sinnvoll, weil die verschiedenen Sanktionen – wie gleich zu sehen sein wird – auf unterschiedlichen zivilrechtlichen Instituten beruhen. Wichtig ist sie allenfalls für den Maßstab der richterlichen Inhaltskontrolle.

Anerkannt ist jedenfalls, was die Bindung Nichtorganisierter angeht, dass sich Dritte durch Vertrag verbandlichen Regelungen unterwerfen können[313]. Seit den grundlegenden Ausführungen von *Westermann*[314] sind verschiedene „mitgliedschaftsähnliche“[315] oder Vertragsstrafen-Konstruktionen[316] beschritten worden. Hierauf kommt es nicht an. Mit *Petri* ist festzuhalten, dass – abseits von theoretischen Streitigkeiten über die wahre Rechtsnatur – Verbandssanktionen aufgrund Rechtsgeschäfts ohne weiteres durchführbar sind[317] und für Nichtmitglieder sogar durchführbar sein müssen. Ob hierbei Verbandsstrafen als neuer Typus der

---

311 *Vieweg*, Normsetzung, S. 22.

312 Eine sehr ausführliche und sorgfältige Darstellung des Streitstands mit allen dogmatischen Tiefen findet sich bei *Petri*, Dopingsanktion, S. 51 ff.

313 *Habscheid*, Vereinsautonomie, S. 165; *Westermann*, Verbandsstrafgewalt, S. 39; *Petri*, Dopingsanktion, S. 94; *Baumann*, Vereinsstrafgewalt, S. 43 f.; *Reichert*, Handbuch, Rdnr. 447.

314 *Westermann*, Verbandsstrafgewalt, S. 33.

315 So der *BGH* in der Reitsportentscheidung, *BGH*, Urt. v. 28.11.1994, Az. II ZR 11/94, BGHZ 128, 93 = NJW 1995, 583 = SpuRt 1995, 43.

316 *BAG*, Urt. v. 17.01.1979, Az. 5 AZR 498/77, NJW 1980, 470.

317 So schon: *Westermann*, Verbandsstrafgewalt, S. 33

sportvertraglichen Strafe, als atypische Vertragsstrafen, als irgendeine andere Sonderform der Vertragsstrafe oder schließlich als Strafe im mitgliedschaftsähnlichen Verhältnis begriffen werden, ist letztlich unerheblich[318]. Die Praxis kümmert sich bei dieser Typisierung nur um die Grenzen ihrer Wirksamkeit; sie hat sich dabei natürlich an den Vorgaben der höchstrichterlichen Rechtsprechung zu orientieren.

I. Gegen Mitglieder der Verbände

Es ist eine rechtliche Selbstverständlichkeit – sofern man Vereinsstrafen grundsätzlich akzeptiert, s. o. unter C. I. 1., S. 125 – , dass auch die Verbände ihre Mitglieder für bestimmtes Verhalten sanktionieren können. Dies sind nur Verbandsstrafen i. w. S., nämlich im Wortsinne, weil es sich hierbei um Strafen eines Vereins gegen seine Mitglieder handelt. Es handelt sich also *de iure* um Vereinsstrafen.

1. Mitglieder der Verbände

Die Verbände können gegen ihre unmittelbaren Mitglieder Vereinsstrafen nach den dargestellten Grundsätzen der Vereinsstrafe i. e. S. verhängen.

a) Mitglieder der Landesverbände

So unterliegen die Vereine als Mitglieder der Landesverbände deren Strafgewalt. Dass der Landesverband auch durch Sanktionen dazu anhält, den organisierten Fußballspielbetrieb in einem anständigen und fairen Rahmen aufrecht zu erhalten, ist – wie dargestellt – der praktische Regelfall.

b) Mitglieder der Regionalverbände

Die Regionalverbände verfügen – wie dargestellt – über die Landesverbände als Mitglieder, über die ihnen zweifelsohne die vereinsrechtlichen Sanktionskompetenzen zukommen.

318 *Petri*, Dopingsanktion, S. 68; *Westermann*, Verbandsstrafgewalt, S. 39.

c) Mitglieder des DFB

Und selbstverständlich kann nach den dargestellten Grundsätzen der *DFB* als seine unmittelbaren Mitglieder die Regionalverbände, die Landesverbände und den *Ligaverband* mit Strafen belegen. Diese theoretische Möglichkeit hat, wie oben unter b), keinerlei praktische Relevanz.

2. Grundsatz

All diese Sanktionsbefugnisse sind nach den oben unter den Vereinsstrafen gefundenen Ergebnissen zu den Vereinsstrafen unbedenklich und unproblematisch möglich. Hier nehmen die Verbände gerade jeweils ihre ureigene Vereinsstrafgewalt wahr, die ihnen als eingetragener Verein i. S. d. BGB nach herrschender und oben dargestellter Auffassung zusteht.

3. Besonderheiten

In diesem Regelungsverbund ergeben sich aber Besonderheiten, die zu beleuchten sind:

a) Konkurrenzen

Im Verhältnis der Verbände untereinander ist es möglich, dass es zu einer Konkurrenzproblematik im Hinblick auf das Doppelbestrafungsverbot kommt.

Beispiel:
Der *Fußball-Verband Mittelrhein e. V.* beschließt – im krassen Widerspruch zu den Fußballregeln und allen bestehenden Regelwerken der *FIFA, UEFA, DFB* und des *WFLV* –, dass im Rahmen eines Testprojekts in allen A-Jugend-Mannschaften in Meisterschaftsspielen eine unbegrenzte Anzahl von Auswechselungen zulässig sei. *DFB* und *WFLV* beanstanden dies und verlangen die sofortige Rücknahme des Beschlusses.

Als der *FVM* dieser Forderung nicht nachkommt, verhängt der *WFLV*, um den *FVM* zur Abänderung anzuhalten, gegen ihn eine Geldstrafe von 10.000,00 € (formell rechtskräftig).

Der *DFB* hält dies nicht für ausreichend, verhängt im Nachgang seinerseits eine Geldstrafe von 20.000,00 € gegen den Verband und droht ihm den Ausschluss aus dem *DFB* an.

Im Beispiel liegt den Sanktionen unzweifelhaft ein identischer einheitlicher Lebenssachverhalt zu Grunde. Auch sind Strafgrund und Strafziel identisch. Jedoch werden die Sanktionen von unterschiedlichen Verbänden, rechtlich nicht identischen Körperschaften verhängt. Gleichwohl ist hier zu Gunsten des bestraften Verbandes ein Verstoß gegen das Doppelbestrafungsverbot anzunehmen. Denn an das oben dargestellte Ausschlusskriterium, dass die Strafe von einem anderen Rechtsträger stammen muss (s. o. unter B. II. 4. c, S. 99), um die Anwendung des Doppelbestrafung zu verhindern, sind hohe Anforderungen zu stellen. Das *BVerfG* sieht das nur bei verschiedenen Nationalstaaten so, s. o. So käme auch niemand auf die Idee, die Anwendung des Doppelbestrafungsverbots zu verneinen, wenn ein Landgericht einen identischen Sachverhalt strafrechtlich beurteilt (das ist Landesgerichtsbarkeit), der zuvor bereits durch den Staatsschutzsenat eines Oberlandesgerichts gemäß §§ 120 Abs. 1, Abs. 6, 142a GVG (das ist Bundesgerichtsbarkeit nach Art. 96 Abs. 5 GG; OLG als „geliehenes Bundesgericht“) abgeurteilt wurde, obschon die Strafe in diesem Fall durch verschiedene „Rechtsträger“, nämlich einerseits durch ein Bundesland und den Staat *Bundesrepublik Deutschland* andererseits zu verhängen ist. Das gleiche gilt, wenn ein identischer Sachverhalt von einem Amtsgericht in *Hamburg* und einem anderen in *München* beurteilt wird. Es geht nämlich um den identischen Strafanspruch, der bundeseinheitlich im StGB niedergelegt ist.

Im Beispielsfall liegt es nicht anders: Strafanspruch und Strafgrund bleiben derselbe. Der *FVM* hat gegen zwingende und aus wichtigem Grund allgemeinverbindliche Statuten der *FIFA*, der *UEFA* und des *DFB* verstoßen. Es kann nicht darauf ankommen, ob die Körperschaft des *DFB* oder des *WFLV* die Strafe verhängt, weil sich die Verbände in der sich selbst gegebenen Ordnung unter dem Dach des Dachverbandes eine Struktur gegeben haben, durch die sie gerade die „Durchgeltung“ des Rechts von unten nach oben beanspruchen. Dies wird durch die ineinander übergreifenden Mitgliedschaften vermittelt. Daher sind *DFB* und *WFLV* als derselbe Rechtsträger des gleichen Strafanspruchs zu verstehen. Die zweite Bestrafung durch den *DFB* verstieße gegen den *ne bis in idem*-Grundsatz und wäre rechtswidrig.

Dies ist auch ein in der Praxis akzeptables Ergebnis. Von den Verbänden, die sich selbst die hierarchische Struktur mit gegenseitiger Über-/Unterordnung und Anerkennung gegeben haben, ist in diesen Fragen eine vorherige Abstimmung zu verlangen, welche konkrete Körperschaft zur Erreichung des gemeinsamen Ziels letztlich vorgeht.

b) Zurechnung von Fanverhalten

Nicht nur bei der *UEFA* (s. o. unter B. II. 4 d aa γ, S. 111) und beim *DFB* (vgl. § 9a RuVO/DFB), sondern auch im Amateurbereich wird den Vereinen als Verbandsmitgliedern sanktionierungswürdiges Verhalten ihrer Fans zugerechnet –

ohne, dass diese hierfür Vereinsmitglieder sein müssten, vgl. § 18 SpO/WFLV. Dies ist, entsprechend den obigen Ausführungen, solange zulässig, wie den zu bestrafenden Verein für das Vergehen eigenes Verschulden trifft und der ihm durch seine Fans eingetretene Unrechtserfolg ihm noch zugerechnet werden kann[319]. Dies wird regelmäßig dann der Fall sein, solange dem Verein – seinen handelnden Organen oder Erfüllungsgehilfen – ein Restvorwurf an Pflichtverletzung, insbesondere also Organisationsverschulden im Hinblick auf mangelnde Kontrolle, Überwachung und Anleitung der Fans, bestehen bleibt.

Um Hooligans und Gewalt durch Fans im Fußball effektiv zu bekämpfen, ist es nach Auffassung von *Verfasser* auch nicht erforderlich, eine Gefährdungshaftung der Vereine für ihre Fans zu statuieren, weil dies mit dem deutschen Vereinsrecht nicht in Einklang zu bringen ist (s. o.). Vielmehr bietet sich an, auch in diesem Bereich mit einem Anscheinsbeweis zu arbeiten. Es kann eine allgemeine Erfahrungsregel dahin aufgestellt werden, dass denjenigen Verein ein Überwachungsverschulden hinsichtlich der eigenen Fans trifft, die eine satzungswidrige Störung bei einem Fußballspiel hervorrufen[320]. Gegen diesen Anscheinsbeweis kann sich der Verein dadurch verteidigen, dass er einen atypischen Sachverhalt darlegt.

c) „Vereine haften für ihre Mitglieder"

Die Satzungen der Verbände ordnen an, dass für Geldstrafen und Kosten, die gegen Einzelmitglieder festgesetzt werden, deren Vereine immer selbst mithaften, vgl. § 8 Abs. 5 RuVO/WFLV (s. o. unter A. IV. 2. b bb, S. 67) und

„§ 53 RuVO/WFLV Vereinshaftung
Werden Vereinsmitglieder zur Zahlung von Kosten verurteilt, so haftet der Verein, dem der Betroffene zur Zeit der Tat angehörte, gesamtschuldnerisch mit dem Betroffenen. [...]"

Diesen Regelungen, die den Pflichtenkreis der Verbandsmitglieder erweitern, begegnen keinen grundsätzlichen Bedenken, weil sie auch in der jeweiligen Satzung (vgl. § 38 WFLV-Satzung, s. o. unter A. IV. 2. b bb, S. 67) und nicht nur in einer Nebenbestimmung statuiert sind (s. o. unter B. II. 1. a aa, S. 87). Im Übri-

---

319 Ebenso: *Reichert*, Handbuch, Rdnr. 5447; *AG Koblenz*, Urt. v. 21.02.2003, Az. 411 C 367/03, SpuRt 2006, 81.

320 Weitergehend als *AG Koblenz*, a. a. O. (s. o. Fn. 319), das nur einen Anscheinsbeweis für die Kausalität zwischen der Pflichtverletzung und der eingetretenen Rechtsgrundverletzung annimmt, wenn ein objektiver Verstoß gegen die Vorsorgepflichten vorliegt.

gen hält diese Regelung einer Inhaltskontrolle nach § 242 BGB stand, weil sie sachgerecht ist und den Verein nicht unangemessen benachteiligt. Selbst wenn der Verein für sein Mitglied in Vorleistung geht, hat er gegen sein Mitglied jedenfalls nach § 426 Abs. 1 BGB einen Ausgleichanspruch im Innenverhältnis. Er kann seinen Anspruch gegenüber dem Mitglied einfacher durchsetzen, als das der Verband dies jemals könnte. Denn der Verein ist wegen der Sachnähe und der unmittelbaren Mitgliedschaft besser über die Erreichbarkeit des Einzelmitglieds informiert. Darüber hinaus gestaltet sich der Vorgang für den Verband organisatorisch einfacher und rechtssicherer: Der Verband belastet lediglich in seiner Buchhaltung das laufende Konto des Vereins. Für ihn kommt es zudem auf die bestehende Rechtsunsicherheit hinsichtlich der Unterwerfung des Einzelmitglieds unter seine Strafgewalt nicht an, falls er die geforderten Summen mit gerichtlicher Hilfe beitreiben müsste.

Eine ähnliche Regelung sieht der *DFB* in § 5 Nr. 3 und 4 RuVO/DFB vor. Er lässt sogar die Landesverbände für Geldstrafen gegen die Einzelmitglieder seiner Vereine haften.

II. Gegen Einzelmitglieder der Mitgliedsvereine (Nichtmitglieder der Verbände)

Verbandsstrafen gegen Einzelmitglieder der Mitgliedsvereine richten sich gegen „Nichtmitglieder" der Verbände. Aufgrund des historisch gewachsenen Aufbaus der Sportorganisation (s. o.) sind die Einzelmitglieder nicht unmittelbar Mitglied des jeweiligen Verbandes[321].

1. Grundsatz

Es sind grundsätzlich vier Wege denkbar, wie sich rechtlich eine Ahndungsbefugnis der Verbände gegen Nichtmitglieder konstruieren lässt. In Betracht kommen theoretisch folgende Varianten:

a) der einfache **Durchgriff** auf die Vereinsmitglieder als mittelbare Mitglieder. Die sich aus den ineinander greifenden Mitgliedschaftsverhältnissen (Einzelmitglied ⇔ Verbandsverein ⇔ Verband) ergebende, so genannte *mittelbare Mitgliedschaft* des Einzelmitglieds des Verbandsvereins im Verband erzeugt jedoch keine rechtlichen Bindungen dergestalt, dass das mittelbare Mitglied der

321 *BGH*, Urt. v. 28.11.1994, Az. II ZR 11/94, BGHZ 128, 93 = NJW 1995, 583 = SpuRt 1995, 43 (Reitsportentscheidung).

Strafgewalt desjenigen Verbandes unterliege, dessen Mitgliedsverein die Mitgliedschaft mittelt[322].

b) die **Aufnahme** der Nichtmitglieder **als unmittelbare Verbandsmitglieder (Doppelmitgliedschaft)** durch Vermittlung in beiden Satzungen. Diese Praxis hat zwar Anerkennung durch den *BGH* erfahren[323] – wobei *Reuter* zu Recht darauf hinweist, dass dies eher *en passant* und ohne nähere Begründung geschehen ist[324] – und wird beispielsweise auch von *Steinbeck*[325] und *Vieweg*[326] akzeptiert. Sie ist aber nicht unbestritten geblieben. Jedenfalls stellt die Doppelmitgliedschaft in der Praxis angesichts des historisch begründeten Aufbaus des Sports in Deutschland wie auch aus steuerlichen Gründen (nur gemeinnützige Vereine sind Mitglieder der gemeinnützigen Verbände) und rein pragmatischen Überlegungen (Welchen Aufwand veranlasst am Beispiel des *FVM* die Verwaltung von 330.000 Mitgliedern?) keine echte Variante dar und kommt von daher in der deutschen Sportlandschaft praktisch nicht vor[327].

c) die Inkorporation eines übergeordneten Satzungs- oder Regelungswerks in die Satzung des Verbandsvereins durch **statische oder dynamische Verweisung** (deren Zulässigkeit im Einzelnen sehr streitig ist) und der satzungsmäßigen Anordnung, dass diese Regelwerke auch für die Einzelmitglieder Geltung beanspruchen[328].

d) die **einzelvertragliche Vereinbarung** der Unterwerfung unter bestimmte Teile des verbandlichen Regelungswerks[329].

Wie sich aus dem Vorgesagten ergibt, werden nur die Punkte zu c) und d) Gegenstand vertiefender Betrachtung sein. Der nachfolgende Aufbau ist der bereits erwähnten Reitsport-Entscheidung des *BGH* geschuldet, der entnommen worden ist, dass die einzelvertragliche Unterwerfung eines Sportlers unter verbandliche Regelungswerke nicht nur zulässig ist, sondern sogar das Mittel der Wahl darstellt[330]. Ob dem so ist, wird genauer zu untersuchen sein. Richtig ist hieran zumindest, dass wegen von Beginn an geltend gemachter Vorbehalte ge-

---

322 *Reichert*, Handbuch, Rdnr. 709 ff. Da die mittelbare Mitgliedschaft keine Mitgliedschaft i. S. d. § 38 BGB ist, können auch keine vereinsrechtlichen Strafbefugnissen des Verbands als Verein bestehen. MünchKomm-*Reuter*, vor § 21, Rndr. 121.

323 *BGH*, Urt. v. 18.09.1958, Az. II ZR 332/56, BGHZ 28, 131. Der *BGH* begründete hiermit die Theorie der Doppelverankerung.

324 MünchKomm-*Reuter*, vor § 21, Rndr. 122.

325 *Steinbeck*, Vereinsautonomie, S. 151.

326 *Vieweg*, Normsetzung, S. 338.

327 *Reichert*, Handbuch, Rdnr. 447, 1. Spiegelstrich; mit weiteren Ausführungen zur Zulässigkeit und mit weiteren Nachweisen.

328 *Reichert*, Handbuch, Rdnr. 447, 2. Spiegelstrich.

329 *Reichert*, Handbuch, Rdnr. 447, 3. Spiegelstrich.

330 *BGH*, a. a. O. (s. o. Fn. 321).

gen dynamische Verweisungen und der Tatsache, dass die Profi-(Lizenz)Spieler für ihre Tätigkeit überhaupt nicht Mitglieder eines Fußballvereins sein müssen, die vertragliche Unterwerfung von enormer praktischer Bedeutung ist. Entnimmt man der Reitsport-Entscheidung die grundsätzliche Billigung, dass sich derjenige, der sich aufgrund Lizenz, Spielerpass oder Nutzung von Einrichtungen den verbandlichen Normen unterwirft, – also: der im verbandlich organisierten Wettbewerb als aktiver Sportler von den Verbandsnormen erfassbar ist – drängt sich die Frage auf, wie dies mit denjenigen aussieht, die nicht am Wettkampf teilnehmen. Die Voraussetzungen einer einzelvertraglichen Unterwerfung werden später präzisiert.

2. Gegen Einzelmitglieder, die nicht am Wettkampf teilnehmen

Besteht also eine Strafmöglichkeit der Verbände gegen „bloße“ (i. S. von einfachen, nicht aktiven) Vereinsmitglieder?

a) Definition und Problemaufriss

Es gibt eine Vielzahl nicht aktiv am Spielbetrieb teilnehmender Einzelmitglieder der Mitgliedsvereine, die nicht über eine verbandliche „Lizenz“ (im weitesten Sinne) verfügen, also im Fußball keinen Spielerpass eines Verbandes besitzen. Praktisch unproblematisch sind hierbei völlig passive Vereinsmitglieder, die lediglich ihre Beiträge entrichten und so die Tätigkeit des Vereins fördern, vielleicht noch regelmäßig, aber mehr oder weniger geräuschlos die Wettkämpfe der jeweiligen Mannschaft verfolgen. Probleme, und ein verbandliches Strafbedürfnis, können aber bereits dort auftreten, wo solche Mitglieder sich falsch verhalten, beispielsweise also das Vereinsmitglied, das sonntags regelmäßig und mit großer Hingabe den amtierenden Schiedsrichter beleidigt. Evidenter wird es noch, wenn Vereinsmitglieder, die nicht aktiv am Wettbewerb teilnehmen, aber durch die Entfaltung ihrer ehrenamtlichen Tätigkeit (Vorstand, Jugendleiter, Jugendbetreuer) durch ihre alltägliche Arbeit und ihre Entscheidungen wenigstens mittelbar ganz erheblichen Einfluss auf den Spielbetrieb haben. Hier zeigt sich, dass ein klares Bestrafungs- und Kontrollbedürfnis seitens der Verbände besteht. *Haas/Adolphsen* sehen dieses, bezogen auf andere Sportarten, ebenso und weisen u. a. natürlich auf die Bedeutung einer umfassenden Kontrollbefugnis für das besondere Problem des Dopings hin[331].

---

331 *Haas/Adolphsen*, NJW 1995, 2146.

Die grundsätzliche Kompetenz der Verbände, diese Angelegenheiten wahrzunehmen, kann auch nicht in Frage gestellt werden. Die Berechtigung der Verbände, ein für ihren Sport allgemein gültiges Regel- und Sanktionenwerk zu setzen, setzt der *BGH* voraus:

> „Die Existenzberechtigung der von den Landes- und Spitzenverbänden entwickelten Sportordnungen und ihr allgemeiner Geltungsanspruch auch und gerade gegenüber diesen Sport betreibenden Nichtmitgliedern der betreffenden Verbände einschließlich der in den maßgebenden Sportordnungen enthaltenen Sanktionenkataloge für Regelverletzungen und der zu ihrer Durchsetzung unabdingbar erforderlichen internen Disziplinargerichtsbarkeit folgt damit, soweit die sportliche Aktivität des einzelnen über den Rahmen rein privater sportlicher Betätigung hinausgeht, unmittelbar aus der Sportausübung unter den sie heute prägenden Gegebenheiten [...].[332]"

b) Unterwerfung/Legitimation

Besteht ein solches praktisches Kontrollbedürfnis, ist fraglich, ob sich diese Nichtmitglieder (der Verbände) überhaupt einer übergeordneten verbandlichen Strafgewalt wirksam unterwerfen können. Die Unterwerfung durch Doppelmitgliedschaft scheidet aus; sie ist weder gewünscht noch vorgesehen. Eine Bindung kraft einzelvertraglicher Unterwerfung liegt – so die dargestellte, auf den Fußball zutreffende Annahme – regelmäßig nicht vor.

aa) Wirkung einer Verweisung und deren Auslegung

Übrig bleibt also, dass sich Einzelmitglieder kraft (dynamischer) Verweisung dem übergeordneten Satzungswerk unterwerfen. Die Frage, ob dies möglich ist, soll gleich näher untersucht werden. Bevor dies getan wird, ist allerdings der Frage nachzugehen, welche Rechtsfolge gewollt ist und welche eintritt, wenn eine solche Verweisung wirksam wäre. Die jeweilige Verweisungsnorm selbst bedarf also der Auslegung: „Der Verein und seine Mitglieder unterwerfen sich den Satzungen und Ordnungen des DFB, WFLV und FVM in der jeweils gültigen Fassung.", so soll es, s. o. unter A. IV. 2. b ff, S. 74, in jeder Vereinssatzung heißen. Was soll dieser Verweis allerdings bewirken? Es ist kaum anzunehmen, dass durch diese Inbezugnahme die jeweils kompletten Satzungen für die Vereine und ihre Mitglieder Geltung beanspruchen sollten. Das wäre sinnentleert. Die Regelungen zur Einberufung des Verbandstages beim *FVM*, zur Geschäftsverteilung im Präsidium des *DFB* und zum Verhältnis der Fußballer zur Leichtathletik im *WFLV* mögen spannend sein, haben aber für den Verein und seine Mitglieder

332 *BGH*, a. a. O. (s. o. Fn. 321).

keinen relevanten Regelungsgehalt; von daher sollen sie auch nicht mit inkorporiert werden. Sicherlich richtig ist die Annahme, dass die in Bezug genommene Satzung neben die verweisende Satzung tritt[333]. Die Frage, die bleibt, ist diejenige, in welchem Umfang das der Fall ist. Es kann hier nur um diejenigen Fragen gehen, die unmittelbar das Statusverhältnis zwischen übergeordnetem Verband und Mitgliedern betreffen, also für das Mitglied gegenüber dem übergeordneten Verband Rechte oder Pflichten erzeugen. Auch die für den jeweiligen Sport unverzichtbaren Regelungen, wie zum Beispiel die Fußballregeln, sollen sicherlich gemeint sein.

Auch ist angenommen worden, der Verein übertrage durch eine solche Verweisung Teile seiner Vereinsstrafgewalt auf den Verband[334]. Dies ist nicht immer zutreffend. Der Verband will nämlich in den hier zu diskutierenden Konstruktionen gegenüber den Vereinsmitgliedern regelmäßig aber keine Vereinsstrafgewalt wahrnehmen (anders als beispielsweise in der bereits genannten Entscheidung des *BayOblG*[335], in der die „Große Landesloge der Alten Freien und Angenommenen Maurer von Deutschland" als Verband die Befugnis übertragen wurde, Mitglieder aus dem Mitgliedsverein, der Tochterloge, „Carl zur Treue" e. V. auszuschließen), sondern seine Strafgewalt – also die Verbandsstrafgewalt – in seinem Zuständigkeitsbereich auf die Vereinsmitglieder erweitern. Für den *FVM* und *WFLV* wird dies schon aus der Aufgabenstellung der Verbandsgerichtsbarkeit des *WFLV* und der Landesverbände, § 1 Abs. 1 RuVO/WFLV, aber auch aus der Zusammenstellung möglicher, von den Rechtsorganen zu verhängender Sanktionen, § 8 Abs. 2 RuVO/WFLV deutlich. Dies sind nur Sanktionen, die den Verband, seinen Spielbetrieb und seine Einrichtungen betreffen. Der Verband maßt sich zu keinem Zeitpunkt an, in den Status des Mitglieds zu seinem Verein einzugreifen. Hierfür spricht auch der regelmäßig gewählte Wortlaut der Verweisung („Der Verein und seine Mitglieder unterwerfen sich..."), aus dem hervorgeht, dass es um die Erstreckung der Strafgewalt des Verbands geht, und nicht um eine Übertragung derjenigen des Vereins. Es ist das Verhältnis zwischen Verband und Einzelmitglieder betroffen; nie das Statusverhältnis zwischen Verein und Einzelmitglied[336].

---

333 *Blum/Ebeling*, Dynamische Verweisungen, S. 115. Zu den dann auftretenden Konkurrenzfragen möglicherweise nebeneinander Geltung beanspruchender Satzungen sehr ausführlich: *Steinbeck*, Vereinsautonomie, S. 179 ff.

334 *Habscheid*, Vereinsautonomie, S. 164 oben; *Blum/Ebeling*, Dynamische Verweisungen, S. 115.

335 *BayObLG*, a. a. O. (s. o. Fn. 128).

336 Problematisch ist das nur für die Strafe gemäß § 8 Abs. 2 lit. g) RuVO/WFLV „Ausschluss auf Zeit oder Dauer". Diese Strafe könnte sich aufgrund der allgemeinen Formulierung des § 8 RuVO/WFLV gegen Landesverbände, Vereine und Ein-

Ähnliches gilt auch für die Verweisung auf die DFB-Satzung. Hier gibt der Verein zunächst selber eine eigene Strafbefugnis nicht aus der Hand. Er übt seine Autonomie aus, indem er selbst entscheidet, dass er – zunächst als Verein – sich den Wirkungen der Regelungen des *DFB* zusätzlich zu denen des Landesverbandes selbst unterwerfen möchte. In einem zweiten Schritt unterwirft er auch seine Mitglieder hierunter. Dies ist aber wiederum, mit den gleichen Argumenten wie oben, keine Abgabe eigener Autonomie an den *DFB*.

Anders liegt es auch nicht bei der Verweisung des *DFB* auf die *FIFA*-Satzung, wie aber *Blum/Ebeling*[337] meinen. Der *DFB* überträgt keine eigene Strafgewalt; er behält sie gerade. Es geht auch hier darum, der *FIFA* eigene Strafgewalt über „Mitglieder" des *DFB* einzuräumen[338]. Ob dies, wie es zweifelsohne Wunsch der *FIFA* ist, ganz nach unten durchschlägt, ist Frage der Weiterverweisung (siehe dazu unten unter dd, S. 180)

Die zitierten Ausführungen von *Blum/Ebeling* begegnen argumentativ auch deswegen Bedenken, weil – vgl. die ausführlichen Strukturvorgaben oben – „Personen" (sie meinen ersichtlich natürliche Personen) mit dem *DFB* gerade nicht mitgliedschaftlich verbunden sind. Durch die Erstreckung der Strafgewalt eines übergeordneten Verbands auf seine eigenen Mitglieder gibt ein Verein nie in unzulässiger Weise wesentliche Teile seiner Autonomie aus dem unerlässlichen Kernbereich von Art. 9 Abs. 1 GG preis. Dies tut er nach hier vertretener Auffassung sogar dann nicht, wenn er sogar seine eigene Strafgewalt tatsächlich dem übergeordneten Verband abgibt. Weil eine unzulässige Abgabe eigener Autono-

---

zelmitglieder richten. Für Landesverbände (als Mitglieder der Regionalverbände) ist hier jedoch § 9 WFLV-Satzung lex specialis, Vereine sind nur Mitglieder der Landesverbände und können von denen ausgeschlossen werden. Ein Ausschluss von Einzelmitgliedern aus dem Regionalverband oder Landesverband macht keinen Sinn: Sie sollen nicht (unmittelbare) Mitglieder sein, sondern bleiben alleine Mitglieder ihrer Vereine. Gleichwohl tenoriert aber das Verbandssportgericht der BFV: „Spieler XY, Verein, wird gemäß §§ 47, 48 RVO aus dem Bayerischen Fußball-Verband ausgeschlossen. Ihm wird das Recht aberkannt, einem Verbandsverein als Mitglied anzugehören." (vgl. *VSG BFV*, Urt. v. 11.07.2007, www.bfv.de, abgerufen am 27.10.2007). § 48 Abs. 1 lit. i) RVO/BFV sieht als mögliche Strafe zwar den „Ausschluss" vor, es bleibt allerdings fraglich, ob es denjenigen der Einzelmitglieder aus den Vereinen meint. Dann bedarf es allerdings der ordnungsgemäßen Übertragung der Strafgewalt durch den Verein an den Verband. Das durch das VSG BFV ausgesprochene Verbot, einem Verbandsverein anzugehören, ist in § 15 Abs. 5 BFV-Satzung speziell geregelt. Ohne eine solche Ermächtigung – die im *WFLV* fehlt – wäre ein solches Verbot unwirksam.

337 *Blum/Ebeling*, Dynamische Verweisungen, S. 151.

338 Dies sind aber natürlich gerade nicht „Personen" im Sinne von Einzelmitgliedern, von denen *Blum/Ebeling*, a. a. O. (s. o. Fn. 337), ersichtlich ausgehen.

mie damit nicht vorliegt, führt dies auch nicht zur Unwirksamkeit der dynamischen Bezugnahme.

bb) Unter die Strafgewalt des Landesverbands

Also kann sich das Vereinsmitglied eines Fußballvereins, das nicht aktiv am Spielgeschehen beteiligt ist, alleine durch die Möglichkeit der Inkorporation der verbandlichen Bestimmungen in seine Vereinssatzung der Strafgewalt des seinem Vereins übergeordneten Landesverband unterwerfen. Dies könnte theoretisch in der Satzung des Mitgliedvereins durch statische oder dynamische Verweisung geschehen. Eine solche unterverwerfende Verweisung wird von den Verbänden in der Regel verlangt (s. o. unter A. IV. 2. b ff, S. 71) und in der jeweiligen Vereinssatzung so vorgesehen (Beispiel s. o. unter A. IV. 2. b ff, S. 74). Denn ansonsten wird der Verein nicht in den Verband aufgenommen.

α) Durch dynamische Verweisung – Definition

Fraglich ist, ob eine solche „dynamische Verweisung" wirksam ist. Vor dieser Untersuchung ist sie zunächst zu definieren.

Hinweise für eine Definition des Begriffs der dynamischen Verweisung finden sich in der Rechtsprechung des *Bundesverfassungsgerichts*, und zwar in einer Entscheidung, mit der das Gericht zur Frage dynamischer Verweisungen durch den Bundesgesetzgeber Stellung bezogen hat. Der Sache nach hatte das Gericht über Gebührentatbestände für notarielle Tätigkeit zu befinden, wobei in einem Bundesgesetz landesrechtliche Gebührentatbestände in Bezug genommen wurden und Geltung beanspruchen sollten[339].

Nach dem *BVerfG* liegt im Staatsrecht eine dynamische Verweisung vor, wenn das im Bundesgesetz in Bezug genommene Landesrecht jeweils in derjenigen Fassung anzuwenden ist, die im Zeitpunkt der Anwendung gilt[340]. Es präzisiert dahin, dass eine solche bundesrechtliche Verweisung bewirken würde, dass der Inhalt der in Bezug genommenen landesrechtlichen Vorschriften zum Bestandteil der bundesrechtlichen Verweisungsnorm und insoweit zu partiellem Bundesrecht wird. Bei einer dynamischen Verweisung wird dieses partielle Bundesrecht mit jeder Änderung der in Bezug genommenen Vorschriften durch den Landesgesetzgeber automatisch und ohne Mitwirkung des Bundesgesetzgebers

339 *BVerfG*, Beschl. v. 01.03.1978, Az. 1 BvR 786/70 u. a., BVerfGE 47, 285 = NJW 1978, 1475.

340 *BVerfG*, a. a. O. (s. o. Fn. 339), Rdnr. 47.

geändert[341]. Der *Senat* weist bereits an dieser Stelle darauf hin, dass bei fehlender Identität der Gesetzgeber eine dynamische Verweisung mehr als eine bloße gesetzestechnische Vereinfachung bedeute; sie führe zur versteckten Verlagerung von Gesetzgebungsbefugnissen und wird daher im staatsrechtlichen Schrifttum unter bundesstaatlichen, rechtsstaatlichen und demokratischen Gesichtspunkten als bedenklich beurteilt[342].

Wesentliches Merkmal einer dynamischen Verweisung ist also ein Erfolg dahin, dass Rechtsnormen eines anderen Rechtssetzers unmittelbarer Bestandteil der bezugnehmenden Rechtsordnung werden und dass jede Änderung der in Bezug genommenen Rechtsordnung sogleich und ohne weiteren Mitwirkungsakt auch eine Änderung der verweisenden Rechtsordnung eintritt.

Hierzu haben bereits *Blum/Ebeling* herausgearbeitet, dass jeder dynamischen Verweisung – wenn die Rechtsordnung eines anderen Rechtssetzers in Bezug genommen wird – die Elemente der Verweisung und der Delegation beinhaltet[343]. Die dynamische Verweisung enthält immer den Auftrag an eine andere Rechtspersönlichkeit, für den Verweisenden Recht zu setzen (Delegation). Typisches äußeres Kennzeichen für eine dynamische Verweisung ist die so genannte „Jeweiligkeitsklausel" dergestalt, dass auf anderes Recht in der *jeweils* geltenden Fassung verwiesen wird[344].

Eine dynamische Verweisung im Sinne dieser Arbeit und im streitigen Sinne liegt also (nur) vor, wenn eine Bezugnahmeklausel auf Rechtssätze vorliegt, die in ihrer jeweiligen Fassung unmittelbar zur Anwendung kommen soll und diese von einem anderen Rechtsgeber erlassen wird. Die dynamische Verweisung auf eigene Rechtssätze (zur Klarstellung, zur Wiederholung pp.) erweist sich unter materiellen Gesichtspunkten als im Wesentlichen unproblematisch und steht im formellen Sinne nur unter dem Vorbehalt zu gewährleistender Rechtsklarheit beim Rechtsanwender. Eine dynamische Verweisung auf eigene Rechtssätze wird hier nicht weiter untersucht.

αα) Auffassung der Rechtsprechung?

Zu der Frage, ob und wie sich der Strafgewalt eines Sportverbandes auch „Nichtmitglieder" (des Sportverbandes) unterwerfen können, hat der *BGH* in seiner „Reitsport"-Entscheidung[345] (oder auch „Turnierreiter"-Entscheidung) aus-

341 *BVerfG*, a. a. O. (s. o. Fn. 339), Rdnr. 64.
342 *BVerfG*, a. a. O. (s. o. Fn. 339), Rdnr. 62.
343 *Blum/Ebeling*, Dynamische Verweisungen, S. 85, 90.
344 *Blum/Ebeling*, Dynamische Verweisungen, S. 87.
345 *BGH*, Urt. v. 28.11.1994, Az. II ZR 11/94, BGHZ 128, 93 = NJW 1995, 583 = SpuRt 1995, 43 (Reitsportentscheidung).

führlich Stellung bezogen. Eine Analyse dieser Entscheidung steht hier und an späterer Stelle im Zentrum der Überlegungen. Da diese Entscheidung von einer überwiegenden Anzahl von Autoren – anders als von *Verfasser* – dahin verstanden worden ist, dass sie die grundsätzliche Unzulässigkeit dynamischer Verweisungen bestätigt, ist sie – obwohl ihr ein Fall der einzelvertraglichen Unterwerfung zu Grunde lag – bereits hier darzustellen.

(a) Der Sachverhalt der BGH-Entscheidung „Reitsport"

Dem *BGH* war folgender Sachverhalt unterbreitet:

Der Kläger verlangte die Rückzahlung von Bußgeldern und Verfahrenskosten, die ihm und sechs weiteren Reitern vom Beklagten in einem verbandsgerichtlichen Verfahren auferlegt worden sind. Die weiteren Reiter hatten dem Kläger ihre angeblichen Rückforderungsansprüche gegen den Beklagten – mutmaßlich um insgesamt eine Zuständigkeit des Landgerichts zu erreichen – abgetreten.

Der Kläger und die anderen Reiter waren Turnierreiter mit langjähriger Turniererfahrung. Sie waren Mitglieder verschiedener Reitvereine, die ihrerseits Mitglieder des Beklagten sind. Der Beklagte war der Hessische Dachverband der Reit- und Fahrvereine. Er ist seinerseits Mitglied des Dachverbandes der Deutschen Reiterei, der Deutschen Reiterlichen Vereinigung e.V. („Fédération Equestre Nationale", im Folgenden: „FN"), vgl. Abbildung 3.

Mitgliedschaftsverhältnisse in der „Reitsport"-Entscheidung des BGH

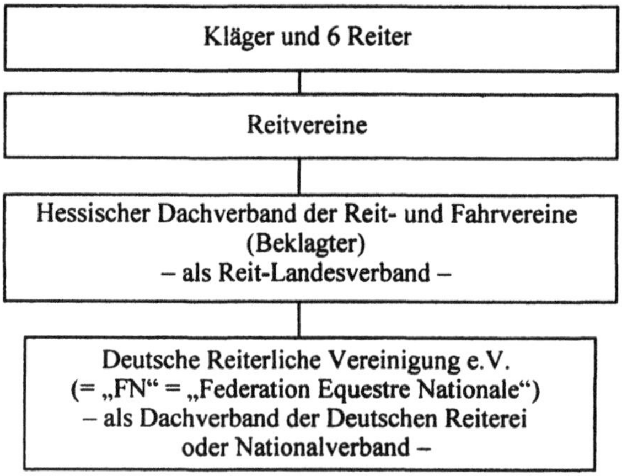

Abbildung 3 – Mitgliedschaftsverhältnisse in der „Reitsport"-Entscheidung

Beide Verbände sind für die Beaufsichtigung sämtlicher Reitturniere in ihrem jeweiligen Wirkungskreis verantwortlich.

Für die Durchführung von Reitturnieren hat die *FN* ein in § 21 ihrer Satzung verankertes, von der Delegiertenversammlung ihrer Abteilung Sport beschlossenes Regelwerk, die Leistungs-Prüfungs-Ordnung (LPO), erlassen, das in umfassender Weise sämtliche mit reitsportlichen Wettbewerben und Leistungsprüfungen zusammenhängende Fragen behandelt.

Für die Beteiligung an Reitturnieren der „schwereren Kategorien" ist eine Lizenz der *FN*, der Reiterausweis, erforderlich. Das Formular für den ersten Antrag auf Erteilung eines solchen Reiterausweises enthält den Passus, dass der Antragsteller die Leistungs-Prüfungsordnung (LPO) der *Deutschen Reiterlichen Vereinigung e. V. (FN)* in der jeweils gültigen Fassung als verbindlich anerkennt. Die Anmeldung zu Reitturnieren erfolgt über so genannte zu dem Reiterausweis gehörende Nennungsschecks, die ebenfalls einen Hinweis auf die Anerkennung der LPO enthalten.

Der Kläger und die Zedenten waren seit mehreren Jahren im Besitz derartiger Reiterausweise. Wegen Regelverstößen bei einer Springprüfung im September 1990 verhängte die LKH des Beklagten gegen den Kläger und die Zedenten Ordnungsgelder in Höhe von jeweils 450,-- DM. Das dagegen angerufene Schiedsgericht der LKH bestätigte die Entscheidung der LKH und legte dem Kläger und den Zedenten die Zahlung der Verfahrenskosten in Höhe von zusammen 5.641,66 DM auf. Sie verzichteten auf weitere innerverbandliche Rechtsmittel und zahlten die Gesamtsumme i. H. v. 8.091,66 DM (Kosten und Geldstrafe) ohne Anerkennung einer Rechtspflicht, um an weiteren Turnieren teilnehmen zu können.

Soweit der Kläger die Rückzahlung der Gesamtsumme verlangte, machte er geltend, die Reiter seien der Schiedsgerichtsbarkeit der Beklagten nicht unterworfen gewesen; die Zahlungen seien ohne Rechtsgrund erfolgt.

(b) Die Erwägungen des BGH – Darstellung und Analyse

Der *BGH* prüft das Berufungsurteil des *OLG Frankfurt,* das wie dargestellt die Klage abgewiesen und damit inzident festgestellt hat, dass die Inanspruchnahme der Reiter sowohl zu den verhängten Ordnungsgeldern als auch zu den verbandlichen Verfahrenskosten durch den beklagten Verband insgesamt rechtmäßig war, in drei Schritten: Er nimmt zunächst Stellung zur grundsätzlichen Inanspruchnahme von Strafgewalt durch Verbände gegenüber ihren Nichtmitgliedern, macht dann Ausführungen zur Frage der rechtlich verbindlichen Anerkennung der LPO und der darin festgelegten Disziplinargewalt der *Deutschen Reiterlichen Vereini-*

gung und befasst sich abschließend mit einer klägerseits gerügten, angeblichen Verletzung der §§ 1025 Abs. 2, 1027 ZPO.

Im ersten Teil seiner ausführlichen und abgewogenen Urteilsbegründung stellt der *Senat* zunächst die allgemeine Meinung dar, dass sich Personen, die nicht Mitglied eines Verbandes sind, dessen Disziplinargewalt durch vertragliche Vereinbarung unterstellen können. Hierzu verweist der *Senat* auf sein Urteil vom 13.07.1972[346] und auf umfangreiches Schrifttum. Diese Erkenntnis scheint aus heutiger Sicht ebenso richtig wie im Wesentlichen unproblematisch. Es ist ureigener Gedanke der Privatautonomie, dass sich jemand durch freie Willenserklärung auch einem bereits vorhandenen, umfangreichen Regelwerk unterwerfen kann. Erst recht sei dies möglich, wenn die Einrichtungen des Verbandes in Anspruch genommen werden oder an den Sportwettbewerben des Verbandes nach seinen Regeln teilgenommen wird. Dies wird seitens des Gerichts ebenso ausführlich wie zutreffend ausgeführt. Dieser Punkt ist später Gegenstand näherer Erörterungen.

Der *2. Zivilsenat* hebt dann in seinen Entscheidungsgründen hervor, dass die Schaffung, Fortschreibung, Überwachung und Durchsetzung der Wettbewerbsregeln wie die Organisation des Spitzen- und Breitensports nach unserem Rechtsverständnis keine staatliche Aufgabe ist. Sie ist vielmehr eine von denjenigen Verbänden, die sich die Pflege und Organisation der jeweiligen Sportart zum Ziel gesetzt haben, in Ausübung ihrer Verbandsautonomie (Art. 9 GG) zu erfüllende Aufgabe. Er weist zutreffend darauf hin, dass die Erfüllung dieser Aufgabe mit lediglich verbandsinternen rechtlichen Mitteln schlechterdings nicht zu lösen ist. Wollten sie ihre Regelwerke nebst Sanktionenkatalogen nur von ihren Mitgliedern fordern, müssten alle Sporttreibenden Verbandsmitglieder sein. Dies liegt – so der *BGH* – angesichts der Vielzahl der in den Verbänden zusammengeschlossenen Einzelmitglieder „äußerst fern“ und widerspricht der historischen Organisationsform des deutschen Sports, dessen Verbände nahezu ausnahmslos keine Einzelmitgliedschaften gewährleisten.

Das *Gericht* bescheidet dann das Revisionsvorbringen des Klägers, der für die Unterwerfungserklärungen von Nichtmitgliedern einen Lösungsweg eingefordert haben muss, der darauf hinauslaufen würde, dass sämtliche Verbandsvereine die Regelwerke ihrer Spitzen- oder Landesverbände in ihre Satzungen inkorporieren und ihre Mitglieder ausdrücklich deren Sportgerichtsbarkeit unterstellen. In diesem Zusammenhang macht der *BGH* nicht nur Ausführungen zu den praktischen Schwierigkeiten, die diese Lösung mit sich brächte, er macht auch Ausführungen zu der im Kern dieser Arbeit stehenden Frage, ob in Vereinssat-

346 *BGH,* Urt. v. 13.07.1972, Az. II ZR 138/69, WM 1972, 1249.

zungen dynamische Verweisungen auf den Inhalt übergeordneter Verbandssatzungen zulässig ist.

Fast das komplette Schrifttum versteht die Entscheidung an dieser Stelle so, dass dynamische Verweisungen grundsätzlich auch nach Ansicht des *BGH* unzulässig sein sollen[347]. Dies scheint jedoch nicht zutreffend. Vielmehr lässt der *Senat* diese Frage offen. Das Gegenteil wird zwar durch den Leitsatz 2 der Entscheidung suggeriert:

> „Die dazu [zur Unterstellung unter die Disziplinargewalt eines Sportverbandes][348] notwendige Unterwerfung kann *nur*[349] durch rechtsgeschäftlichen Einzelakt erfolgen."

Die Entscheidungsgründe tragen diesen Leitsatz in solcher Weite allerdings nicht[350]. Richtig hat schon *Vieweg* klargestellt, dass sich das „nur" – missverständlich – ausschließlich auf Nicht-Organisierte bezieht, der satzungsrechtlichen Lösung (eben durch Verweisung) aber gerade keine Absage erteilt werden soll[351]. Der *Senat* sagt in den Gründen an der entscheidenden Stelle wörtlich:

> „Dies [die Inkorporation der Regelwerke der Spitzen- und Landesverbände in die Satzungen der Vereine][352] würde nicht nur voraussetzen, dass jeder der zahlreichen Verbandsvereine seine Satzungen entsprechend anpasst; die angeschlossenen Vereine müssten überdies, da nach überwiegender Auffassung eine so genannte dynamische Verweisung einer Vereinssatzung auf den jeweils gültigen Inhalt übergeordneter Verbandssatzungen unzulässig ist (vgl. BGH, Urt. v. 10. Oktober 1988 – II ZR 51/88, WM 1988, 1879, 1882 und Reichert/Dannecker aaO Rdn. 348, 411), ihre Satzungen bei jeder Fortschreibung des in Bezug genommenen Regelwerks durch entsprechende Beschlüsse ihrer Mitgliederversammlung ändern. Insbesondere für die so genannten Spartenvereine, die

347 *Steinbeck*, Vereinsautonomie, S. 173; *Stöber*, Vereinsrecht, Rdnr. 34; *Reichert*, Handbuch, Rdnr. 447; MünchKomm-*Reuter*, vor § 21, Rdnr. 121; *Haas/Prokop*, SpuRt 1996, 109; *dies.*, SpuRt 1998, 15 (16).

348 Anm. von *Verfasser*. Dies ergibt sich aus dem Kontext mit Leitsatz 1.

349 Hervorhebung von *Verfasser*.

350 Dass dieser Leitsatz missverständlich ist, darauf hat auch schon Fenn hingewiesen, vgl. *Fenn*, Erfassung der Sportler durch die Disziplinargewalt der Verbände, SpuRt 1997, 77, Fn. 2. Sein Hinweis selbst ist allerdings ebenfalls missverständlich: Natürlich bezieht der *BGH* dies auf die Nichtmitglieder der Verbände – nämlich auf alle (auch die vereinsangehörigen) Sportler, wie es der dargestellten üblichen Organisation im deutschen Sport entspricht und wie es auch in der Reitsport-Entscheidung der Fall war: Die Reiter waren Mitglied einzelner Reitvereine, die Verbandsmitglieder waren, s. o. S. 154. Den richtigen Hinweis gibt bereits *Vieweg*, SpuRt 1995, 97 (99).

351 *Vieweg*, SpuRt 1995, 97 (99).

352 Anm. von *Verfasser*.

mehrere Sportarten unter ihrem Dach vereinen, wäre eine solche Lösung von vornherein praktisch undurchführbar[353]."

Der *BGH* bezieht in diesem im Konjunktiv eingeleiteten Absatz nach Auffassung von *Verfasser* keine Stellung zu der Frage, ob die so genannten dynamischen Verweisungen zulässig sind – insoweit ist dieses Urteil nach hier vertretener Auffassung vielfach missverstanden worden. Allenfalls enthält es ein tendenziöses *obiter dictum,* weil der *BGH* die Frage nach der Zulässigkeit der dynamischen Verweisung überhaupt nicht zu entscheiden hatte, lag doch ein Fall der rechtsgeschäftlichen Unterwerfung wegen der zu absolvierenden Wettkämpfe vor, und im Übrigen der *Senat* nur zur Bescheidung der klägerischen Revisionsauffassung hypothetische Überlegung anstellt. In diesen – wie gesagt: nur hypothetischen und nicht einmal entscheidungserheblichen – Überlegungen verweist der *Senat* auf eine „überwiegende Meinung", auf sein dort zitiertes Urteil vom 10.10.1988[354] und auf die Fundstelle bei *Reichert/Dannecker.*

Der Befund nach genauer Kontrolle ist überraschend und vielleicht ein wenig entlarvend: Eine „überwiegende Meinung" oder gar eine „herrschende Lehre"[355], dass eine dynamische Verweisung in Vereinssatzungen auf übergeordnete (Verbands)Satzungswerke grundsätzlich unzulässig ist, konnte jedenfalls zum Zeitpunkt der Entscheidung anhand der angegebenen Fundstellen nicht festgestellt werden.

Soweit der *BGH* auf seine in Bezug genommene Sache verweist, hat der Senat dort die Frage nach der Zulässigkeit dynamischer Satzungsverweisungen ebenfalls nicht entschieden. Hier lässt er die Frage sogar ausdrücklich offen:

„Der vorliegende Sachverhalt erfordert keine Stellungnahme des Senats zu der Frage, in welchem Umfang und in welcher Form bei der Übernahme von Normen anderer Verbände in die Satzung eines Vereins sichergestellt sein muss, dass die Mitgliederversammlung des übernehmenden Vereins die Möglichkeit erhält, sich mit dem Inhalt der zu inkorporierenden Regelwerke vertraut zu machen und auf diese Weise zu erfahren, was die von ihr erwartete Übernahme des fremden Rechts inhaltlich bedeutet. Denn nach den von den Vorinstanzen getroffenen Feststellungen hat den Mitgliedern des Beklagten diese Möglichkeit in ausreichendem Maße zu Gebote gestanden. Gegenstand der am 19. April 1985 verabschiedeten Satzungsänderung war nicht die erstmalige Übernahme des in §§ 3 und 18 aufgeführten Verbandsrechts. Die an diesem Tage beschlossene Neufassung der Satzung hatte fast ausschließlich redaktionelle Gründe. Der Beklagte war schon seit Jahren Mitglied der übergeordneten Verbände und hatte deren Verbandsrecht auch unter der Geltung der alten Satzung als für sich und seine Mitglieder verbindlich anerkannt. Eine

353 *BGH,* a. a. O. (s. o. Fn. 345), Rdnr. 14.
354 *BGH,* Urt. v. 10. Oktober 1988 – II ZR 51/88, WM 1988, 1879, 1882 = NJW-RR 1989, 376.
355 *Pfister,* JZ 1995, 464 (Anmerkung zur Reitsportentscheidung).

Änderung der Rechte und Pflichten der Mitglieder des Beklagten wurde mit der Verabschiedung der neuen Satzung im wesentlichen nur insofern bewirkt, als dadurch auch die eingetretenen Änderungen des Verbandsrechts Verbindlichkeit für die Mitglieder des Beklagten erlangten (so genannter Grundsatz der statischen Verweisung, vgl. Reichert/Dannecker/Kühr aaO Rdnr. 210; Stöber aaO Rdnr. 17 S. 28/29)[356]."

Das bedeutet nach hiesigem Verständnis lediglich, dass der Senat in der Entscheidung vom 10.10.1988 nur klarstellt, dass jedenfalls Satzungsinkorporationen im Wege der statischen Verweisung zulässig sind[357].

Aber auch der Verweis des *BGH* in der Reitsportentscheidung auf *Reichert/ Dannecker* hilft nicht weiter. Mit dieser Literaturfundstelle lässt sich die beschriebene „überwiegende Meinung" nicht begründen. *Reichert/Dannecker* machen zwar Ausführungen zur statischen Verweisung, ihrer Zulässigkeit und zu beachtender Grenzen[358], die dort zitierten Entscheidungen geben für die Frage der dynamischen Verweisung wenig her. So wird in der 5. Auflage schließlich nur ausgeführt, dass eine dynamische Verweisung nicht zulässig sei. Wird das Verbandsrecht geändert, müsse auch die Satzung des Mitgliedsvereins geändert werden. Später[359] wird diese Auffassung dahin präzisiert und begründet, dass eine Änderung des Verbandsrechts nur die Vereine als Mitglieder binde, nicht aber deren Mitglieder. Die Vereinssatzung könne sich nicht automatisch ändern; es bedürfte eines Aktes der Mitgliederversammlung. Die Verbandssatzung könne nicht bestimmen, dass eine Änderung automatisch auch das Satzungsrecht der Mitgliedsvereine erfasst; ein für Satzungsänderungen zuständiges Organ dürfe nicht umgangen werden. Bereits hier ist anzumerken, dass diese damalige – und im Übrigen unbelegte – Argumentation in Teilen unzutreffend war: Gerade nicht die Verbandssatzungen bestimmen, dass auch das Satzungsrecht der Mitgliedsvereine erfasst werden soll, die Mitgliedsvereine haben durch die dynamische Verweisung in ihrer Satzung, die das zuständige Organ erlassen haben muss, die Grundlage hierfür gelegt. Von einer Umgehung der satzungsgebenden oder satzungsändernden Versammlung, jedenfalls bei der Schaffung des satzungsrechtlichen Verweisungsbefehls, kann keine Rede sein.

---

356 *BGH*, Urt. v. 10.10.1988, Az. II ZR 51/88, DB 1989, 317 = WM 1988, 1879 = NJW-RR 1989, 376, Rdnr. 10 (juris) = 3. der Gründe.

357 Strenger ist nur der *BFH*, der unter dem Gesichtspunkt der formellen Satzungsmäßigkeit des § 60 Abs. 1 AO 1977 keinerlei Bezugnahme auf „Satzungen oder andere Regelungen Dritter" zulässt, *BFH*, Urt. v. 19.04.1989, Az. I R 3/88, BB 1989, 1476 (1477).

358 *Reichert/Dannecker*, Handbuch, 5. Aufl., Rdnr. 348.

359 *Reichert/Dannecker*, a. a. O. (s. o. Fn. 358), Rdnr. 411.

ββ) Heute herrschende Meinung?

Auch heute lässt sich bei einer genauen Analyse des Schrifttums eine herrschende Meinung im Sinne einer häufig und mit zahlreichen Argumenten vertreten Auffassung dahin, dass dynamische Verweisungen schlechterdings unzulässig seien, nach der Überzeugung von *Verfasser* nicht feststellen. Es lässt sich hierfür zwar eine Vielzahl von Fundstellen anführen, die diese Meinung (vordergründig oder scheinbar) vertreten; diese basieren aber häufig auf Wiederholungen überführter Auffassungen, dem bekannten Missverständnis der Reitsport-Entscheidung oder apodiktischen Behauptungen.

Im Einzelnen:

Bei *Reichert* heißt es in der 10. Auflage heute ohne weitere Begründung:

> „Weiter ist nur eine statische und nicht eine dynamische Verweisung zulässig[360]."

Zum Nachweis dieser Auffassung gibt *Reichert* zwei Fundstellen an, die diese Ansicht belegen sollen. Angegeben sind „BGH NJW-RR 1989, 376; BGH NJW 1995, 583/585"[361]. Die zweite Fundstelle verweist aber gerade auf die „Reitsport-Entscheidung"; die erste auf die seitens des *BGH* dort in Bezug genommene und dargestellte Entscheidung vom 10.10.1988. Dass diese beiden Entscheidung zu dieser Frage aber gerade keine tragenden Ausführungen enthalten, ist dargestellt worden.

In einer der Vorauflagen führen *Reichert/van Look* begründend mit hier dargestellten Entscheidungen (*BayOblG, OLG Hamm, BGH* vom 10.10.1988 und der Reitsport-Entscheidung) und i. Ü. ohne weitere Argumente aus, dass unzulässig und unwirksam eine dynamische Verweisung sei, weil die Willensbildung über die Inkorporation zukünftige Änderung (des in Bezug genommenen Rechts) nicht umfasse. Ändere sich die Regelung, auf die verwiesen wird, müsse auch jeweils die Satzung des untergeordneten Vereins geändert werden[362].

Umfangreichere Ausführungen zur Unzulässigkeit der dynamischen Verweisung finden sich allerdings bei *Stöber*[363], der jedoch wegen der Klarstellungsfunktion des Vereinsregisters sogar statische Verweisungen ablehnt. Die aus der Satzung eines fremden Vereins zu übernehmenden Vorschriften müssten als Teil der Vereinssatzung wörtlich übernommen werden; für die Muss- und Sollvorschriften folge dies bereits aus §§ 57, 58 BGB, im Übrigen aber auch daraus,

360 *Reichert*, Handbuch, Rdnr. 447, weiter auch: Rdnr. 540.
361 *Reichert*, a. a. O. (s. o. Fn. 360).
362 *Reichert/van Look*, Handbuch, Rdnr. 297a, 411.
363 *Stöber*, Vereinsrecht, Rdnr. 34.

dass die Registereintragung die Rechtsverhältnisse des Vereins zutreffend darzustellen habe. Die Prüfungspflicht des Registergerichts fordere zudem, dass die vorzulegende Satzung die Rechtsverhältnisse vollständig ausweise. Eine Änderung des aus der Satzung des fremden Vereins übernommenen Satzungsinhalts könne sich auch nicht automatisch dadurch ergeben, dass der fremde Verein die entsprechende Satzungsbestimmung ändert; eine eigene Satzungsänderung durch den verweisenden Verein sei notwendig und zwingend einzutragen (§§ 33, 71 BGB). Hieraus ergebe sich die Begründung für die Ablehnung dynamischer Verweisungen. Zwar verweist auch *Stöber* zum Beleg und zur Begründung seiner Auffassung („Damit verbietet sich eine dynamische Verweisung") auf die Reitsport-Entscheidung[364]. Er beruft sich allerdings dann auf eine Beschwerdeentscheidung des *OLG Hamm*, in der über die Versagung einer Vereinsregistereintragung zu entscheiden war, weil die Satzung für den Vereinszweck „auf die Internationalen Statuten und Art. 3 der Satzung der X-Deutsche Sektion e. V." und für die Mitgliederversammlung „im Übrigen auf die Bestimmungen der Versammlungsordnung der X-Deutsche Sektion e. V." verwiesen hat, ohne dass sie Bestimmungen über Form der Einberufung oder Protokollierung der Beschlüsse enthielte[365]. Der erkennende *Zivilsenat* stellt in seinem Beschluss zunächst die Auffassung von *Stöber* und *Reichert/Dannecker/Kühr* gegeneinander, wobei letztere wenigstens statische Verweisungen für zulässig halten, wenn die Verweisung bestimmt gehalten ist oder den Inhalt der anderweitigen Regelung umrissartig erkennbar macht und wenn des Weiteren die anderweitige Satzung dem Registergericht vorgelegt wird. Der *Senat* führt aus:

> „Nach Auffassung des Senats findet die Annahme einer Unzulässigkeit weder in den gesetzlichen Bestimmungen über den Mindestinhalt der Satzung eine Stütze, noch lässt sie sich mit der Klarstellungsfunktion des Vereinsregisters begründen. Denn eine eindeutige und verständlich gefasste Verweisung auf eine bestimmte Regelung einer anderen, bei den Registerakten befindlichen Satzung verzögert oder erschwert die Unterrichtung über den Inhalt der Bestimmung kaum. Jedoch erfordert es die Aufgabe des Vereinsregisters, eine rasche und sichere Unterrichtung über die wesentlichen Rechtsverhältnisse des eingetragenen Vereins zu ermöglichen, nur widerspruchsfreie, verständlich gefasste und bestimmte Verweisungen zuzulassen."

Das *OLG Hamm* bezieht allerdings auch noch Stellung zur dynamischen Verweisung, die es für unzulässig erachtet. Das Gericht meint, dass die Grenzen der zulässigen Selbstbeschränkung eines Vereins jedenfalls dann überschritten

---

364 Diesmal mit einer weiteren Parallelfundstelle in der JZ, vgl. *Stöber*, a. a. O. (s. o. Fn. 363), Fn. 23.

365 *OLG Hamm*, Beschl. v. 24.07.1987, Az. 15 W 7/87, NJW-RR 1988, 183 = DNotZ 1988, 159 = OLGZ 1987, 397.

sind, wenn ein rechtsfähiger Verein mit einer dynamischen Verweisung auf ein anderes Satzungswerk in den vom Gesetz für als wesentlich angesehenen Punkten die spätere Willensbildung eines Dritten im Vorhinein, also ohne jedwede Prüfung, für verbindlich erklären will. Im Übrigen widerspräche eine solche Verweisung auch den gesetzlichen Bestimmungen der §§ 33, 71 BGB, die auch für die Satzungsänderungen des verweisenden Vereins maßgeblich seien.

Dies bedeutet aber, dass auch das *OLG Hamm* eine dynamische Verweisung nach seiner Begründung nicht *per se* für unzulässig hält, sondern immer nur dann, wenn hiervon die o. a. „wesentlichen Punkte" betroffen sind, es sich also eine so große Abhängigkeit von dem übergeordneten Verein ergibt, dass der verweisende Verein gleichsam seine Autonomie vollkommen aus der Hand gibt und seine Handlungsfreiheit durch einen Dritten beherrscht wird. Hierzu verweist der Hammer *Senat* auf das *OLG Frankfurt*[366], das entschieden hat, dass die Bestimmung der Satzung eines Vereins, wonach Änderungen seiner Satzung ausschließlich durch Rechtsverordnungen einer Kirchengemeinschaft erfolgen, unzulässig ist. Das *OLG Frankfurt* weist darauf hin, dass sich die Vereinsmitglieder zwar grundsätzlich jede von ihnen gewünschte Ordnung geben können, diese Gestaltungsfreiheit aber jedenfalls dort ihre Grenze finde, wo die Privatautonomie allgemein endet, nämlich an dem Grundsatz von Treu und Glauben, der sich u. a. aus den Normen der §§ 134, 138, 242, 826 BGB ergibt. Für Vereine ist die Grenze dann überschritten, wenn die Satzung den Verein so stark unter fremden Einfluss bringt, dass er zu einer eigenen selbständigen Willensbildung nicht mehr in der Lage ist[367].

Mit dem Beschluss setzt sich *Stöber* ausführlich und sehr kritisch auseinander[368]. Er lehnt ihn rundheraus ab. Er meint, der *Senat* billige überhaupt keine dynamische Verweisung, sondern lediglich eine statische, wenn die in Bezug genommene Satzung vorgelegt würde. Zu einer wesentlichen Verzögerung der Prüfung der Satzung käme es sehr wohl, wenn beispielsweise das Registergericht des Vereins mit derjenigen Satzung, auf die verwiesen wird, ein anderes wäre. Bei Vereinen im Ausland würde eine Prüfung fast unmöglich.

Auch *Reuter* nimmt zu der Frage der dynamischen Verweisung ebenfalls eindeutig ablehnend Stellung[369]. Sie verstoße für die eingetragenen Vereine gegen die §§ 33, 71 BGB, welche die Satzungsförmigkeit der Verfassung und als konstitutives Erfordernis von Satzungsänderungen die Eintragung im Vereinsregister vorsehen; hierzu verweist er in Fn. 407 allerdings auf das Urteil BGHZ

---

366 *OLG Frankfurt*, Beschl. v. 09.03.1982, Az. 20 W 577/81, NJW 1983, 2576.

367 *OLG Frankfurt*, Beschl. v. 27.11.1978, Az. 20 W 228/78, OLGZ 1979, 5; *OLG Frankfurt*, Beschl. v. 19.03.1981, Az. 20 W 658/80, OLGZ 1981, 391.

368 *Stöber*, Vereinsrecht, Fn. 26.

369 MünchKomm-*Reuter*, vor § 21, Rdnr. 120.

128, 93 (Reitsport), dem – wie dargestellt – diese Aussage nicht entnommen werden kann. Weiter entfalle zwar dieses konstitutive Eintragungserfordernis für die nichtrechtsfähigen Vereine, jedoch sei auch für diese das Gebot, dass die wesentlichen Grundentscheidungen des Vereins in der Satzung geregelt sein müssten, verbindlich. Die Auffassung von *Vieweg* (der § 25 BGB als einfachgesetzliche Schranke der Vereinsautonomie diskutiert), der Verfassungscharakter einer Regelung sei durch Abwägung des Vereinsinteresses an der Vermeidung der damit verbundenen Erschwernisse gegenüber den Mitgliedern und an dem damit verbundenen Schutz zu ermitteln[370], lehnt er mit dem Argument ab, dass § 25 BGB nicht den Schutz individueller Mitgliederinteressen bezwecke.

Im Praxishandbuch Sportrecht meint *Summerer*, dass dynamische Verweisungen wegen eines Verstoßes gegen §§ 33, 71 BGB unwirksam seien. Weitere Argumentation folgt nicht, dafür umfangreiche Nachweise[371].

γγ) Die „h. M." ablehnende oder differenzierende Meinungen

Es lassen sich eine Vielzahl von Auffassungen finden, die hinsichtlich dynamischer Verweisungen die so genannte „herrschende Meinung" ablehnen oder wenigstens weiter differenzieren.

(a) Rechtsprechung

Hierzu lässt sich aus der Rechtsprechung nach hiesigem Verständnis die Entscheidung des *OLG Hamm* anführen, die oben ausführlich dargestellt ist (s. o. S. 161 f.). Die übrigen zum Themenkreis ergangenen Entscheidungen betreffen regelmäßig nicht den Fall der Unterwerfung durch dynamische Verweisung, sondern die Wahrnehmung von Vereinsstrafgewalt durch Verband durch Doppelmitgliedschaft oder Mehrfachverankerung[372].

(b) Die Auffassung von Steinbeck

Eine sehr differenzierte Ausarbeitung zum Thema hat *Steinbeck* vorgenommen[373]. Sie befasst sich zunächst ausführlich mit den Fragen nach den Anforderungen für eine Verweisung im Allgemeinen (nämlich ob sie nur auf konkrete Normen oder generell zulässig ist), um alsdann umfangreich auch die Zulässig-

370 *Vieweg*, Normsetzung, S. 200 ff.

371 *Fritzweiler/Pfister/Summer*, Praxishandbuch Sportrecht, Rdnr. 3/157. Nachweise dort in Fn. 361.

372 Z. B. *LG Heilbronn*, Urt. v. 16.07.1988, Az. 3 S 124/98, NZG 1998, 783.

373 *Steinbeck*, Vereinsautonomie, S. 162 ff.

keit der statischen Verweisung einzugehen. Im nachfolgenden Teil zur dynamischen Verweisung weist sie zunächst eine dagegensprechende, herrschende Meinung nach[374], wobei sie (Fn. 140 dort) auf die Reitsport-Entscheidung verweist. Sie stellt dann die formellen Bedenken gegen eine dynamische Verweisung (fehlender Beschluss der Mitgliederversammlung und die fehlende Eintragung im Vereinsregister) dar und diskutiert sie, wobei sie ein Eingreifen des ersten Arguments mit ausführlicher Begründung verneint[375], bei dem zweiten jedoch Position gegen eine teleologische Reduktion des § 71 Abs. 1 Satz 1 BGB bezieht. Damit kommt sie zu dem Zwischenergebnis, dass das geforderte Publizitätserfordernis etwaigen Autonomie- und Effizienzgedanken vorgehe[376]. Hinsichtlich materieller Bedenken stellt sie als Grenze von dynamischen Verweisungen die Vereinsautonomie vor und stellt fest, dass die zwingenden Grenzen der Vereinsautonomie nicht überschritten werden dürfen[377]. Dynamische Verweisungen auf Satzungsbestimmungen von Dachverbänden hält sie damit für unzulässig, weil eine unzulässige Übertragung der Satzungsänderungskompetenz auf einen vereinsfremden Dritten nicht zulässig ist[378]. Sie hält ferner fest, dass für den nicht eingetragenen Verein sämtliche formellen Vorbehalte nicht gelten können, in materieller Hinsicht jedoch dieselben Schranken wie beim rechtsfähigen Verein zu beachten sind[379]. Was die Inkorporation von Ordnungen, also unter der Satzung stehenden Vorschriften des Dachverbandes angeht, zeichnet *Steinbeck* dann in einem weiteren Abschnitt ein differenziertes Bild[380]. Festzuhalten bleibt, dass sie – abgesehen von selbstverständlichen Rechtmäßigkeitsvoraussetzungen (satzungsmäßige Ermächtigungs- und Delegationsgrundlage) – prinzipiell zulässig erscheinen[381].

Steinbeck widmet sich auch ausführlich den Bestimmtheitsanforderungen für inkorporierende Verweisungen. Sie kommt zu dem Ergebnis, dass eine Verweisung nur dann zu einer Inkorporation der Satzung des Dachverbands führen kann, wenn sie widerspruchsfrei und verständlich gefasst ist und die in Bezug ge-

---

374 *Steinbeck*, Vereinsautonomie, S. 173.
375 *Steinbeck*, Vereinsautonomie, S. 173 – aa) (1).
376 *Steinbeck*, Vereinsautonomie, S. 174 f. – (2).
377 *Steinbeck*, Vereinsautonomie, S. 175 f. – bb)
378 *Steinbeck*, Vereinsautonomie, S. 176.
379 *Steinbeck*, Vereinsautonomie, S. 176.
380 *Steinbeck*, Vereinsautonomie, S. 176 ff.
381 Darin liegt jedoch keine pragmatische Lösung des Problems, Einzelmitglieder der verbandlichen Strafgewalt zuzuführen. Natürlich reicht es nicht aus, die entsprechenden Strafvorschriften bei dem Verband in Ordnungen zu statuieren und diese dann in Ordnungen des Vereins durch dynamische Verweisungen zu inkorporieren. Denn Strafvorschriften unterliegen unzweifelhaft dem Satzungsvorbehalt, vgl. nur für alle: *Steinbeck*, Vereinsautonomie, S. 177/178.

nommenen Bestimmungen konkret benennt[382]. Eine generelle Verweisung (Gesamtverweisung) sei – wegen der Nachforschungspflicht für ein Vereinsmitglied auch angesichts der weitreichenden rechtlichen Auswirkungen der Verweisungen für das Mitglied – zu wenig konkret und deswegen unzulässig[383].

(c) Die Auffassung von Vieweg

Vieweg bietet für die dynamische Verweisung, basierend auf seinem Verständnis vom Verfassungscharakter von Normen[384], eine sehr praxisorientierte Lösung an[385]. Das Interesse von Vereinen, Verbänden und Sportlern an Einheitlichkeit und Normenharmonie sei im Rahmen der verfassungsrechtlich gebotenen Interessenabwägung im Rahmen der Inhaltskontrolle zu berücksichtigen. Die Alternative, Normenänderungen des Dachverbands durch zahlreiche gleichlautende Änderungsbeschlüsse der angeschlossenen (mittelbaren) Mitglieder umzusetzen, sei viel zu arbeits-, zeit- und kostenintensiv. Dynamische Verweisung sei häufig interessengerecht; in ihr liege nicht *per se* Selbstentmündigung. Die Öffnung gegenüber Normsetzung deutscher Sportverbände im Wege dynamischer Verweisung erweist sich solange als interessengerechte Ausübung der Verbandsautonomie – und damit rechtlich als wirksam – wie die Normenänderung für sich genommen der Inhaltskontrolle nach § 242 BGB standhält[386].

(d) Die Auffassung von Blum/Ebeling

Blum/Ebeling lehnen „die herrschende Meinung“, die auch sie als eine solche konstatieren, ab[387]. Sie nehmen umfangreiche Vergleiche mit dem geltenden Staats- und Arbeitsrecht vor, die – in Grenzen – dynamische Verweisungen grundsätzlich zulassen, und die deswegen auch hier darzustellen sind.

(aa) Arbeitsrechtliche Diskussion

Beim Einstieg in die arbeitsrechtliche Problematik fällt zunächst auf, dass – jedenfalls was die dynamische Bezugnahme auf einen Tarifvertrag aus einem Arbeitsvertrag heraus angeht – offenbar kein Problembewusstsein vorliegt, was die

---

382 *Steinbeck*, Vereinsautonomie, S. 171.
383 *Steinbeck*, Vereinsautonomie, S. 167.
384 *Vieweg*, Normsetzung, S. 200 ff.
385 *Vieweg*, Normsetzung, S. 346 f.
386 *Vieweg*, Normsetzung, S. 347.
387 *Blum/Ebeling*, Dynamische Verweisungen, S. 111.

grundsätzliche Zulässigkeit solchen Handelns angeht[388]. Diese wird ganz selbstverständlich unterstellt; Probleme bestehen vielmehr mit der Auslegung solcher Vorschriften (Stichwort: „Gleichstellungsabrede“)[389]. Heute jedenfalls scheint auch eine arbeitsvertragliche dynamische Verweisung auf eine Betriebsvereinbarung unproblematisch zu sein[390].

Hier ist jedoch insgesamt eine schärfere Betrachtung gefordert, die *Blum/Ebeling* in ihrem sehr lesenswerten Aufsatz vorgenommen haben. Die wesentlichen Gedanken sind hier erneut zu entwickeln.

Im kollektiven Arbeitsrecht ist eine Vielzahl von dynamischen Verweisungen von Tarifverträgen auf Gesetze, Betriebsvereinbarungen und jeweils umgekehrt denkbar. Mit dem Argument, dass den Tarifvertragsparteien mit dem Recht aus Art. 9 Abs. 3 GG – Tarifautonomie – gleichzeitig auch die Verpflichtung zu eigener, selbständiger Rechtsetzung und zur Wahrnehmung der Interessen für ihre eigenen Koalitionsmitglieder obliegt, die sie durch Delegation nicht aus der Hand geben dürfen, wurde früher die Auffassung vertreten, dass dynamische Verweisungen in Tarifverträgen grundsätzlich unzulässig seien[391]. Das *BAG* hat diese Auffassung aufgegeben[392]; die entgegen stehende Auffassung wird kaum noch vertreten. Das *BAG,* welches in dieser Entscheidung auch klarstellt, dass die Schriftformklausel des § 1 Abs. 2 TVG dynamischen Verweisungen dann nicht entgegen steht, wenn die in Bezug genommene Regelung hinreichend konkret bestimmt ist und anderweitig schriftlich niedergelegt ist (Leitsatz 1), zielt darauf ab, dass bei der dynamischen Verweisung – anders als bei der bloßen Delegation – die Tarifvertragsparteien ihre Regelungsmacht tatsächlich nutzen. Sie schaffen gerade eine eigene Regelung. Ferner ist darauf hingewiesen worden, dass bei einer dynamischen Verweisung, anders als bei der Delegation, der Verweisungsempfänger von seiner ihm übertragenen Kompetenz nichts erfährt[393], also keinen Rechtssetzungsauftrag erhält. Hieraus wird zutreffend abgeleitet, dass eine dynamische Verweisung nicht zur Delegation werden darf. Für das Tarifrecht folgt daraus, dass es Tarifpartnern lediglich versagt ist, ihre tarifliche Regelungsbefugnis vollständig auf einen Dritten zu übertragen. Die Bestimmung des zulässigen Verweisungsumfangs hat negativ zu erfolgen. Nach dem Vorgesagten sind zwei Varianten dynamischer Verweisungen in jedem Fall unbedenklich. Zum einen, wenn der Verweisende auf eigene Vorschriften Bezug nimmt. Denn dann übt er die ihm zustehende Regelungsmacht selbst aus. Zweitens sind Verweise auf Vor-

388 Erfurter Kommentar-*Franzen*, § 3 TVG, Rdnr. 36.
389 *Franzen*, a. a. O. (s. o. Fn. 388), Rdnr. 36, 37.
390 Erfurter Kommentar-*Kania*, § 77 BetrVG, Rdnr. 85.
391 *Blum/Ebeling*, Dynamische Verweisungen, S. 94 m. w. N.
392 *BAG*, Urt. v. 09.07.1980, Az. 4 AZR 564/78, AP Nr. 7 zu § 1 TVG.
393 *Blum/Ebeling*, Dynamische Verweisungen, S. 94 m. w. N.

schriften, für die dem Verweisenden keine Rechtsetzungsbefugnis zusteht, dieses Regelwerk aber nicht in die Rechtssetzungsmacht des Verweisenden eingreift, uneingeschränkt möglich[394]. Denn bei solchen wird es sich nur um deklaratorische Verweisungen handeln, welche die jeweils geltende Rechtslage nur zur Klarstellung nochmals wiedergeben. Im Übrigen bestimmt sich die Frage nach den Grenzen dynamischer Verweisungen daran, ob ein Regelungsbereich vorliegt, der nach der Rechtsprechung des *BVerfG* und des *BAG* von der zweiten und dritten Stufe des Schutzbereichs von Art. 9 Abs. 3 GG erfasst sind, früher also: dem Kernbereich des Art. 9 Abs. 3 unterfällt. Dann sind sie unmöglich[395]. *Blum/Ebeling* halten als Ergebnis fest, dass dynamische Verweisungen damit außerhalb des unerlässlichen Kernbereichs der Tarifautonomie zulässig sind[396]. Hierbei zeigen *Blum/Ebeling* auf, dass es Ansichten gibt, die daneben weitere Voraussetzungen für dynamische Verweisungen verlangen: entweder ein Kriterium sinnvoller und sachnaher Regelung oder ein Wesentlichkeitskriterium. Letztlich stufen sie ein solches jedoch als nicht hilfreich ein, um die Eingangsfrage („Ist der Kernbereich des Art. 9 Abs. 3 GG betroffen?") treffend zu beantworten. Genauso wenig seien die dargestellten Prämissen dazu geeignet, darüber zu entscheiden, ob eine dynamische Verweisung eine unzulässige Einschränkung des den Tarifvertragsparteien zustehenden Ermessenspielraums darstellt, die ihnen übertragenen, nicht im Kernbereich befindlichen Angelegenheiten eigenverantwortlich zu regeln[397]. Ferner seien nur die üblichen Anforderungen einzuhalten: Durch eine dynamische Verweisung wird das Bekanntmachungsgebot nach §§ 6-8 TVG verletzt[398], und freilich muss der in Bezug genommene Tarifvertrag bestimmbar und erkennbar sowie nicht durch eine Vielzahl von Verweisungen versteckt sein[399].

Was dynamische Verweisungen in Betriebsvereinbarungen angeht, die in der Praxis in aller Regel nur als solche auf Tarifverträge vorkommen, kommen *Blum/Ebeling* zu dem Ergebnis, dass diese grundsätzlich zulässig seien, solange nicht die Grenzen der §§ 77 Abs. 3 (sachliche Beschränkung hinsichtlich Arbeitsentgelt und -bedingungen, soweit der Tarifvertrag keine Öffnungsklausel enthält), § 87 Abs. 1 BetrVG (Umgehung zwingender Mitbestimmung) und 242, 138 BGB (keinerlei Vorhersehbarkeit des Verweisungsziels mehr) überschritten werden[400]. Sie weisen auf die Auffassung des *BVerfG* hin, dass eine dynamische

394 *Blum/Ebeling,* Dynamische Verweisungen, S. 95.
395 *Blum/Ebeling,* Dynamische Verweisungen, S. 97.
396 *Blum/Ebeling,* Dynamische Verweisungen, S. 102.
397 *Blum/Ebeling,* Dynamische Verweisungen, S. 97, 3. Absatz, bis S. 100 oben.
398 *Blum/Ebeling,* Dynamische Verweisungen, S. 101.
399 *Blum/Ebeling,* Dynamische Verweisungen, S. 102.
400 *Blum/Ebeling,* Dynamische Verweisungen, S. 106.

Verweisung nur dann unwirksam sei, wenn die Regelung des Verweisungsobjekts zum Zeitpunkt des Abschlusses der verweisenden Vereinbarung „keineswegs mehr vorhersehbar war“[401]. Ansichten in der Rechtsprechung und Literatur, die weitere Voraussetzungen verlangen, lehnen sie ab[402].

Im Individualarbeitsrecht schließlich bestätigen *Blum/Ebeling*, nach der kurzen Diskussion etwaiger Bedenken, die grundsätzliche Zulässigkeit von dynamischen Verweisungen in Arbeitsverträgen auf Tarifverträge und Betriebsvereinbarungen. Die Anerkennung beruht auf der im Vertragsverhältnis herrschenden Privatautonomie. Inhaltskontrolle findet nur nach §§ 138, 242 BGB statt[403].

(bb) Staatsrechtliche Diskussion

Im Staatsrecht hat die dynamische Verweisung grundsätzliche und durch das *BVerfG* maßgebliche Anerkennung gefunden, wenn auch in ihrem Anwendungsbereich erheblich beschränkt[404]. In der bereits angesprochenen Entscheidung des *BVerfG*[405] hält das Gericht die dynamische Verweisung, also die Bezugnahme des Bundesgesetzgebers auf Vorschriften auch anderer Gesetz- oder Regelungsgeber, grundsätzlich – wenn auch in Grenzen – für zulässig. Es wird zunächst festgehalten, dass der Gesetzgeber die gesetzlichen Tatbestände nicht stets selbst umschreiben muss, sondern im Wege der Verweisung auf andere Vorschriften Bezug nehmen darf. Denn solche Verweisungen seien als vielfach übliche und notwendige gesetzestechnische Methode anerkannt, sofern die Verweisungsnorm hinreichend klar erkennen lässt, welche Vorschriften im einzelnen gelten sollen, und wenn die in Bezug genommenen Vorschriften dem Normadressaten durch eine frühere ordnungsgemäße Veröffentlichung zugänglich sind[406]. Der Gesetzgeber kann auch auf von ihm nicht formuliertes Recht eines anderen Kompetenzbereichs verweisen[407]. Ausdrücklich für zulässig hält das *BVerfG* stets eine statische Verweisung[408]. Aber nach seiner bisherigen Rechtsprechung seien auch dynamische Verweisungen nicht schlechthin ausgeschlossen, und zwar selbst dann

---

401 *BVerfG*, Beschl. v. 23.04.1986, Az. 2 BvR 487/80, BVerfGE 73, 261, 272 f.; *Blum/Ebeling*, Dynamische Verweisungen, S. 104.

402 *Blum/Ebeling*, Dynamische Verweisungen, S. 104 f.

403 *Blum/Ebeling*, Dynamische Verweisungen, S. 106 f. (Tarifvertrag), S. 109 (Betriebsvereinbarung).

404 Kritisch: *Arndt*, JuS 1979, 784 (789) – III. Als grundsätzlich taugliches rechtstechnisches Instrument erkennt das *Bundesverfassungsgericht* die dynamische Verweisung ohnehin an, vgl. *BVerfG*, a. a. O. (s. o. Fn. 401).

405 *BVerfG*, a. a. O. (s. o. Fn. 339).

406 *BVerfG*, a. a. O. (s. o. Fn. 339), B. II. 1, S. 311.

407 *BVerfG*, a. a. O. (s. o. Fn. 339), B. II. 1, S. 312.

408 *BVerfG*, a. a. O. (s. o. Fn. 407).

nicht, wenn keine Identität der Gesetzgeber besteht. Darauf folgt die Darstellung der bereits präsentierten – s. o. unter bb, S. 153 – Bedenken des Schrifttums hiergegen, die sich als solche unter bundesstaatlichen, rechtsstaatlichen und demokratischen Gesichtspunkten zusammenfassen lassen.

Wohingegen die Bedenken wegen des Staatsprinzips „Bundesstaat", hier also die Einhaltung der gegebenen Legislativkompetenzordnung[409], auf das Verbandsrecht nicht übertragbar sind, weil es eben solche verfassungsrechtlichen Vorgaben für Vereine und Verbände naturgemäß nicht gibt, bleibt den Gedanken im Hinblick auf Demokratieprinzip und Rechtsstaatsgebot Rechnung zu tragen.

Im Hinblick auf das Demokratiegebot greift die Überlegung durch, dass zwischen dem Staatsgewalt ausübenden Organ und zwischen der Volkssouveränität eine ununterbrochene demokratische Legitimationskette bestehen muss. Diese kann unterbrochen sein, wenn der Gesetzgeber zwar formell ordnungsgemäß ein Gesetz erlässt, darin aber die Normen eines Trägers fremder Staatsgewalt im Wege der dynamischen Verweisung korporiert[410]. Weil aber nur der Gesetzgeber demokratisch legitimiert ist, alleine in den grundgesetzlichen Grenzen Gesetze zu erlassen, muss er seine Rechtssetzungsbefugnis selbst wahrnehmen, soweit sie eine im Sinne der verfassungsrechtlichen Begrifflichkeit wesentliche Frage betrifft oder der zukünftige Inhalt des Verweisungsobjekts im Großen und Ganzen noch nicht feststeht[411]. Hierbei ist unklar geblieben, wann dynamische Verweisungen in einem Gesetz als wesentlich zu beurteilen sind; dies kann vorliegend jedoch dahinstehen. Das *BVerfG* meint jedenfalls, dass „zumindest bei grundrechtsrelevanten Regelungen" eine dynamische Verweisung „nicht tragbar" sein soll. Hier verlangt es eine „eigenverantwortliche Prüfung" des Gesetzgebers[412].

Relevant sind schließlich die sich aus dem Rechtsstaatsprinzip ergebenden Beschränkungen. Ihm wird für den Gesetzgeber das Verkündungsgebot entnommen. Dies ist in Bezug auf Verweisungen und nach der herrschenden Meinung nur dann erfüllt, wenn in der verweisenden Regelung das Verweisungsobjekt hinreichend bestimmt bezeichnet und seine Verlautbarung für die Betroffenen geeignet und zugänglich ist[413].

---

409 *Arndt*, a. a. O. (s. o. Fn. 404).

410 *Arndt*, JuS 1979, 784 (785); *Blum/Ebeling*, Dynamische Verweisungen, S. 89.

411 *Blum/Ebeling*, a. a. O. (s. o. Fn. 387), S. 89; *Arndt*, JuS 1979, 784; *BVerfG*, a. a. O. (s. o. Fn. 339), B. II. 2., S. 313.

412 *BVerfG*, a. a. O. (s. o. Fn. 339), B. II. 2. b), S. 317.

413 *Blum/Ebeling*, Dynamische Verweisungen, S. 90 mit umfangreichen Nachweisen auch zu Gegenansichten; ausführlich ebenso: *Arndt*, JuS 1979, 784 (788) – 4.

(cc) Weiterer Aspekt: Europarechtliche Diskussion

Es wird gleich zu sehen sein, dass sich diese Auffassungen auf die vereinsrechtliche Diskussion übertragen lassen. Hinzu kommt noch, dass die staatsrechtlich geprägte Diskussion um die Zulässigkeit dynamischer Verweisungen durch zwei jüngere Beiträge eine neue Dimension, nämlich eine europarechtliche erreicht hat.

Ehricke überprüft, ob Richtlinien der Gemeinschaften, die häufig eine „unerschöpfliche Menge" von Regelungsdetails aufweisen, keine starren Regelungen mehr vorsehen, sondern auf externe Regelungen verweisen können[414]. Er kommt zu dem Ergebnis, dass EG-rechtlich die Möglichkeit besteht, dass allgemein in Richtlinien zur Konkretisierung offener Rechtsbegriffe ein dynamischer Verweis auf Regelungen privater Normungsgremien aufgenommen wird. Als Voraussetzungen hierfür verlangt er, dass die Kommission dem privaten Normungsgremium entweder von sich aus ein Mandat erteilt oder eine Initiative des Privaten zur Koregulierung aufgreift. In jedem Fall seien bestimmte Voraussetzungen („Qualitätsstandards") hinsichtlich des Normungsgremiums und der Regelungen, auf die verwiesen werden soll, erforderlich[415].

Ehricke/Blask nehmen sich in einem anderen Aufsatz der Frage an, ob im Rahmen der Anpassung des GWB an das europäische Recht mittels dynamischen Verweises auf die EG-Gruppenfreistellungsverordnungen Bezug genommen werden kann[416]. Nachdem sie auch die eben dargestellten Bedenken aus verfassungsrechtlicher Sicht darstellen, erörtern sie auch Argumente, die aus gemeinschaftsrechtlicher Sicht gegen dynamische Verweise vorgetragen worden sind. Nach einer Beurteilung der angedachten Verweisung gelangen sie zu der Auffassung, dass dynamische Verweisungen auf das Sekundärrecht internationaler oder supranationaler Organisationen, denen die *Bundesrepublik Deutschland* angehört, insbesondere auch auf das Recht der *Europäischen Gemeinschaft* grundsätzlich zulässig sind. Hierfür sei jedoch zu fordern, dass die verfassungsrechtlichen Anforderungen hinsichtlich der Transparenz und Publizität sowie das Prinzip der Gewaltenteilung, das Bestimmtheitsgebot, das Demokratieprinzip und die Regelungszuständigkeiten des Grundgesetzes gewahrt bleiben[417].

414 *Ehricke*, EuZW 2002, 746.
415 *Ehricke*, EuZW 2002, 746 (753).
416 *Ehricke/Blask*, JZ 2003, 722.
417 *Ehricke/Blask*, JZ 2003, 722 (729) – V.

(e) Die Auffassung von Heß

Heß meint knapp, dass die Rechtsprechung – unter Hinweis auf BGHZ 105, 306, 314 – eine Festlegung der die Mitgliedschaft betreffenden Kriterien in der Satzung selbst verlange. Dieses Erfordernis verbiete sog. „dynamische Verweisungen“ auf das Regelungswerk des übergeordneten (bzw. internationalen) Sportverbandes. Hierzu verweist er auf *BGH,* NJW-RR 1989, 376,[418] und die Reitsport-Entscheidung[419].

Gleichwohl setzt sich *Heß* mit beachtlichen Argumenten für eine Überprüfung des Verbots der dynamischen Verweisung für das organisierte Sportgeschehen ein: Für das organisierte deutsche Sportgeschehen könnten die beiden im Wesentlichen dagegen vorgebrachten Bedenken, zum einen die „Selbstentrechtlichung“ des Vereins durch die fehlende Entscheidung der Mitgliederversammlung und zum anderen die fehlende Informationsmöglichkeit über das für das Vereinsmitglied geltende Recht aus dem Vereinsregister, nicht ausschlaggebend sein. In der monopolisierten Verbandspyramide seien die nachgeordneten Vereine und Verbände ohnehin verpflichtet, die übergeordneten Regelungen umzusetzen und zu vollziehen – sonst werden sie ausgeschlossen und können nicht am organisierten Sportgeschehen teilnehmen. Das Informationsbedürfnis der Mitglieder wird weniger durch eine Einsichtnahme im Vereinsregister als vielmehr durch das Vorhandensein eines geordneten Regelungswerks, das von den Verbänden zur Verfügung gestellt wird, befriedigt[420].

δδ) Weitere Kritik und eigene Ansicht

Von einer grundsätzlichen Unzulässigkeit dynamischer Verweisungen in Vereinssatzungen auf andere Satzungswerke im geltenden Recht insgesamt kann daher nicht die Rede sein. Vielmehr ist hier dieser Auffassung entgegen zu treten. Dynamische Verweisungen in der dargestellten Verwendung sind vielmehr für grundsätzlich zulässig zu halten. Dies ergibt sich für *Verfasser* aus den folgenden Argumenten:

(1) Anerkanntes Instrument der Rechtstechnik

Eine dynamische Verweisung muss auch im Vereinsrecht grundsätzlich zulässig sein. Sie ist nichts „Unanständiges“, sondern – wie die Vergleiche zum Staats-,

418 S. o. Fn. 354.
419 *Heß/Dressler-Heß,* Rechtsfragen, S. 17.
420 *Heß/Dressler-Heß,* Rechtsfragen, S. 18.

Arbeits- und Europarecht gezeigt haben – ein anerkanntes Institut, das – mit den notwendigen Beschränkungen – ein stark verfahrensvereinfachendes und ausgesprochen arbeitsökonomisches Instrument ist, um Regelungen für einen anderen Rechtsträger und die ihm unterworfenen Personen zu übernehmen. Die Konsequenz und die Einheit der Rechtsordnung gebieten es, dieses von der Praxis gewünschte und wohl benötigte Mittel auch im Vereinsrecht zuzulassen, soweit nicht zwingende sachliche (rechtliche) Gründe entgegenstehen. Denn die verfassungs- und arbeitsrechtlichen Prinzipien können auf die Bezugnahmen in Satzungen und Ordnungen übertragen werden, weil sie strukturell vergleichbar sind[421]. Denn im Kern der Diskussion steht die jeweilige Verfassung, gleich ob als Grundgesetz des Staates oder als Satzung des Vereins, und die Reichweite der Bindung der ihr Unterworfenen (Vereinsmitglied, Koalitionsmitglied, Staatsbürger). Zu Recht weisen *Blum/Ebeling* darauf hin, dass diese Strukturparallele natürlich unabhängig von der bestehenden Streitfrage (s. o. unter C. I. 1., S. 125) existiert, ob die Satzung eine Rechtsnorm oder einen Organisationsvertrag darstellt[422]. Jedenfalls wird für den Verein durch die allseits anerkannte Geltung des Mehrheitsprinzips des Vereinsrechts, die Übertragung von Befugnissen auf die Gremien und die damit einhergehende Unterwerfung der Mitglieder hierunter das Recht zur einseitigen Gestaltung der Mitgliedschaftsverhältnisse begründet.

Nichts anderes kann für die Übertragbarkeit der Erkenntnisse aus dem kollektiven Arbeitsrecht bei der dynamischen Verweisung aus Tarifverträgen gelten. Denn auch dort liegt nach herrschender Meinung ein Akt objektiver Rechtssetzung vor, und der Tarifvertrag ist ein Gesetz im materiellen Sinne[423]. Eher grundsätzliche Berücksichtigung bei der Diskussion finden die Parallelen im Individualarbeitsrecht, weil die grundsätzlichen Vorbehalte, die für Rechtssetzungsakte geltend gemacht werden, im von der Privatautonomie maßgeblich bestimmten Vertragsrecht naturgemäß weniger stark berücksichtigt werden müssen.

(2) Formale Bedenken

Auch die verschiedentlich vorgetragenen formalen Bedenken greifen nicht durch.

---

421 So schon: *Blum/Ebeling*, Dynamische Verweisungen, S. 109.

422 *Blum/Ebeling*, Dynamische Verweisungen, S. 109 f.

423 *BAG*, Urt. v. 06.04.1955, Az. 1 AZR 365/54, BAGE 1, 348, 353; *Blum/Ebeling*, Dynamische Verweisungen, S. 93.

(a) Registerrechtliche Bedenken

Die gegen dynamische Verweisungen in Vereinssatzungen vorgebrachte Argumentation von *Stöber* ist eine formalistische, die aus verschiedenen Gründen überholt ist. Sie wird vor allem der überragenden und mit Verfassungsrang ausgestatten Vereinsautonomie nach Art. 9 Abs. 1 GG nicht gerecht; auch wenn andere Güter, teilweise von Verfassungsrang entgegenstehen, fällt eine Abwägung zu Gunsten der Vereinsautonomie aus. Da gleichwohl den dargestellten Registrierungsinteressen in ihrer einfach-gesetzlichen Konkretisierung Rechnung zu tragen ist, ist die Zulässigkeit der dynamischen Verweisung daher mit Einschränkungen zu versehen.

Insbesondere kann angesichts der Vereinsautonomie das formale Registererfordernis des BGB nicht herangezogen werden, um dynamische Verweisungen zu verbieten. Hier muss ins Gedächtnis gerufen werden, dass diesem Erfordernis bei seiner Einführung wegen der Erstarkung von Parteien und Gewerkschaften (die auch heute noch aus eben diesen Gründe nicht eingetragene Vereine sind) mit der Registrierung auch ein aus heutiger Sicht fragliches und diskriminierendes Interesse mitbrachte[424], das von der freiheitlichen demokratischen Grundordnung mit ihrem Pluralismus unter dem Grundgesetz keine tragfähige Basis mehr hat. Die vorkonstitutionellen, durch Neuverkündung sicherlich in den Willen des nachkonstitutionellen Gesetzgebers aufgenommenen Vorschriften bedürfen daher einer verfassungskonformen Auslegung im Lichte des Art. 9 Abs. 1 GG.

Auch dient das Registererfordernis nicht in erster Linie dem Mitgliederschutz, weil es – wie dargelegt – für Bestands- und neue Mitglieder jedenfalls im organisierten Sportbetrieb bessere Möglichkeiten gibt, sich über die geltende Rechtslage zu informieren. Nach hiesigem Verständnis erfüllt das Registererfordernis im Wesentlichen die Funktion des Verkehrsschutzes im wirtschaftlichen Verkehr des Idealvereins. Der Geschäftspartner des „e. V." soll dem Vereinsregister entnehmen können, wer (konkret) für den Verein kontrahieren kann (die eingetragenen Vorstandsmitglieder) und wie dies (abstrakt) in der Satzung geregelt ist (Vertretungsbestimmungen). Neben den Muss- und Sollinhalten gemäß §§ 57, 58 BGB weiß damit der Geschäftsverkehr, wen er als Verein und möglicherweise neben dem Verein in Anspruch nehmen kann.

---

424 Bei den Beratungen des BGB wollte insbesondere die preußische Regierung keine Erleichterungen für die Erlangung der Rechtsfähigkeit schaffen, die den politischen und sozialpolitischen Vereinen, insbesondere vor allem auch den Gewerkschaften zu Gute kommen könnte, *Staudinger-Coing,* BGB, 12. Auflage 1978, Vorbem zu §§ 21-54, Rdnr. 18.

(b) Bestimmtheitsbedenken

Auch die dargestellten Bestimmtheitsbedenken gegen (dynamische) Verweisungen vermögen nicht zu überzeugen. Es gibt keine noch bestimmtere Verweisung als diejenige auf eine komplette übergeordnete Satzung. Dieses Vorgehen ist an Eindeutigkeit nicht zu übertreffen. Die notwendige Arbeit für das Einzelmitglied, nunmehr anhand der verschiedenen Satzungen festzustellen, welche Rechtsnormen für ihn gelten (nicht nur durch Nachverfolgung und Vergleich, sondern sogar evtl. durch Auslegung, s. o. aa, S. 149), ist entgegen der Ansicht von *Steinbeck* sehr wohl zumutbar. Dies ist eine allgemeine Aufgabe jedes im Rechtsverkehr Beteiligten, und gilt unbestritten für den Bürger als Empfänger des staatlich-gesetzlichen Rechtssetzungsbefehls oder für den Arbeitnehmer im Arbeitsrecht, dessen Arbeitsvertrag eine Verweisung enthält. Dies hat seine Grenze nur dort, wo aufgrund der Verweisungen mangels Transparenz und Übersicht schlechterdings nicht mehr festgestellt werden kann, welche Vorschriften für das Mitglied gelten.

(3) Materielle Bedenken

Die im Vereinsrecht zu beachtenden Grenzen sind im Ergebnis bereits aufgezeigt, weil sie denen im Staats- und Arbeitsrecht ähneln. Absolute, eine dynamische Verweisung im Vereinsrecht gänzlich verbietende Grenzen gibt es aber nicht, q. e. d.

Grenze der Zulässigkeit dynamischer Verweisungen ist damit die Vereinsautonomie; dynamische Verweisungen sind immer dann unzulässig, wenn der Verein durch die Verweisung seine Autonomie vollkommen aus der Hand gibt, nur noch abhängiger Gliederungsteil eines übergeordneten Vereins- oder Verbandes ohne eigene Willensbildung ist und keine eigene (Rechts-)Persönlichkeit mehr darstellt[425]. Anhaltspunkte, welche Bereiche hierzu gehören, gibt das Gesetz. Zweck, Name und Sitz des Vereins müssen nach § 57 BGB in der Satzung enthalten sein, sie gehören zwanglos ebenfalls zum Wesenskern eines Vereins, der geregelt sein muss und weswegen nicht verwiesen werden darf. Einen weiteren Anhaltspunkt für Punkte, die möglicherweise in diesem Kernbereich liegen, lie-

425 *OLG Köln*, Beschl. v. 20.09.1991, Az. 2 Wx 64/91, Rpfleger 1992, 113: Satzungsmäßige Beschränkungen der Vereinsautonomie können mit dem Wesen des Vereins unvereinbar und deshalb unzulässig sein, wenn sie rechtlich einen so weitgehenden Einfluss gestatten, dass der Verein nicht mehr vornehmlich von der Willensbildung und -betätigung der Mitglieder getragen wird, sondern als unselbständige Verwaltungsstelle einer anderen organisatorischen Einheit erscheint.

fert § 58 BGB, der weitere Sollerfordernisse der Satzung angeht[426]. Wegen welcher Sollerfordernisse möglicherweise verwiesen werden kann, muss vorliegend nicht entschieden werden. Für diese Bearbeitung ist festzuhalten, dass durch die dynamische Verweisung auf dachverbandliche Strafvorschriften (einschließlich der Erweiterung der Strafkompetenz auf den Dachverband) die Grenzen der Vereinsautonomie nicht überschritten werden; eine solche Vorgehensweise wird gerade durch Art. 9 Abs. 1 GG geschützt. Dies ist eine Selbstorganisationsentscheidung des deutschen Sports, den die Verfassung nicht nur achtet, sondern garantiert. Selbst wenn hierin eine teilweise Übertragung der Satzungsänderungskompetenz liegt – wie *Steinbeck* meint –, wäre das zu respektieren, weil sich der Verein und seine Mitglieder bei der Einrichtung der dynamischen Verweisung über ihre Reichweite im Klaren waren und unter diesen Bedingungen am organisierten Sport teilnehmen wollen. Es ist in diesem Zusammenhang dringend darauf hinzuweisen, dass die Vereine und ihre Mitglieder den Satzungsänderungen der Dachverbände gerade nicht ausgeliefert sind (Argument der Nichtbeeinflussbarkeit durch Vereine und Nichtmitglieder aus der Reitsportentscheidung). Eine Nichtbeeinflussbarkeit der übergeordneten Regelungen und damit die Preisgabe von Vereinsautonomie in einem zu hohen Grade ist im Sport regelmäßig gerade nicht gegeben, weil die Vereine bei den Landesverbänden bzw. die Landesverbände bei dem Nationalverband durch ihre jeweiligen Mitgliedschaft auf den Verbands- und Bundestagen hinreichenden Einfluss auf die Gestaltung der Normen nehmen können. Die Situation ist hier, verglichen mit dem Staatsrecht, deutlich entschärft. Schließlich ist der Bereich der Essentialia der Vereinsautonomie der Verbandsmitgliedsvereine im Wesentlichen auch deswegen nicht zu stark eingeschränkt, weil sich der übergeordneten Verband regelmäßig nicht in das Statusverhältnis zwischen Verein und Mitglied einmischt. Vielmehr liegt in der dynamischen Verweisung eine Erstreckung der verbandlichen Strafgewalt auf die Vereinsmitglieder; es ist hinreichend dargestellt worden, warum eine solche Erstreckung für das Funktionieren des organisierten Sportbetriebs unerlässlich ist. Im Übrigen ist deutlich zu machen, dass die Dachverbände und deren Mitgliederversammlungen ihre Regelungen mit großer Sach- und Fachkompetenz aber gerade auch mit großem Augenmerk auf ihre Mitglieder („die Basis“) vornehmen. Sollten hiernach dennoch Bedenken hinsichtlich des Schutzes des einzelnen Mitglieds bestehen bleiben, kann diesen – jedenfalls im Sport – hinreichend durch richterliche Inhaltskontrolle nach § 242 BGB Rechnung getragen werden, die bei den großen Sportverbänden nach der bisherigen Rechtsprechung in jedem Fall stattzufinden hat.

---

426 *Reuter*, ZHR 148 (1984), 523 (536).

Den übrigen materiellen Einschränkungen, die notwendig und nachvollziehbar sind, kann und muss Rechnung getragen werden. Selbstverständlich ist eine entsprechende Publizität der Satzungen und Ordnungen, auf die verwiesen wird, zu fordern. Diese ist allerdings im Bereich des Fußballsports gewährleistet. Die deutschen Fußballverbände dokumentieren durch die Bereitstellungen ihres gesamten Regelungswerks (von immerhin 28 Verbänden) zum Download im Internet eine besondere Transparenz.

εε) Ergebnis zur dynamischen Verweisung

Dynamische Verweisungen sind auch in Satzungen (und Ordnungen) grundsätzlich zulässig. Die nachfolgenden Grenzen dynamischer Verweisungen sind in Vereinssatzungen auf andere Regelwerke determiniert:

Es muss sich um eine klare, eindeutige und transparente Verweisung handeln. Die sog. Gesamtverweisung auf eine komplette übergeordnete Satzung reicht grundsätzlich aus, um diese Anforderung zu erfüllen.

Es dürfen nicht die Essentialia berührt sein, die zwingend in einer Vereinssatzung geregelt sein müssen. Ferner darf der verweisende Verein seine Vereinsautonomie nicht vollkommen aus der Hand geben. Bei der Verweisung auf übergeordnete Strafvorschriften und die Erweiterung der Strafkompetenz über die Vereinsmitglieder auf den Verband ist dies nicht gegeben.

Die in Bezug genommenen Vorschriften müssen publiziert sein. Eine Veröffentlichung im Internet ist ebenso ausreichend wie wünschenswert.

ζζ) Anwendung des Ergebnisses und Befund

Die dargestellten Ergebnisse sollen anhand des gewählten Beispielverbands ein Anwendungsbeispiel erfahren.

(a) Dynamische Verweisung beim FVM?

Zunächst muss geklärt werden, ob im Anwendungsbeispiel eine dynamische Verweisung i. S. d. vorstehenden Ausführungen vorliegt.

(aa) Analyse

Im dargestellten Beispiellandesverband will der *FVM* augenscheinlich die Einzelmitglieder seiner Mitgliedsvereine seinen Satzungen und Ordnungen durch dynamische Verweisung unterwerfen (s. o. unter A. III. 2. b. cc, S. 72).

Der gewählte Weg scheint rechtstechnisch verbesserungsfähig und bedarf daher der näheren Überprüfung.

Zunächst ist § 7 Abs. 1 Satz 2 FVM-Satzung insoweit aus Verbandssicht nicht eindeutig genug formuliert, was die Fassung der in Bezug genommenen Satzungen angeht. Es fehlt der Hinweis, dass die Satzungen und Ordnungen in der jeweils geltenden Fassung Geltung beanspruchen sollen. Ferner geht die Vorschrift offensichtlich von der Notwendigkeit der so genannten „Doppelverankerung" und damit wohl von einer „Doppelmitgliedschaft" (s. o. unter 1. b, S. 146) aus. Hierfür spricht auch § 7 Abs. 1 Satz 4 FVM-Satzung, der allerdings ebenso für den Wunsch nach dynamischer Verweisung stehen könnte. § 7 Abs. 1 Satz 3 FVM-Satzung, die teilweise Übertragung der Vereinsstrafgewalt auf den Verband, ergibt nur Sinn, soweit der Verband auch für seine Vereine deren Mitglieder bestrafen will. Der Verband will gegenüber den Vereinsmitgliedern aber regelmäßig gar keine Vereinsstrafgewalt wahrnehmen, s. o. unter aa, S. 149. Selbst wenn er dies wollte, ist eine solche ausdrückliche Übertragung nicht erforderlich. Die Strafregelungen in beiden Satzungen müssen lediglich korrespondieren[427].

Schließlich wird aber an Nr. 2 b) Verwaltungsanordnung zu § 8 FVM-Satzung deutlich, dass tatsächlich eine Inkorporation durch dynamische Verweisung gewünscht sein soll. Hierfür spricht der Wortlaut der Nr. 2 b), der endlich von „Unterwerfung" spricht. Diese Vorschrift ist allerdings in doppelter Hinsicht unglücklich. Auf der einen Seite verlangt sie von den Mitgliedsvereinen wiederum keine Unterwerfung unter die Satzung in der jeweils geltenden Fassung; es fehlt die Jeweiligkeitsklausel. Zudem postuliert sie so nur eine Banalität: Dass die Vereine als seine Mitglieder den Satzungen und Ordnungen des *FVM* unterworfen sind, ist eine vereinsrechtliche Selbstverständlichkeit, s. o. unter C. I. 2 a, S. 127. Es muss doch gerade darauf ankommen, dass die Vereinssatzungen vorsehen sollen, dass sich der Verein und seine Mitglieder den Satzungen und Ordnungen des *FVM, WFLV* und *DFB* unterwerfen.

(bb) Auslegung

Soweit *FVM*-Mitgliedsvereine diese missverständlichen Formulierungen verwendet haben, spricht dies jedoch nicht gegen eine Bindung an das (jeweils) geltende Verbandsrecht, weil das gewünschte Ergebnis durch Auslegung erreicht werden kann. Es war ersichtlich der Wunsch des Verbands eine Bindung des Vereins und seiner Mitglieder durch dynamische Verweisung herbeizuführen. Diesen Wunsch hat der beitretende Verein übernommen, weil er nach seiner Vorstellung nur nach Maßgabe der Vorgaben des Verbandes dessen Mitgliedschaft erwerben und an

427 *LG Heilbronn*, Urt. v. 16.07.1998, Az. 3 S 124/98, NZG 1998, 783.

seinen Einrichtungen und Ligen partizipieren kann. Für eine solche Auslegung – Erstreckung auf die Vereinsmitglieder – spricht zudem, dass eine Unterwerfung nur des Vereins regelungsleer wäre, weil dies – wie gesagt – eine Selbstverständlichkeit ist. Die Auslegung der Verweisungsnorm als eine dynamische ist vor dem Hintergrund der dargestellten Vorgaben ebenfalls unproblematisch. Der Verein will wegen des damit einhergehenden Arbeits-, Finanz- und Organisationsaufwandes sicherlich nicht jedes Mal seine Satzung anpassen, wenn der übergeordnete Verband sein Recht ändert. Außerdem ist der normative Gleichklang im Sport auf allen Bereichen ausdrücklich erwünscht. Jedenfalls auch das Arbeitsrecht hat keine Probleme damit, eine einfache, allgemeine Verweisung ohne „Jeweiligkeitsklausel" als dynamische zu verstehen und als solche auszulegen[428].

(b) Ergebnis

Damit sind, nach hier vertretener Auffassung, im Falle der dynamischen Verweisung in der Satzung des Mitgliedsvereins auf die Satzung des übergeordneten Landesverbands, den *FVM,* deren Zulässigkeitsvoraussetzungen erfüllt. Die dynamische Verweisung ist wirksam. Die Verbandsbestimmungen gelten, soweit sie für Verein und Mitglieder Relevanz entfalten, für die Einzelmitglieder der Verbände unmittelbar in der jeweils gültigen Fassung.

β) Durch statische Verweisung

Die „bloßen" Vereinsmitglieder könnten auch durch sog. statische Verweisung in der Satzung ihres Vereins auf die Satzung des Landesverbands der Strafgewalt der Verbände, zunächst des Landesverbandes, unterworfen werden.

αα) Definition

Unter einer statischen Verweisung wird diejenige Bezugnahme auf andere Rechtsvorschriften verstanden, bei der ein Rechtszustand zu einem bestimmten Zeitpunkt in die Rechtsnormen des Verweisenden inkorporiert werden soll, ohne dass Änderungen in den in Bezug genommenen Normen sich im Rechtskreis des Verweisenden aktualisieren. Eine solche Verweisung lautet zum Beispiel: „Im Übrigen gelten die Bestimmungen der DFB-Satzung in der Fassung vom 25.10.2007."

ββ) Bewertung

---

428 Erfurter Kommentar-*Kania,* § 77 BetrVG, Rdnr. 85; für eine der Interessenlage entsprechende und eher eine dynamische Verweisung annehmende Auslegung unklarer Verweisnormen ebenso: *Blum/Ebeling,* Dynamische Verweisungen, S. 119.

Weil hier, mit den genannten notwendigen Beschränkungen, schon eine dynamische Verweisung auf ein übergeordnetes Satzungswerk für zulässig erachtet wird, gilt dies für statische Verweisungen erst recht. Diese werden ebenfalls, wie dargestellt, von der ganz h. M. akzeptiert. Materielle Grenzen stellen sich hier im Wesentlichen nicht; für die normgebende Mitgliederversammlung ist zum Zeitpunkt der Regelungsgehalt der Verweisung in jeder Hinsicht erkennbar. Beim eingetragenen Verein können die in Bezug genommenen Vorschriften beim Registergericht vorgelegt und sogar zur Eintragung angemeldet werden.

Die Inkorporation einer übergeordneten Satzung des Landesverbands in eine Vereinssatzung ist nach hier vertretener Auffassung ebenso möglich.

γγ) Auslegung unwirksamer dynamischer Verweisungen

Ist eine dynamische Verweisung aufgrund der dargestellten Beschränkungen unwirksam, kann sie im Wege der Auslegung – insoweit geltungserhaltend – in eine statische Verweisung umgedeutet werden. Dies gilt im Staats-[429] wie im Vereinsrecht[430].

γ) Weitere Unterwerfungsvoraussetzungen?

Auf die Zulässigkeit der Übertragung der Sanktionsrechte von dem Verein auf den Verband, die für zulässig gehalten wird[431], kommt es nicht an (Theorie der Doppelverankerung). Eine sog. Doppelverankerung ist für dynamische Verweisungen (für sämtliche verweisende Inkorporationen) nicht zu fordern. Es reicht die Verweisung in der untergeordneten Satzung aus. Eine Doppelverankerung ist nur dann zu fordern, wenn das Einzelmitglied zugleich Mitglied im Verein und im Verband werden soll, Konstruktion der Doppelmitgliedschaft (s. o.). Denn ohne einen entsprechenden Willensakt kann die Einzelmitgliedschaft nicht erweitert werden, und der Verband kann nicht gänzlich ohne Zutun neue Mitglieder erwerben. Für die Inkorporation ergibt eine doppelte Verankerung im Sinne einer „Verweisung nach unten“ durch den übergeordneten Verband keinen Sinn: Er kann schlechterdings keine Geltung nach unten anordnen. Dies beinhaltet für die untergeordneten Vereine oder Verbände lediglich eine Umsetzungsverpflichtung aus ihrem Mitgliedschaftsverhältnis.

---

429 *BVerfG*, a. a. O. (s. o. Fn. 339) – B. II. 3.

430 *Blum/Ebeling*, Dynamische Verweisungen, S. 114.

431 *BayObLG*, Beschl. v. 23.12.1986, Az. 3 Z 126/86, BayObLGZ 1986, 528; *BGH*, a. a. O. (s. o. Fn. 323).

Daneben ist eine Übertragung der eigenen Sanktionsbefugnisse nicht erforderlich. Durch wirksame Inkorporation kann der übergeordnete Verband das Einzelmitglied in seinem Kompetenzbereich bestrafen, wenn er dafür in seinem Satzungswerk einen entsprechenden Kompetenztitel hat[432]. Ob er hierbei eventuell auch die Strafgewalt eines Vereins oder anderen Verbandes wahrnimmt, ist zunächst irrelevant. Dies ist nach hier vertretener Auffassung auf Konkurrenzebene zu berücksichtigen.

Eine ausdrückliche Übertragung der Strafbefugnis ist nicht erforderlich, weil der Machtanspruch des übergeordneten Verbandes doch gerade durch die bezugnehmende Aufnahme deutlich wird; unabhängig davon muss die eigentliche Unterwerfung auch sprachlich eindeutig erfolgen[433].

cc) Unterwerfung unter den Regionalverband und DFB?

Fraglich ist, ob der Verein durch die dargestellte Regelung auch die relevanten Satzungsteile von *WFLV* (als Regionalverband) und dem *DFB* inkorporiert und hierdurch sich wie seine Mitglieder der übergeordneten Strafgewalt unterworfen hat.

Dies ist zu bejahen, weil die Satzung des Vereins eine selbständige – und nach hier vertretener Auffassung wirksame – dynamische Verweisung auf die Satzungswerke des *WFLV* und des *DFB* aufgenommen hat.

Auf die Frage, ob die Satzungen des *WFLV* und des *DFB* für den Verein respektive sein Einzelmitglied deswegen Geltung beanspruchen können, weil sie seitens des *FVM* inkorporiert sein sollen (s. o. unter A. IV. 2. b cc, S. 71), kommt es nicht an.

dd) Unterwerfung unter UEFA und FIFA? – Weiterverweisung

Problematisch ist allerdings, ob sich der Verein und seine Einzelmitglieder unter Inkorporation derer Regelungswerke der Strafgewalt der *FIFA* und der *UEFA* unterworfen hat.

Hier fehlt eine wirksame Verweisung in der Satzung des Vereins, der eine eigenständige dynamische Verweisung auf das Normenkonvolut von *FIFA* und *UEFA* nicht vorsieht.

Einzige Möglichkeit ist daher, dass deren Normen über die inkorporierte DFB-Satzung Einzug in den Rechtskreis des Vereins und seiner Einzelmitglieder

432 *Schlosser*, Vereins- und Verbandsgerichtsbarkeit, § 4 I 2c, S. 80; Stöber, Vereinsrecht, Rdnr. 674.

433 *Steinbeck*, Vereinsautonomie, S. 171 f. – gg).

finden, weil die DFB-Satzung eine solche Inkorporation vorsieht (s. o. A. IV. 2. b aa α, S. 63) und der Verein nach hier vertretener Auffassung diese Satzung durch dynamische Verweisung wirksam einbezogen hat (Weiterverweisung).

Diese Möglichkeit der Weiterverweisung ist abzulehnen. Eine Unterwerfung unter das umfang- und weitreichende Satzungs- und Ordnungsrecht der *FIFA* und der *UEFA* ist für den Satzungsgeber des Vereins nicht bei der Beschlussfassung über die Satzung erkennbar und daher nicht von dem entsprechenden Beschluss umfasst[434]. *Verfasser* hält schon eine – wie die dargestellte – Weiterverweisung für unzulässig. Denn in diesem Fall ist gerade die Frage der Bestimmbarkeit des geltenden Rechts für das Einzelmitglied nicht mehr zu bejahen. Die Tragweite der Verweisung ist für das einzelne Vereinsmitglied nicht mehr ohne weiteres zu überblicken. Auch wenn jegliche Regelungswerke im Internet veröffentlicht sind, bedarf es einer intensiven Befassung und Auseinandersetzung mit der DFB-Satzung, um die Unterwerfung unter weitere Regelungswerke erkennen zu können. Sie ist deswegen, anders als bei einfacher dynamischer Verweisung, während einer Mitgliederversammlung auch nicht *ad hoc* sondern nur durch weiterreichende Recherche zu klären.

c) Strafarten

Als Strafen können die Verbände zulässigerweise diejenigen vorsehen, die auch Vereine verhängen können (s. o. unter C. I. 3., S. 127). Hinzutreten die wettkampf- und verbandsspezifischen Strafen, wie sie in § 8 Abs. 2 RuVO/WFLV aufgelistet sind. Diese Verbandsstrafen begegnen keinen grundsätzlichen Bedenken[435].

3. Gegen Einzelmitglieder, die am Wettkampf teilnehmen („Amateure")

Nach der erwähnten Rechtsprechung ergeben sich möglicherweise Differenzierungen für Sportler, die am Spielbetrieb teilnehmen. Wegen der unterschiedlichen rechtlichen Ausgestaltung in der Bindung zu den Verbänden in Abhängigkeit vom Status eines Spielers ist zu unterscheiden:

434 *Vieweg* spricht hier von einer Doppelrezeption, die er zulassen will, wenn die Rezeptions-, insbesondere Verweisungsnormen einer Inhaltskontrolle nach § 242 BGB standhalten, *Vieweg*, Normsetzung, S. 341.

435 *Reichert*, Handbuch, Rdnr. 2712.

„§ 5 SpO/WFLV (Status der Fußballspieler)[436]
Der Fußballsport wird von Amateuren und Nicht-Amateuren ausgeübt. Nicht-Amateure sind sowohl solche mit Lizenz (Lizenzspieler) als auch solche ohne Lizenz (Vertragsspieler). [...]
(1) Amateur ist, wer aufgrund seines Mitgliedschaftsverhältnisses Fußball spielt und als Entschädigung kein Entgelt bezieht, sondern seine nachgewiesenen Auslagen und allenfalls einen pauschalierten Aufwendungsersatz bis zu 149,99 EUR im Monat erstattet erhält. [...]
(2) Vertragsspieler ist, wer über sein Mitgliedschaftsverhältnis hinaus einen schriftlichen Vertrag abgeschlossen hat und über seine nachgewiesenen Auslagen hinaus (Abs. 1) Vergütungen oder andere geldwerte Vorteile von mindestens 150 EUR monatlich erhält."

In diesem Abschnitt werden die Amateure i. S. d. § 5 Abs. 1 SpO/WFLV behandelt.

a) Definition

Sonderbindungen zu den Verbänden können Aktive erlangen, die in eine vertragliche Verbindung zu einem Verband treten, indem sie am Wettbewerb teilnehmen. Dies sind möglicherweise zum einen die Fußballspieler und zum anderen die Trainer und Übungsleiter.

b) Unterwerfung/Legitimation

Nachdem sich die Möglichkeit der Unterwerfung der Einzelmitglieder der Vereine nach der bisher der Literatur und der Rechtsprechung entnommenen Auffassungen insbesondere zur dynamischen Verweisung als unsicher dargestellt hat, kann die Unterwerfung unter die verbandlichen Bestimmungen rechtstechnisch unkomplizierter und auf dem für die Verbände ersehnten „sicheren Weg" erfolgen. Die Unterwerfung durch Vertrag (sog. Regelanerkennungsvertrag) ist nicht nur in der Praxis das Mittel der Wahl; insbesondere in der Rechtsprechung und im Schrifttum ist, wie bereits verschiedentlich angedeutet worden ist, anerkannt, dass sich der Sportler – als Nichtmitglied eines Verbandes – seinen Regelungen durch vertragliche Vereinbarung unterwerfen kann[437]. Dies ist zwar nicht gänz-

436 § 5 SpO/WFLV entspricht im Wesentlichen wortgleich den allgemeinverbindlichen Vorgaben des § 8 SpO/DFB.

437 *BGH*, a. a. O. (s. o. Fn. 321) – Reitsportentscheidung; *BGH*, a. a. O. (s. o. Fn. 346); *Palandt-Heinrichs*, § 25, Rdnr. 15; *Reichert*, Handbuch, Rdnr. 447; *Stöber*, Handbuch, Rdnr. 732.

lich unbestritten geblieben[438], letztlich aber herrschend[439] und schließlich seit 1972 gefestigte höchstrichterliche Rechtsprechung[440].

Bei dieser Anerkennung wird verlangt, dass der Vertrag nur einen sachlich-gegenständlich begrenzten Bereich des Regelungswerks umfassen darf[441]. Denn ansonsten würden Quasi-Vereinsmitglieder im rechtsgeschäftlichen Wege geschaffen, die zwar einer hohen Pflichtenstellung unterlägen, andererseits – in Ermangelung einer Mitgliedschaft – keinerlei Gestaltungsmöglichkeit hinsichtlich der insbesondere auch für sie geltenden Normen haben.

Dieser Überlegung ist im Grundsatz zuzustimmen. Entgegen *Steinbeck*[442] ist allerdings nicht zu verlangen, dass schon der Anerkennungsvertrag eine konkret-inhaltliche Beschreibung der Bezugnahme enthalten muss. Denn auch der Inhalt der Bezugnahme im Anerkennungsvertrag kann und muss durch Auslegung geschehen (wie bei der dynamischen Verweisung, vgl. oben unter 2. b aa, S. 149): Selbstverständlich will sich der Spieler nicht den kompletten in Bezug genommenen Satzungen und Ordnungen unterwerfen, sondern nur den für ihn relevanten und den Sportbetrieb unabdingbaren Teilen, wie die grundlegenden Regeln des Sports, des Spielerstatutes und – natürlich auch – des Sportstrafrechts. Mentalreservationen von Spielern, die sich nach der „Rosinentheorie" verpflichten wollen („Ich unterwerfe mich denjenigen Normen, nach denen ich spielen kann; bestrafen lassen will ich mich aber nicht."), schaden freilich nicht, weil es auf den Empfängerhorizont ankommt. Eine vertragliche Bezugnahme auf ein komplettes Satzungswerk ist von daher nicht zu beanstanden; ihr Inhalt ist durch Auslegung zu ermitteln.

Dass Nichtmitglieder, die Mitglied eines Verbandsvereins sind, nur mittelbaren Einfluss über ihren Vereinsvorstand auf das aufzustellende, allgemeine Regelwerk haben, und dass sogar dieser geringe mittelbare Einfluss Sportlern, die nicht im Verein organisiert sind, nicht einmal zukommt, stört den *BGH* nicht: Denn diese mangelnde Mitbestimmungsmöglichkeit an einem sachlich angemessenen Inhalt führt nicht zu einer Unzulässigkeit einer Unterwerfung unter das Satzungswerk. Denn die Rechtsprechung kontrolliert die vereinsrechtlichen Regelwerke sozialmächtiger Verbände auf ihre inhaltliche Angemessenheit unter dem Gesichtspunkt von Treu und Glauben (§ 242 BGB), und zwar sowohl im

438 Nachweise bei *Steinbeck*, Vereinsautonomie, S. 152, mit ausführlicher Argumentation dagegen.
439 Siehe die Nachweise in Fn. 437.
440 *BGH*, Urt. v. 13.07.1972, Az. II ZR 138/69, WM 1972, 1249.
441 *Steinbeck*, Vereinsautonomie, S. 153 m. w. N.
442 *Steinbeck*, Vereinsautonomie, S. 153 f.

Hinblick auf die Beziehungen zu Mitgliedern der Vereine als auch zu Nicht-Organisierten[443].

aa) Amateurspieler, § 5 Abs. 1 SpO/WFLV

Fraglich ist also, ob die Amateurfußballspieler – sämtlich Vereinsmitglieder – sich schuldrechtlich an die Verbände gebunden haben. Um berechtigt am organisierten Fußballspielbetrieb teilnehmen zu können, müssen sie Mitglied eines Verbandsvereins sein, §§ 5 Abs. 1, 6 Abs. 1 SpO/WFLV.

α) Unter die Strafgewalt Landes- oder Regionalverbands

Sie könnten der Strafgewalt des zuständigen Landes- und/oder Regionalverbands unterstehen.

αα) Allgemein – durch Anerkennungsvertrag

Dies könnte zunächst durch ausdrücklichen, besonderen Anerkennungsvertrag zwischen Verband und Mitglied geschehen. Ein solcher liegt unzweifelhaft nicht vor. Hierbei müsste der Spieler als Einzelmitglied allerdings nicht persönlich auftreten; er könnte sich auch durch seinen Verein hierbei vertreten lassen. *Verfasser* erscheint es schon kritisch, die hierzu notwendige Beitrittserklärung in der Satzung zu finden, wenn diese die Regelung enthält, dass nicht nur der Verein selbst, sondern auch seine Mitglieder die Satzung des Dachverbands anerkennen[444]. Jedenfalls fehlt es aber an der entsprechenden individuellen Willensbetätigung durch den Verein – das konkret beigetretene Mitglied betreffend – gegenüber dem Verband.

Der *BGH* sieht in seiner Reitsportentscheidung den rechtsgeschäftlichen Einzelakt (neben der hier nicht einschlägigen Meldung zu einem konkreten Wettbewerb), der schließlich zur Geltung des einschlägigen Sportverbandsrechts führt, an anderer Stelle:

> „Die andere in der Praxis anzutreffende Form rechtsgeschäftlicher Unterwerfung besteht darin, dass der Sportler auf seinen Antrag bei dem für seine Sportart zuständigen Verband eine generelle Start- oder Spielerlaubnis (Sportler- oder Spielerpass bzw. Spie-

---

443 *BGH*, Urt. v. 24.10.1988, Az. II ZR 311/87, BGHZ 105, 306.

444 So aber *Steinbeck*, Vereinsautonomie, S. 153, die den Begriff „Anerkennung“ überinterpretiert. Die Anerkennung setzt ihrem Begriff nach keinen weiteren Beitrittsakt voraus. Im Übrigen sprechen die meistens Satzungen von „Unterwerfung“ oder „unmittelbarer Geltung“ der in Bezug genommenen Satzungen.

lerausweis oder Lizenz) erwirbt, bei deren Erhalt er verspricht, bei seiner sportlichen Betätigung die von dem Verband für die Ausübung dieser Sportart aufgestellten Regeln zu beachten und sich im Falle von Regelverstößen dessen Sanktionen zu unterstellen[445]."

Beim organisierten Fußball soll der Spieler also regelmäßig bei der Beantragung seines Spielerpasses versprechen, dass er die Regeln des Sports beachtet und – insbesondere – sich im Falle von Regelverstößen den verbandlichen Sanktionen unterstellt.

(a) Dogmatische Einordnung

Der *BGH* beurteilt dieses durch Anerkenntnisvertrag zwischen Verband und Sportler herrschende Rechtsverhältnis in Bezug auf das Zustandekommen und die Inhaltsfreiheit als „mitgliedschaftsähnlich": Da der Verband und die Sportler grundsätzlich keine gegensätzlichen, sondern gemeinsame Interessen verfolgen, findet auf das Zustandekommen der Unterwerfungsvereinbarung (vergleichbar einer Vereinsmitgliedschaft) das auf Austauschverträge zugeschnittene AGBG (jetzt: §§ 305 ff. BGB) keine Anwendung[446]. Die Grenzen der inhaltlichen Gestaltungsfreiheit der Unterwerfungsvereinbarung stimmen mit denen der vereinsrechtlichen Organisationsfreiheit überein. Die Verbände können daher auch gegenüber Nichtverbandsmitgliedern die Art und Weise der Nutzung der Verbandseinrichtungen bestimmen[447].

Haas/Adolphsen halten diese Konstruktion noch nicht für ausreichend und fordern ein Abstellen darauf, ob die Betätigung des Sportlers über einen rein privaten Bereich hinausgeht und er damit das vom Verband zur Verfügung gestellte Produkt „Sport" tatsächlich nutzt[448]. Die Sportler sollen dann durch einen faktischen Vertrag oder aber im Wege einer Drittbegünstigung der Verbandssatzung (§ 328 BGB) ihre Unterwerfung unter die Verbandssatzungen begründen können[449].

Die Vorschläge zu einer weitergehenden Unterwerfung bedürfen hier keiner Erörterung, weil jeder im organisierten Fußball aktive Spieler entweder über einen Spielerpass oder einen Vertrag verfügt. Im Rahmen des Fußballsports fehlt vielmehr häufig eine Bindung der „Nichtaktiven", deren rechtliche Unterwerfung

---

445 *BGH*, a. a. O. (s. o. Fn. 321) – B. II. 1.

446 Die Anwendung des AGBG (heute: §§ 305 ff. BGB), die Besonderheiten des Sports berücksichtigend, mit dem *BGH* verneinend auch die wohl h. M.: *Pfister*, JZ 1995, 464 (466); *Reichert*, Handbuch, Rdnr. 716; *Vieweg*, SpuRt 1995, 97 (99); *Medicus*, Bürgerliches Recht, Rdnr. 1122; a. A. *Heermann*, NZG 1999, 325 (332) – IV. 5.

447 *BGH*, a. a. O. (s. o. Fn. 321) – B. I. 3. b); *Haas/Adolphsen*, NJW 1995, 2146.

448 *Haas/Adolphsen*, NJW 1995, 2146 (2147).

449 *Haas/Adolphsen*, a. a. O. (s. o. Fn. 448).

unter den Verband sich auch nicht rechtsgeschäftlich oder durch faktische Nutzung erklären lässt (s. u. sogleich unter cc, S. 190).

(b) Grenzen

Die dargestellte BGH-Rechtsprechung zur Zulässigkeit vertraglicher Unterwerfungserklärungen und Verbandssatzung hat offensichtlich weiten Raum hierfür geschaffen[450]. Es ist in der Literatur versucht worden, dem unter Anwendung der allgemeinen Regeln der Rechtsgeschäftslehre Grenzen aufzuzeigen. Nicht überall wird der vom *BGH* eingeleitete Trend goutiert, die tradierten Regeln zu Gunsten des Sports und begründet mit seinen Besonderheiten zu modifizieren[451].

Insbesondere wird für den ausdrücklichen Anerkennungsvertrag wiederum das Problem der dynamischen Verweisung auf die Dach- und/oder Landesverbandssatzungen aufgebracht[452]. Anders als *Heermann* versteht aber *Verfasser* die BGH-Reitsportentscheidung mit *Haas/Adolphsen*[453] nur so, dass der *Senat* die dynamische Verweisung in Anerkennungsverträgen auf Verbandssatzungen nicht beanstandet. Im Übrigen greifen die gegen dynamische Verweisungen geltend gemachten Wirksamkeitsbedenken hier nicht durch. Formelle Bedenken bestehen ohnehin nicht. Hinsichtlich möglicher materieller Bedenken ist insbesondere erneut darauf hinzuweisen, dass – was die Veröffentlichung der Rechtsvorschriften angeht – heutzutage keinerlei Bedenken bestehen. Dies gilt ausnahmslos für den Fußballsport, in dem die geltenden Rechtsvorschriften bei den jeweiligen Verbänden unproblematisch und für Jedermann kostenlos abgerufen werden können. Daher stellt sich eine Einbeziehungsproblematik unter dem Gesichtspunkt einer zumutbaren Kenntnisnahmemöglichkeit (gemessen an § 242 BGB bzw. § 2 Abs. 1 AGBG = § 305 Abs. 1 Nr. 2 BGB) heute nicht mehr[454]. Dynamische Verweisungen in Anerkennungsverträgen sind wirksam[455].

Keine Grenzen für Anerkennungsverträge sind Formvorschriften: Eine bestimmte Form ist für derartige Unterwerfungsverträge – nur vorbehaltlich strengerer Erfordernisse durch Verbandssatzungen – nicht einzuhalten[456].

---

450 Ebenso: *Fenn,* SpuRt 1997, 77 (78) – II. 1. a).

451 Vgl. zur Entwicklung *Heermann,* NZG 1999, 325 (326) – III. 1.

452 *Heermann,* NZG 1999, 325 (331) – IV. 4.

453 *Haas/Adolphsen,* NJW 1995, 2146 (2148) – III.

454 Seinerzeit wies *Heermann,* NZG 1999, 325 (329) – III. 1. b) – noch berechtigt hierauf hin.

455 Ebenso: *Haas/Prokop,* SpuRt 1998, 15; *Petri,* Dopingsanktion, S. 72; *Blum/Ebeling,* Dynamische Verweisungen, S. 118; *Fenn,* SpuRt 1997, 77 (78 f.).

456 *Heermann,* NZG 1999, 325 (327) – III. 4.

ββ) Anwendungsbeispiel

Das dargestellte Erfordernis – hält man die dynamische Verweisung in einer Vereinssatzung für unwirksam –, dass sich der Sportler durch den Abschluss eines Anerkennungsvertrags mit seinem Landesverband, seinen Satzungen und Ordnungen unterwerfen muss, führt im Beispielsverband, dem *FVM,* zu überraschenden Problemen.

Zum einen entspricht hier in den allermeisten Spielklassen der passausstellende Verband (der *WFLV*) nicht demjenigen Verband, der die Spielleitung für die Klassen innehat. Der Kreisliga-A-Spieler beantragt seine Spielberechtigung beim *WFLV* für seinen Verein; den Spielbetrieb in der Kreisliga A organisiert der *FVM,* handelnd durch seine zuständigen Kreisorgane. Zum anderen enthält der Spielerpassantrag des *WFLV*[457] keine ausdrückliche Unterwerfungserklärung: Das mit „Westdeutscher Fußball- und Leichtathletikverband e. V." überschriebene Formular enthält am Schluss vor der Unterschriftszeile nur folgende Ausführungen:

> „Die Richtigkeit vorstehender Angaben wird versichert. Bei nachträglicher Feststellung der Unrichtigkeit werden Verein und Spieler im Rahmen eines sportgerichtlichen Verfahrens nach der Satzung und den Ordnungen des WFLV belangt. Der Spieler bzw. ein Erziehungsberechtigter erklärt sich damit einverstanden, dass der WFLV die Spielerdaten gemäß § 42 Verbandssatzung WFLV speichert und weiterverwendet."

Darüber hinaus enthält das Spielberechtigungsformular kein Versprechen (i. S. d. zitierten BGH-Rechtsprechung), dass sich der Spieler der Strafgewalt des Verbandes (welches?) für den Spielbetrieb unterwerfe.

Dies führt jedoch nicht dazu, dass die Fußballspieler im Bereich des *Fußball-Verbandes Mittelrhein e. V.* nicht durch ihn für ihre Verstöße im Wettbewerb bestraft werden könnten. Der *BGH* hat in seiner Reitsportentscheidung ebenso klargestellt, dass die Unterwerfung des Sportlers unter ein verbandliches Regelungswerk nicht nur ausdrücklich, sondern auch konkludent erfolgen kann[458]. Genauso liegt es hier: Mit dem Antrag auf Spielberechtigung erklärt der Spieler, dass er am organisierten Spielbetrieb teilnehmen möchte, was dem Formular i. Ü. auch nicht ausdrücklich zu entnehmen ist. Es ist Allgemeingut, dass der organisierte Sport Regeln und Disziplinarbestimmungen vorhält. Sanktion für den Fall der

---

457 Zu beziehen unter: http://www.wflv.de/fileadmin/downloads/formulare/Antrag_Spielberechtigung_.pdf (abgerufen am 27.10.2007).

458 *BGH,* a. a. O. (s. o. Fn. 321) – B. II. 1.

Regelverletzung ist unerlässlicher Bestandteil jeder sportlichen Regel[459]. Dem Spieler ist bewusst, dass er seinem Sport nur nachkommen kann, wenn er sich an diese Regeln hält. Er unterwirft sich daher der Strafgewalt des zuständigen Verbandes[460]. Hiermit ist auch die aufgezeigte Divergenz zwischen passausstellendem und spielleitendem Verband geklärt: Sie schadet nicht. Der Spieler macht sich in der Regel keine Vorstellung, in welchem Verband er Fußball spielt. Er findet seine sportliche Identifikation mehr im Verein und mit der Spielklasse. Sein Unterwerfungswille gilt allgemein dem zuständigen Verband; dieser ist jedenfalls leicht bestimmbar. Umfangreicherer Recherchen bedarf es nicht. Der Spieler kann schlicht in seinem Verein nachfragen.

Gleichwohl dürfte der *WFLV*, um jegliche Rechtsunsicherheit und Diskussionen um Reichweite und Zulässigkeit konkludenter Unterwerfung zu vermeiden, gehalten sein, auf seinem Formular für Erteilung oder Änderung eine ausdrückliche Unterwerfungsklausel aufzunehmen. Dies könnte lauten:

„Der Spieler unterwirft sich der Rechtsgewalt des WFLV und des für ihn zuständigen Landesverbandes (FVM, FVN, FuLVW) sowie den Satzungen der Verbände und den von ihnen erlassenen Ordnungen in den jeweils gültigen Fassungen."

Nach hier vertretener Auffassung ist die Reichweite dieser Verweisung durch Auslegung[461] zu ermitteln; sie dürfte auf wettbewerbsbezogene Verstöße zu beschränken sein (s. o.). Eine Einschränkung der Verweisung auf Teilbereiche des Satzungswerks ergibt sich aus der Sache selbst und ist ausdrücklich nicht notwendig.

Die Aufnahme dieser Bestimmung auf den Passantrag empfiehlt sich auch schon alleine deswegen, um bei (minderjährigen) Amateurspielern auf der sicheren Seite zu sein. Denn bei ihnen ist der wirksame Abschluss eines konkludenten Anerkennungsvertrags wegen des Minderjährigenschutzrechts des BGB rechtlich

---

459 *BGH*, a. a. O. (s. o. Fn. 321) – B. II. 2 a) aa).

460 Auf die teilweise vertretene Auffassung (*BGH*, a. a. O., s. o. Fn. 321; *Fenn*, SpuRt 1997, 70 (80); *Lindemann*, SpuRt 1994, 17 (22)), dass es zulässig sei, wenn nicht der Empfänger der Unterwerfungserklärung, sondern ein anderer Verband (z. B. Dachverband/Landesverband) einen Sportler bestraft, kommt es im Fußball damit nicht an. Zu Recht auch kritisch zu diesem Auseinanderfallen: *Heermann*, NZG 1999, 325 (331) – IV. 3. Dieses Vorgehen wird nur zulässig sein, wenn bereits die Satzung des Dachverbandes die konkrete Zuständigkeit seiner Landesverbände für Vergehen vorsieht. Dies ist, wie gezeigt, im Fußball eher unüblich: Man arbeitet gleichsam „von unten nach oben".

461 Auf das Auslegungserfordernis für vertragliche Unterwerfung hat auch schon *Heermann*, NZG 1999, 325 (327), hingewiesen.

zweifelhaft[462]. Der Anerkennungsvertrag ist für den minderjährigen Spieler nicht lediglich rechtlich vorteilhaft, so dass er gemäß § 108 Abs. 1 BGB schwebend unwirksam ist. Für unter sieben Jahre alte Spieler, die geschäftsunfähig gemäß §§ 105 Abs. 1, 104 Nr. 1 BGB sind, können die Erklärung ohnehin nur die Eltern abgeben (§ 1629 Abs. 1 BGB).

β) Unter die Rechtsgewalt des DFB

Fraglich ist aber, ob der Amateurspieler, der in einer unteren Klasse spielt, sich alleine deswegen durch rechtsgeschäftlichen Einzelakt auch der Rechtsgewalt des *DFB* sowie seinen Satzungen und Ordnungen unterwirft.

Diese Frage ist zu verneinen. Die in der Reitsportentscheidung des *BGH* konstruierte Unterwerfung durch rechtsgeschäftlichen Einzelakt ist klar wettbewerbsbezogen, weil nur so ein ordentlicher und sportlich fairer Wettbewerb aufgezogen werden kann, in dem auch Nichtmitglieder der Verbände allgemein gültigen Regeln (einschließlich Sanktionsbefugnissen) unterworfen sind. Zu Sanktionen sind also diejenigen Verbände berufen, in deren Verantwortung der jeweilige Wettbewerb (fußballerisch: die jeweilige Liga oder Spielklasse) fällt, s. o. unter B. I. 1. b, S. 84. Der *DFB* veranstaltet (abgesehen vom *DFB-Vereinspokal*) aber keine Wettbewerbe mit Amateurbeteiligung und will dies auch gar nicht. Spieler der unteren Amateurklassen unterwerfen sich damit nicht gleichzeitig der Rechtsgewalt des *DFB* und seinem Normenwerk.

Dieses Ergebnis ist auch praktisch unproblematisch. Gegen Spieler der unteren Amateurligen sind kaum Fälle denkbar, in denen auf Seiten des *DFB* ein Strafbedürfnis besteht, zumal sich diese Strafen ohnehin nur auf wettbewerbsbezogene Verstöße beziehen könnten.

Amateurspieler sind, soweit nicht die dynamische Verweisung in der Vereinssatzung durchgreift, nicht der Rechtsgewalt des *DFB* unterworfen. Aus den dargestellten Gründen greift ebenfalls keine Strafgewalt der dem *DFB* übergeordneten *FIFA* und *UEFA* ein.

bb) Nicht-Amateure ohne Lizenz

Bei Nicht-Amateuren ohne Lizenz ergibt sich eine ausdrückliche vertragliche Unterwerfung. Der Mustervertrag für Nicht-Amateure ohne Lizenz, den die Spieler mit ihrem Verein abschließen, sieht folgende Regelung vor:

> „Die Satzungen und Ordnungen des DFB und seiner Mitgliederverbände, die in ihrer jeweils gültigen Fassung die allgemein anerkannten Grundsätze des deutschen Fußball-

462 *Fenn*, SpuRt 1997, 77 (81).

sports darstellen, sind auch aufgrund dieses Vertrages maßgebend für die gesamte fußballsportliche Betätigung. Der Spieler anerkennt diese Bestimmungen in ihrer jeweils gültigen Fassung als für sich verbindlich. Er unterwirft sich den Entscheidungen der Organe und Beauftragten des Landes- oder des Regionalverbandes und des DFB sowie gegebenenfalls des Ligaverbandes und insbesondere der Strafgewalt dieser Verbände. Der Spieler unterwirft sich außerdem der Satzung des Vereins in der jeweiligen Fassung und insbesondere der Vereinsstrafgewalt des Vereins."

Zwar geben die Spieler hiermit ihre Unterwerfungserklärung gegenüber ihrem Verein ab, obwohl diese – nach den allgemeinen Regeln über den Vertragsschluss – gegenüber den zuständigen Verbänden abzugeben wäre. Hier handeln die Vereine jedoch als Stellvertreter für die Verbände, welche die Verbände hierfür konkludent bevollmächtigt haben, indem sie nämlich die o. g. Bestimmungen in das Vertragsmusterformular für Nicht-Amateure ohne Lizenz aufgenommen und dieses auf ihren Homepages zum Download zur Verfügung gestellt haben. Im Rahmen dieser Vollmacht nehmen die Vereine die Unterwerfungserklärung als Vertreter der Verbände entgegen und nehmen sie zugleich an, womit der Anerkennungsvertrag zustande kommt. Der Spieler verzichtet konkludent nach dem o. g. Wortlaut der sprachlich einseitig gehaltenen Unterwerfungserklärung auf den Zugang der Annahme seines Antrags auf Abschluss eines Anerkennungsvertrags, § 151 BGB.

Damit sind die Nicht-Amateure ohne Lizenz auf jeden Fall durch rechtsgeschäftlichen Einzelakt der Strafgewalt des *DFB* und des Landesverbandes, in dem sie spielen, unterworfen. Wechselt der Spieler den Verein und damit den Landesverband, muss er auch mit dem neuen Verein einen Vertragspielervertrag abschließen. Dann aktualisiert sich Unterwerfung auch für den neuen Landesverband.

cc) Trainer u. a.

Im Rahmen dieser Rubrik werden sämtliche Mannschaftsoffiziellen, wie Trainer, Betreuer, sonstige Übungsleiter, medizinisches Personal usw. erfasst.

α) Mannschaftsoffizielle ohne Lizenz

Trainer, Betreuer und sonstige Übungsleiter, die mit der Mannschaft befasst sind, unterliegen – soweit sie nicht nach der DFB-Ausbildungsordnung in irgendeiner Lizenzstufe lizenziert sind oder für sie als Vereinsmitglied die dynamische Verweisung durchgreift – keiner Unterwerfung unter die Strafgewalt desjenigen Verbands, der für die Leitung ihrer Spielklasse verantwortlich ist. Für die Annahme eines konkludenten Anerkennungsvertrags zwischen den Mannschaftsoffiziellen und dem Verband bleibt aus tatsächlichen Gründen nichts. Das bloße Tätigwerden in dieser Funktion lässt schon nicht auf einen entsprechenden Rechtsbindungswillen bei diesem Offiziellen schließen – anders als für den Fußballspieler auf dem Feld ist für den Mannschaftsoffiziellen eine Geltung der Fußballregeln und des Normenwerks des Verbandes nicht selbstverständlich, weil er sich zulässigerweise ohne den Erwerb eines Passes, einer Lizenz o. ä. durch bloßes „an den Rand Stellen“ in seine Tätigkeit begibt, für die es spezieller Regelungen nicht bedarf. Ebenso wenig erzeugt die Unterschrift eines Trainers/Betreuers unter den Spielberichtsbogen (vgl. § 24 Abs. 3 SpO/WFLV), mit der lediglich die Kenntnisnahme der vermerkten Informationen bestätigt wird, rechtsgeschäftliche Bindungen. Etwas anderes ergibt sich auch nicht, wenn die genannten Offiziellen vor ihrer betreuenden Tätigkeit als Spieler einmal der Strafgewalt (idealerweise noch des gleichen Verbandes) unterworfen waren. Diese kann nach Auffassung von *Verfasser* nicht fortwirken, weil sie – wie dargestellt – wettbewerbsbezogen ist und damit auf eine Funktion der Person als Spieler abzielt.

Dieses Ergebnis ist aus praktischer Sicht sehr unerfreulich. Die Mannschaftsoffiziellen müssen wegen ihres großen Einflusses auf die Mannschaft und damit auf den Wettkampf der Strafgewalt des Verbandes unterworfen sein. Andere gangbare Wege als die Erfassung über die dynamischen Verweisungen in den jeweiligen Vereinssatzungen erscheinen nicht greifbar, weshalb sie insgesamt zugelassen werden sollten. Aber auch das ist schwierig: Nach den geltenden Vorschriften müssen – in Ermangelung einer §§ 5 Abs. 1, 6 Abs. 1 SpO/WFLV entsprechenden Regelung – die Mannschaftsoffiziellen nicht Mitglied desjenigen Vereins sein, für den sie tätig sind.

Da es bedauerlicherweise noch so sein dürfte, dass die meisten auf unterster Ebene tätigen Personen über keinerlei nachgewiesene Ausbildung in Fußballlehre oder -organisation verfügen, unterliegen diese auch nicht über eine rechtsgeschäftliche Unterwerfung der Strafgewalt der Verbände. Hier gibt es also ein Defizit verbandlicher Kontrolle.

β) Mannschaftsoffizielle mit Lizenz

Etwas anderes gilt nur, wenn die Mannschaftsoffiziellen eine im Rahmen der DFB-Ausbildungsordnung vorgesehene Lizenz erworben haben; hier kommt in den untersten Ligen insbesondere der Trainer mit C-Lizenz, der Fachübungsleiter C – Fußball, der Vereinsmanager und der lizenzierte Jugendleiter in Betracht, vgl. § 2 DFB-Ausbildungsordnung (auch zu weiteren erwerbbaren Lizenzen), die durch den zuständigen Landesverband erteilt werden, vgl. § 3 Abs. 3 DFB-Ausbildungsordnung. Diese Lizenzinhaber sind durch schuldrechtliche Vereinbarung der Strafgewalt des zuständigen Landesverbands (und des *DFB*) unterworfen. Denn gemäß § 13 Abs. 2 lit. e DFB-Ausbildungsordnung ist die

> „Erklärung, dass sich [der Bewerber][463] dieser Ausbildungsordnung, den Satzungen und den Ordnungen des DFB und seines zuständigen Landesverbandes unterwirft,"

allgemeine Zulassungsvoraussetzung für die Erteilung der Lizenz. Diese Unterwerfungserklärung wird auf dieser Lizenzebene durch formlose, schriftliche Erklärung gegenüber dem ausbildenden Landesverband erklärt.

Soweit in höheren Ligen Trainer mit höheren Lizenzstufen tätig werden (Trainer mit A- oder B-Lizenz), unterliegen sie selbstverständlich auch nach den dargelegten Vorgaben der Strafgewalt der jeweiligen Verbände.

c) Strafarten

Bei den oben dargestellten Strafarten ergeben sich keine weiteren Besonderheiten. Bei denjenigen Aktiven (Nicht-Amateure ohne Lizenz), deren Tätigkeit bereits Berufsqualität i. S. v. Art. 12 Abs. 1 GG erreicht (s. o. unter B. II. 4. b cc, S. 98), hat das Straforgan bei der Strafmaßbestimmung die mittelbare Drittwirkung des Grundrechts zu berücksichtigen. Im unteren Sperrbereich wird das Gebot gleichmäßigen Strafens[464] bei vergleichbaren Vergehen von reinen Amateuren im Lichte des ebenfalls mittelbar wirkenden Art. 3 Abs. 1 GG zwar regelmäßig dazu führen, dass identisch lange Sperrstrafen verhängt werden können. Dies gilt vor allem dann, wenn das Entgelt des Spielers auf einen geringen Umfang der grundgesetzlich geschützten Nebentätigkeit hindeutet. Gerade aber ab höheren Spielklassen, etwa ab Landesliga aufwärts, in denen Trainingsumfang, Professionalisierung und Leistungsbereitschaft im erheblichem Umfang – wie das vereinbarte Entgelt! – steigen, sind die Rechtsorgane gehalten, den dann erstarkenden Schutz von Art. 12 Abs. 1 GG bei der Sperrstrafbemessung zu berücksichtigen (insbesondere natürlich wenn Spielprämien wesentlicher Entgeltbestandteil sind), Sperrstrafen also ggf. abzukürzen und daneben Geldstrafen zu verhängen.

III. Gegen Nicht-Amateure mit Lizenz („Profis")

Ein Augenmerk muss auch auf die Sanktionsbefugnisse im Profifußball gerichtet werden. Der Professionalität dieser Tätigkeit entsprechend sind die Pflichten der

463 Anmerkung von *Verfasser.*
464 *Jescheck/Weigend,* Lehrbuch des Strafrechts, § 82 III., S. 875 f.

in diesem Bereich tätigen Spieler und Trainer gegenüber den Verbänden ausdrücklich vertraglich geregelt.

1. Definition

Hier sind regelmäßig lizenzierte Spieler und Trainer als Arbeitnehmer tätig, die nicht notwendigerweise und häufig genug nicht Mitglieder ihrer Vereine sind[465], so dass eine Bindung dieser Spieler an die Verbände über eine durch den Verein vermittelte Mitgliedschaft *a priori* ausscheidet.

2. Unterwerfung

Es kommt also bei den im Profifußball tätigen Personen regelmäßig nur eine Unterwerfung durch rechtsgeschäftlichen Einzelakt in betracht. Dieser liegt regelmäßig im jeweiligen Lizenzvertrag nach dessen Maßgabe begründet. Daher kommt es maßgeblich auf den Inhalt des Lizenzvertrags an.

a) Spieler

Diese Unterwerfung der Lizenzfußballer ist regelmäßig gegeben. So heißt es im Lizenzvertrag der *DFL* (Stand: 07.08.2007), den alle Lizenzspieler mit ihr abschließen müssen (§§ 1 Abs. 1, 2 Nr. 1 Lizenzordnung Spieler[466]), für die Lizenzspieler:

„§ 2 Verbindlichkeit der Vereinsregeln und -sanktionen des Ligaverbandes und des DFB

Der Ligaverband und der DFB stellen Benutzungsvorschriften für die Vereinseinrichtungen Bundesliga und 2. Bundesliga in ihren Satzungen und Ordnungen, insbesondere dem Ligastatut, der Spielordnung des DFB, der Rechts- und Verfahrensordnung des DFB, der Schiedsrichterordnung des DFB, der Jugendordnung des DFB, den Anti-Doping-Richtlinien des DFB mit den dazu erlassenen sonstigen Aus- und Durchführungsbestimmungen sowie den vom Ligaverband abgeschlossenen Lizenzverträgen mit den Teilnehmern der Lizenzligen auf.

Die Benutzungsvorschriften regeln insbesondere die Zulassung zur Benutzung der Vereinseinrichtungen, die Betätigung bei der Benutzung einschließlich der Sanktionen bei

465 Die sich hieraus für den professionellen Fußball ergebenden Diskussionen um die (mangelnde) Identifikation mit dem „Heimat"verein und um sog. „Legionäre" (vgl. zu diesem Begriff im Sport den Eintrag auf wikipedia.de) sind hinreichend bekannt.

466 Zu beziehen über: www.dfl.de/de/dfl/interna/index.php (abgerufen am 27.10.2007).

Verstößen gegen die Benutzungsvorschrift sowie den Ausschluss von der Benutzung. Der Spieler erkennt diese Benutzungsvorschriften, die vom Ligaverband und vom DFB als Vereinsregelungen aufgestellt werden, in ihrer jeweils gültigen Fassung als für sich verbindlich an; er unterwirft sich insoweit der Vereinsgewalt des Ligaverbandes und des DFB.

Der Ligaverband und der DFB treffen durch ihre Organe oder Beauftragten aufgrund der Benutzungsvorschriften Maßnahmen hinsichtlich der Benutzung der Vereinseinrichtungen, insbesondere der Zulassung, der Betätigung bei der Benutzung allgemein und der Verhängung von Strafsanktionen bei Verstößen gegen Benutzungsregelungen sowie des Ausschlusses von der Benutzung. Der DFB ist berechtigt, die in seinen Statuten und Ordnungen bei Verstößen gegen Benutzungsvorschriften vorgesehenen Vereinsstrafen dem Spieler gegenüber zu verhängen; das sind die in § 44 der Satzung des DFB genannten Vereinsstrafen: Verwarnung, Verweis, Geldstrafen, Sperren auf Zeit oder Dauer sowie Lizenzentzug. Der Spieler erkennt durch diesen Vertrag diese Maßnahmen der DFB-Organe bzw. vom DFB beauftragten Personen als für sich verbindlich an; er unterwirft sich auch insoweit der Vereinsgewalt des DFB.

§ 3
Vertragspflichten
[...]
Bei Verstößen gegen diese Vertragspflichten ist der Ligaverband berechtigt, gegen den Spieler statt der in § 2 dieses Vertrages vorgesehenen Vereinsstrafe eine Vertragsstrafe gemäß § 315 BGB auszusprechen, die jedoch nicht objektiv unbillig sein darf. Die Sachverhaltsermittlung und die Festsetzung der Vertragsstrafe erfolgt durch die zuständigen Organe oder Beauftragten. Wegen desselben Verstoßes darf nicht neben einer nach § 2 dieses Lizenzvertrages verhängten Vereinsstrafe, der sich der Spieler durch diesen Vertrag unterwirft, eine zusätzliche Vertragsstrafe festgesetzt werden. [...]“

Diese vertragliche Unterwerfung nach § 2 unter die Rechtsgewalt des *DFB* ist auch unter Beachtung der oben dargstellten Grenzen (s. o. unter D. II. 3. b aa α αα (b), S. 186) als Anerkennungsvertrag ebenfalls wirksam. Darüber hinaus sieht der Lizenzvertrag für den *Ligaverband* eine alternative Strafmöglichkeit aus Vertragsstrafe vor (§ 3). Dies ist nach Maßgabe der Ausführungen zur Vertragsstrafe im Verein (s. o. unter C. II. 2. a, S. 128) wirksam[467]. Die beiden Möglichkeiten sollen nach der ausdrücklichen vertraglichen Regelung nicht kumulativ nebeneinander möglich sein.

b) Fußballlehrer

Zum verantwortlichen Trainieren von Lizenzmannschaften der Bundesligen sind nur die Fußballlehrer (Fußball-Lehrer-Lizenz, vgl. § 20 Abs. 4 DFB-Ausbil-

467 A. A. für die alte Rechtslage, dass die Vertragsstrafenvereinbarung noch mit dem *DFB* geschlossen wurde, ist *Baumann*, Vereinsstrafgewalt, S. 36 f.

dungsordnung) befugt. Eine eindeutige Unterwerfung findet sich auch für die Fußballlehrer des *DFB*. In dem Lizenzvertrag zwischen dem *DFB* und einem Fußball-Lehrer oder Trainer mit A-/B-Lizenz heißt es:

„§ 2
Herr ... verpflichtet sich, die vom Deutschen Fußball-Bund erlassene Ausbildungsordnung und die Satzung und andere Ordnungen des DFB einzuhalten. Die Verpflichtung erstreckt sich auch auf die nach Unterzeichnung des Vertrages vorgenommen Änderungen und Ergänzungen dieser Vorschriften. Die gleiche Verpflichtung gilt für die entsprechenden Vorschriften des für den Trainer jeweils zuständigen Landesverbandes:

§ 3
Herr ... unterwirft sich der Rechtsgewalt des Deutschen Fußball-Bundes und des für ihn jeweils zuständigen Mitgliedsverbandes. Der Deutsche Fußball-Bund bzw. der zuständige Mitgliedsverband ist insbesondere berechtigt, bei Verstößen gegen seine Satzung und Ordnung gegen Herrn ... ein Verfahren durchzuführen und ihn gemäß der Satzung, der Ausbildungsordnung und der Rechts- und Verfahrensordnung des DFB zu bestrafen.

§ 4
Neben den Bestimmungen des § 3 ist der Deutsche Fußball-Bund berechtigt, gemäß § 315 BGB eine Vertragsstrafe gegen Herrn ... festzusetzen, die in Lizenzentzug auf Dauer oder auf Zeit bis zur Höchstdauer von zwei Jahren, Geldstrafe bis zu 50.000,00 € für jeden Einzelfall oder Verweis bestehen kann. Die Strafen können auch nebeneinander festgesetzt werden. Die Ermittlung der Sachverhalte und die Festsetzung der Strafen obliegt den Rechtsorganen des DFB. Die Strafen dürfen nicht objektiv unbillig, müssen der Schwere der Verstöße angemessen und geeignet sein, die künftige Einhaltung der Vertragspflichten sicherzustellen."

Diese vertragliche Unterwerfung nach § 3 unter die Rechtsgewalt des *DFB* und des zuständigen Landesverbands ist auch unter Beachtung der oben dargestellten Grenzen (s. o. unter D. II. 3. b aa α αα (b), S. 186) als Anerkennungsvertrag ebenfalls wirksam. Darüber hinaus sieht der Lizenzvertrag für den *DFB* eine kumulative Strafmöglichkeit aus Vertragsstrafe vor (§ 4). Dies ist nach Maßgabe der Ausführungen zur Vertragsstrafe betreffend die Berufsfußballer (s. o. unter C. II. 2. a, S. 128) wirksam.

c) Strafarten

Was die zur Verfügung stehenden Strafarten angeht (s. o.), ergeben sich keine Besonderheiten. Bei den vollberuflich im Fußball Tätigen ist Art. 12 Abs. 1 GG mit seiner gesamten mittelbaren Schutzwirkung bei Sanktionsmaßnahmen zu berücksichtigen (s. o. unter A. V., S. 77, und B. II. 4. b cc, S. 97). Dies führt dazu, dass Sperrstrafen gegen Spieler und Trainer auch bei erheblichen Verstößen (sogar bei Tätlichkeiten und Spucken) erheblich von Sanktionen gegen Amateure, die teilweise bis zu mehreren Monaten gesperrt werden, abweichen und schuldangemessenes Strafen durch die gleichzeitige Verhängung einer zusätzlichen Geldstrafe erreicht wird.

IV. Gegen Instanzenmitglieder

Die Verbände und ihre Unterorganisationen verfügen über eine Vielzahl von Mitarbeitern („Funktionären") in ihren Organen, Ausschüssen, Arbeitskreisen, Kommissionen, Gremien, Instanzen u. a. Im zwischenmenschlichen Miteinander und in der Hektik des Tagesgeschäfts rund um die ehrenamtliche Verwaltung des Fußballs soll es hier und da auch immer wieder Situationen geben, bei denen die Sportinstanzen gegen diejenigen tätig werden müssen, die eigentlich kraft ihrer Funktion Garant für einen fairen Umgang im Fußball untereinander sein sollten.

Fraglich ist also, ob auch die Organmitglieder der Verbände selbst der Strafgewalt der Verbände unterliegen.

Die Verbände gehen davon aus, dass Organmitglied bei ihnen nur werden kann, wer selbst Mitglied eines Verbandsvereins ist. So regeln *DFB* und *WFLV:*

„§ 19 Abs. 6 DFB-Satzung
In die Organe, Rechtsorgane, Revisionsstelle und Ausschüsse des DFB können nur Personen gewählt oder berufen werden, die Mitglieder von Vereinen der Mitgliedsverbände sind und weder in Mitgliedsverbänden noch deren Vereinen eine hauptamtliche berufliche Tätigkeit ausüben, soweit die Satzung nicht Ausnahmen zulässt. Satz 1 gilt nicht für den Ligaverband.

§ 21 Abs. 8 WFLV-Satzung
Die zur Wahl Vorgeschlagenen müssen Mitglied eines einem der vier Landesverbände angeschlossenen Vereins sein und die besonderen satzungsgemäßen Voraussetzungen für ihr Amt erfüllen. [...]"

Hingegen vermisst man beim *FVM* eine entsprechende (ausdrückliche) Regelung; sie findet sich insbesondere nicht in §§ 24 Abs. 3 und 48 FVM-Satzung. Dass dem auch im *FVM* so sein soll, davon geht die Satzung aber stillschweigend und wie selbstverständlich aus, vgl. etwa § 48 Abs. 3 und 4 FVM-Satzung. Gleichwohl wäre der *FVM* aus Klarstellungsgesichtspunkten gehalten, Entsprechendes in § 24 Abs. 3 seiner Satzung – in Anlehnung an die Formulierung des *WFLV* – aufzunehmen.

Nach der Vorstellung der Verbände unterliegen ihre Organmitglieder ihrer Strafgewalt, weil eine Unterwerfung durch die dynamische Verweisung in den Satzungen ihrer Vereine stattgefunden hat. Dies ist nach hier vertretener Auffassung auch wirksam, weswegen die Organmitglieder der Strafgewalt des *DFB, WFLV* und *FVM* unterliegen.

Darüber hinaus ist allerdings auch eine rechtsgeschäftliche Unterwerfung durch den konkludenten Abschluss eines Anerkennungsvertrags zwischen dem Organmitglied und dem jeweiligen Verband anzunehmen[468]. Denn spätestens mit der Annahme der Wahl (oder Berufung) erklärt das Organmitglied seine Bereitschaft, für den Verband in einer verwaltenden Funktion tätig zu werden. Dies kann – auch nach Vorstellung des Organmitglieds – nur auf der Basis der für den Verband geltenden Rechtsordnung – also seiner Satzung und seinen Ordnungen – geschehen. Nimmt der *BGH* einen entsprechenden, konkludenten Unterwerfungswillen bei dem Fußballspieler an (der hinsichtlich rechtlicher Rahmenbedingungen regelmäßig überhaupt keine Vorstellung hat), muss dies für das Organmitglied erst recht gelten, das sich in der Regel aus einer großen Versammlung heraus und nur mit entsprechender Erfahrung ausgestattet in ein Amt wählen lässt. Es ist darüber hinaus schlechterdings unvorstellbar, dass derjenige, der mit der Rechtsdurchsetzung (im weitesten Sinne) in einem Verband befasst ist, dies tun kann und will, ohne die Verbindlichkeit der zu Grunde liegenden Rechtsordnung auch für sich anzuerkennen.

V. Gegen Schiedsrichter

Jedenfalls im Hinblick auf die von ihm weitergebildeten und angesetzten Schiedsrichter auf DFB-Ebene verlangen der *DFB* und die Fußballverbände im Westen gegenüber ihren Schiedsrichtern die Geltung von Ahndungsbefugnissen: im *DFB* durch

> „§ 10 DFB-SRO
> Rechtsprechung gegen Schiedsrichter
> Durch Vereinsmitgliedschaft unterliegen Schiedsrichter [...] den Satzungen und Ordnungen des DFB und der für sie zuständigen Mitgliedsverbände. Sie unterstehen grundsätzlich der Rechtsprechung der Rechtsinstanzen ihrer Mitgliedsverbände.“

---

468 Ebenso: *Reichert*, Handbuch, Rdnr. 2786, aber unscharf, ob schon Unterwerfung aufgrund des organschaftlichen Verhältnisses oder aufgrund Vertrags vorliegt. *Schlosser*, Verbandsgerichtsbarkeit, S. 80 – § 4 II. 1. sieht die Organträger in einem Verein, die nicht Vereinsmitglied sind, alleine aufgrund ihres vereinsrechtlichen Status unterworfen, weil dieser durch die Satzung geprägt ist.

und

„§ 11 DFB-SRO
Ahndungsbefugnisse der Schiedsrichter-Ausschüsse
1. Unbeschadet der Bestimmung des § 10, Absatz 2 können Verstöße der Schiedsrichter [...] gegen die Schiedsrichterordnungen und Handlungen gegen das Ansehen des Schiedsrichter-Bereichs von den Schiedsrichter-Ausschüssen der Mitgliedsverbände geahndet werden. [...]
2. [...]"

sowie die Westverbände gemäß

„§ 7 SRO/WFLV: Rechtsprechung gegen Schiedsrichter
(1) Die Schiedsrichter unterstehen grundsätzlich der Rechtsprechung der Rechtsorgane des WFLV und der Landesverbände.
(2) [...]

§ 8 SRO/WFLV: Ahndungsbefugnisse und Streichung von Schiedsrichtern
(1) Unbeschadet der Bestimmung des § 7 können Verstöße der Schiedsrichter gegen die Schiedsrichterordnung und Handlungen gegen das Ansehen des Schiedsrichterwesens von den Schiedsrichterausschüssen geahndet werden. [...]
(2) Die Schiedsrichterausschüsse sind berechtigt, folgende Ordnungsmaßnahmen zu ergreifen: [...]"

Beim *DFB* wie bei dem Regional- und den Landesverbänden herrscht die Vorstellung vor, dass jeder Schiedsrichter Mitglied eines Verbandsvereins sein muss.

„§ 1 Abs. 1, UAbs. 7 SRO/WFLV
Schiedsrichter müssen Mitglied eines Verbandsvereines sein."

Damit sollen die Schiedsrichter als Vereinsmitglieder durch die dynamische Verweisung in den jeweiligen Vereinssatzungen der Strafgewalt der Verbände unterworfen sein. Dies ist nach hier vertretener Auffassung zu bejahen.

Fraglich ist jedoch, ob angesichts der noch vorhandenen Skepsis gegenüber dynamischen Verweisungen die Bindung der Schiedsrichter an das Verbandsregelwerk erlangt werden kann. Für sie kann im Ergebnis doch nichts anderes gelten als für die Spieler. Denn der Schiedsrichter, der kraft seines Amts die Geltung eines anerkannten Regelwerks durchsetzen muss, kann noch weniger als ein Spieler dessen Existenz und Verbindlichkeit für sich selbst verneinen.

Es bleibt das Problem, dass der Schiedsrichter hierdurch nur wettbewerbsbezogen (s. o.) gebunden werden könnte. Dies hätte die Folge, dass der Schiedsrichter zwar im Hinblick auf Pflichtverletzungen im Zusammenhang mit Spielleitungen gebunden wäre, jedoch bei außerwettbewerblichen Vergehen – solchen, die nicht in einem konkreten, von ihm geleiteten Spiel in Zusammenhang stehen – wie beispielsweise der Pflichtbesuch der monatlichen Weiterbildungsabende oder bei dem Beispiel des WM-Kartenverkaufs (siehe sogleich unten unter VII. 2., S. 209) nicht der Sanktionsbefugnis des Verbands unterfallen würden.

Gleichwohl sollten der *DFB* für die Schiedsrichter der Lizenzligen und die Landesverbände bei der Ausbildung der Schiedsrichter in den Meldeformularen eine Unterwerfungsklausel unter die Satzungen und Ordnungen des *DFB* und des jeweiligen Landesverbandes in der jeweils gültigen Fassung sowie unter deren Strafgewalt aufnehmen. Sie sind dann mit einer einzelvertraglichen Unterwerfung auf der „sicheren Seite".

VI. Gegen ausgeschiedene Mitglieder

Vereinsmitglieder sollen nur solange der Vereinsstrafgewalt unterliegen, solange sie Mitglied sind[469]. Sie sollen nach ihrem Austritt nicht mehr belangt werden können[470]. Dies würde bedeuten, dass Einzelmitglieder der Strafgewalt des Verbandes nicht mehr durch dynamische Verweisung unterliegen, sobald sie aus ihrem Verein ausgetreten sind. Hierzu verhält sich sehr kritisch und differenzierend *Schlosser,* der meint, es sei Satzungsauslegungsfrage, ob das ausgetretene Mitglied für eine vor seinem Austritt liegende Tat noch durch den Verein bestraft werden könne[471]; generell sei dies jedoch keineswegs ausgeschlossen. Für eine nach dem Austritt liegende Tat räumt er ein, dass eine Bestrafung wegen dieser nicht möglich sei, wenn zu diesem Zeitpunkt die Mitgliedschaftsrechte vollständig erloschen sind[472].

So sehr das von *Schlosser* vorgezogene Ergebnis für die Praxis der Sportgerichte wünschenswert wäre, so sehr ist ihm auch entgegen zu treten. Es wird nicht berücksichtigt, dass – anders als beispielsweise bei nachwirkenden Vertragspflichten – die verbandliche Sanktion nicht *eo ipso* verwirkt ist und feststeht (wie beispielsweise ein quasi-vertraglicher Schadenersatzanspruch), sondern der internen weiteren Festsetzung durch die Sportgerichte bedarf. Der Straffestsetzungsakt ist dann aber auch nach Auffassung von Verfasser „rechtslogisch" (um den von Schlosser kritisierten Begriff des *Reichsgerichts* aufzunehmen) nur möglich, wenn zu diesem Zeitpunkt zwischen Verein/Verband einerseits und dem zu Be-

---

469 *Stöber,* Vereinsrecht, Rdnr. 687 m. w. N. dort in Fn. 5.
470 *Reiß,* Strafgewalt, S. 49; *Reichert,* Handbuch, Rdnr. 2726.
471 *Schlosser,* Verbandsgerichtsbarkeit, S. 82 f. – § 4 II. 3
472 *Schlosser,* Verbandsgerichtsbarkeit, S. 84 – § 4 II. 3. c.

strafenden noch mitgliedschafts- oder mitgliedschaftsähnliche Bedingung besteht. Es ist von daher zu fordern, dass verbandliche Verfahren, die ihre Sanktionsgewalt (nur) aus der Unterwerfung des Beschuldigten durch dynamische Verweisung in seiner Vereinssatzung auf die Verbandssatzung ableiten, nur durchgeführt werden, wenn diese Person zum Schluss der Beweisaufnahme noch Mitglied seines Vereins ist[473].

Die Bindung an Anerkennungsverträge hält nach Maßgabe der getroffenen Regelung an. Liegt keine Regelung vor, weil er konkludent zustande kam, gilt die Bindung nur wettkampfbezogen; damit ist ein regelmäßig eingesetzter Spieler ist über die laufende Spielzeit durch die Sportgerichte erreichbar. Anerkennungsverträge in Lizenzvereinbarungen verlieren ihre Wirkung mit der Beendigung oder dem Entzug der Lizenz.

VII. Gegen Dritte (Nichtorganisierte)

Aus Sicht der Verbände kann sich sanktionswürdiges Verhalten auch von Personen ergeben, die mit ihnen weder unmittelbar noch mittelbar verbunden sind.

1. Definition

Der *BGH* hat in seiner Reitsport-Entscheidung[474] Sporttreibende, die nicht unmittelbar Mitglied eines Verbandes sind, als „Nichtmitglieder" bezeichnet. Auch im Fußballsport sind die Sporttreibenden jedoch – wie oben dargestellt, s. o. unter A. IV. 4. b ff, S. 74 – in ihrem und durch ihren Verein als im Fußballsport organisiert anzusehen. Die verbleibenden Personen, Fans, Zuschauer und sonstige Dritte, die in irgendeiner Weise mit dem organisierten Sport in Kontakt kommen, werden in diesem Abschnitt behandelt. Sie sind nicht Einzelmitglied eines Mitgliedsvereins und auch nicht unmittelbar Mitglied eines Verbandes.

---

473 Nur wem diese Problematik bewusst ist, kann verstehen, warum in der Hochphase des Schiedsrichterskandals um *Hoyzer* Pressemitteilungen über die Absicht *Hoyzers*, nicht aus seinem Verein auszutreten, bzw. über die Absicht seines Vereins, ihn nicht auszuschließen, wesentliche Bedeutung erhielten.

474 *BGH*, Urt. v. 28.11.1994, Az. II ZR 11/94, BGHZ 128, 93 = NJW 1995, 583 = SpuRt 1995, 43.

2. Grundsatz

Für Teilbereiche hat es sich schon in der vorliegenden Arbeit ergeben (s. o. unter II. 3. b cc α, S. 190) und auch im Übrigen steht fest, dass die Strafmöglichkeiten gegen Nichtorganisierte besonderer Untersuchung bedürfen. Denn mangels Vertrag oder anderer Unterwerfung unter die Verbandsbestimmungen, mangels Mitgliedschaft in einem Verbandsmitgliedsverein und in Ermangelung einer rechtlichen Sonderbeziehung zum Verband oder Verein ist grundsätzlich keine verbandliche Sanktion gegen Nichtorganisierte möglich.

3. Verband als Veranstalter

Soweit der Verband selbst Veranstalter (*FVM-/DFB*-Pokalendspiel, Länderspiele) ist, kommt eine „Bestrafung" nach den dargestellten Möglichkeiten eines Vereins in Betracht (s. o. unter C. III., S. 135), d. h. der jeweilige Verband ist selbst in der Lage, Stadionverbote auszusprechen.

4. Unterwerfung durch AGB eines Drittveranstalters

Genauer zu untersuchen ist die Möglichkeit, Nichtorganisierte durch die Allgemeinen Geschäftsbedingungen (AGB) eines Drittveranstalters der Strafgewalt eines Verbandes zu unterwerfen. Konkret geht es dabei um die Frage, ob beispielsweise ein Regionalligaverein mittels auf der Eintrittskarte aufgedruckter AGB seine Zuschauer der Strafgewalt des *DFB* oder der deutsche Champions-League-Verein seine Zuschauer der Strafgewalt der *UEFA* oder gar der *FIFA* unterstellen kann. Es ist dargestellt worden, dass dies Interessenlage jedenfalls der *FIFA* ist (siehe oben unter A. III. 2 a aa, S. 49)[475].

Hierzu müsste in die AGB eine Formulierung dahin aufgenommen werden, dass sich der Zuschauer der Strafgewalt des *DFB*/der *UEFA*/der *FIFA* unterwirft und das insoweit geltende sportrechtliche Regelungswerk anerkennt. Wie bei jeder klassischen AGB-Prüfung ist bei der Überprüfung einer solchen Klausel zwischen der wirksamen Einbeziehung eines solchen Passus in den Einzelvertrag und der Wirksamkeit der Regelung selbst (Inhaltskontrolle) zu unterscheiden.

475 Die Rechtsnatur der WM-Tickets beschreibt *Weller*, JuS 2006, 497 (500).

a) Einbeziehung

Voraussetzungen für eine wirksame Einbeziehung in den Einzelvertrag (also der Berechtigung, dem jeweiligen Fußballspiel als Zuschauer beiwohnen zu dürfen) sind ein ausdrücklicher Hinweis auf die AGB, die Möglichkeit der zumutbaren Kenntnisnahme sowie das Einverständnis des Zuschauers; als negatives Tatbestandsmerkmal darf es sich zudem um keine überraschende Klausel handeln[476].

aa) Positive Einbeziehungsvoraussetzungen

Von einem ausdrücklichen Hinweis auf die AGB darf im Beispielsfall ausgegangen werden; üblicherweise machen Schilder am Stadioneingang oder den Tageskassen auf die AGB aufmerksam. Nicht jedoch genügt ein bloßer Hinweis auf der Eintrittskarte selbst, wenn diese erst nach Vertragsschluss ausgehändigt wird[477]. Dies wird für den vorliegenden Beispielsfall jedoch nicht unterstellt. Ferner darf hier die Möglichkeit der Kenntnisnahme unterstellt werden, denn spätestens am Kassenschalter dürften die AGB auf Nachfrage einsehbar sein, sei es auch nur durch Vorzeigen der Eintrittskarte (vor Vertragsschluss, s. o.). Nach Erfüllung der beiden hier genannten Voraussetzungen liegt schließlich auch das – zumindest konkludente – Einverständnis des Zuschauers vor[478].

bb) Verbot von überraschenden Klauseln, § 305c BGB

Bei einer Unterwerfungserklärung unter die Verbandsrechtsprechung könnte es sich aber um eine überraschende Klausel i. S. v. § 305c Abs. 1 BGB handeln. Dazu müsste die Klausel nach h. M. zum einen objektiv ungewöhnlich und zum anderen in subjektiver Hinsicht für den Kunden überraschend sein[479]. Da dies unter formalen Gesichtspunkten der Einbeziehungsvoraussetzung geprüft wird, ist im Zweifel eine restriktive Anwendung von § 305c Abs. 1 BGB geboten[480]. Jedenfalls sind AGB-Klauseln nach der Rechtsprechung aber dann für den Kunden als überraschend anzusehen, wenn ihr Inhalt auf eine dem Leitbild des gewählten Vertragstyps grob widersprechende Regelung hinausliefe[481].

---

476 Vgl. statt aller nur *Medicus*, Bürgerliches Recht, Rdnr. 69.
477 *Palandt-Heinrichs*, § 305, Rdnr. 30.
478 *Palandt-Heinrichs*, § 305, Rdnr. 43.
479 *Ulmer/Brandner/Hensen-Ulmer*, AGB-Recht, § 305c, Rdnr. 11; abl. *Stoffels*, AGB-Recht, Rdnr. 335.
480 *Stoffels*, AGB-Recht, Rdnr. 330.
481 *BGH*, Urt. v. 28.02.1973, Az. IV ZR 34/71, BGHZ 60, 243 (245).

α) Objektive Kriterien

Ein Fußballanhänger, der sich rein interessehalber ein Spiel der besagten Regionalliga- bzw. Champions-League-Mannschaft ansehen möchte, geht nach allgemeiner Betrachtungsweise beim Ticketkauf davon aus, von dem ihm zugeteilten Platz aus im Stadion das Spiel verfolgen zu können. Auch ist er sich nach allgemeiner Lebenserfahrung möglicher Nebenpflichten bewusst, wie z. B. das Verbot gefährliche Gegenstände mit sich zu führen oder das Spielfeld zu betreten. Selbst Konsequenzen aus der Verletzung solcher Nebenpflichten sind dem durchschnittlichen Fußballanhänger aus aktueller wiederkehrender Medienberichterstattung nicht fremd; so dürfte allgemein bekannt sein, dass bei grob sportwidrigem Verhalten ein Stadionverbot ausgesprochen werden kann. Sanktionen gegen Stadionbesucher an sich sind also für sich genommen nicht schon überraschend. Das angesprochene Stadionverbot gründet sich aber gerade aus dem Vertragsverhältnis mit dem und dem Hausrecht des gastgebenden Vereins, welcher als solcher für die Stadionsicherheit verantwortlich ist. Mag man also dem Durchschnittsbesucher unterstellen, mit Sanktionsmöglichkeiten in Ticket-AGB zu rechnen, so ist hier gleichwohl die Grenze des Vorhersehbaren erreicht. Wenn nämlich Sanktionsmöglichkeiten von Seiten des Stadionbetreibers bzw. des gastgebenden Vereins in Erwägung gezogen werden, so bedeutet dies erst recht, dass Sanktionen von dritter Seite – dem Verband – nach vernünftigen Erwägungen gerade nicht in Frage kommen. Ansonsten wäre ein grenzenloses Ausufern von Strafgewalten (man bedenke eine mögliche Übertragung von Strafgewalt über den *DFB* auf die *UEFA* oder *FIFA*) die Konsequenz, mit welcher ein verständiger Fußballanhänger nicht rechnen kann. Es handelt sich somit um eine – auch bei restriktiver Anwendung von § 305c BGB – objektiv ungewöhnliche Regelung.

β) Subjektives Überraschungsmoment

Das nach h. M. weiterhin notwendige subjektive Überraschungsmoment ist indes stark einzelfallbezogen und kann daher im Beispielsfall nicht mit letzter Sicherheit festgestellt werden. Hierbei ist die Kritik von *Stoffels*[482] nicht von der Hand zu weisen, dass eine subjektive Komponente bei der Prüfung überraschender Klauseln wenig nachvollziehbar erscheine. Auf den konkreten Beispielsfall angewandt dürfte aber i. d. R. das subjektive Überraschungsmoment nach dem bereits Herausgearbeiteten indiziert sein. Anders würde es sich jedoch u. U. bei Hooligans lagern, welche sich aus der Natur ihres Verhaltens heraus in besonde-

482 *Stoffels*, AGB-Recht, Rdnr. 335 ff.

rem Maße mit möglichen Strafen befassen und so auch eine Unterwerfung unter die Verbandsstrafgewalt nicht grundsätzlich auszuschließen vermögen. Dies führte sodann mit der h. M. zu dem verblüffenden Ergebnis, dass dieselbe AGB-Bestimmung zwar objektiv ungewöhnlich, dann aber für einen geringen Personenkreis doch nicht überraschend wäre. Nach der Alternativlösung von *Stoffels*[483], welche auf einen objektiven Überrumpelungs- bzw. Übertölpelungseffekt abstellt, bleibe es indes bei dem Ergebnis einer überraschenden Klausel; denn auch bei Hooligans – wenn diese nicht gerade schon von der Verbandsrechtsprechung bestraft worden wären und somit über Sonderwissen hinsichtlich der Unterwerfungserklärung verfügten – würde die Klausel zu einer objektiv festzustellenden Überrumpelung führen.

cc) Ergebnis der Einbeziehung

Unabhängig davon, wie man sich im Sonderfall des Hooligans entscheiden möchte, gilt i. d. R., dass der Zuschauer-Vertrag des Beispielsfalles in eine unüberschaubare Unterwerfungserklärung entarten würde, was dem Leitbild des Vertrages grob widerspricht. Somit wurde der AGB-Passus bereits nicht wirksam einbezogen.

b) Inhaltskontrolle

Hilfsweise – es wird an dieser Stelle eine wirksame Einbeziehung der Klausel unterstellt bzw. im Hooligan-Sonderfall der h. M. gefolgt – ist nun der Inhalt der Unterwerfungserklärung zu prüfen. Dabei ist die übliche Prüfungsreihenfolge der Inhaltskontrolle zu beachten, nämlich § 309 BGB vor § 308 BGB, ggf. danach die Generalklausel des § 307 BGB. Von einer generellen Kontrollfähigkeit der genannten AGB-Bestimmung ist auszugehen[484].

aa) §§ 309, 308 BGB

Im vorliegenden Fall wäre allenfalls an ein Klauselverbot ohne Wertungsmöglichkeit nach § 309 Nr. 6 BGB zu denken. Dann müsste es sich bei der Unterwerfungserklärung um eine Vertragsstrafe handeln, welche an den Verwender bei nicht erfolgter bzw. verspäteter Abnahme oder bei Zahlungsverzug zu leisten wäre. Diese Regelung ist aber schon nach ihrer Formulierung nur auf spezifisch eingegrenzte Austauschverträge anwendbar, etwa klassische Kauf- oder Werkver-

483 *Stoffels*, AGB-Recht, Rdnr. 337.
484 Vgl. nur *Staudinger-Coester*, § 307, Rdnr. 281.

träge. Zudem zielt die Unterwerfungserklärung des Beispielsfalles nicht auf eine Hauptpflichtverletzung (wie eben Abnahme und Zahlung), sondern auf die Verletzung einer Obliegenheit ab. Damit ist § 309 BGB nicht einschlägig.

Ebenso wenig kommt ein Klauselverbot ohne Wertungsmöglichkeit nach § 308 BGB in Betracht.

bb) § 307 BGB

Mithin ist auf die Generalklausel des § 307 BGB zurückzugreifen. Dabei sind hier bereits die vorrangig zu prüfenden Varianten von § 307 Abs. 2 BGB nicht einschlägig, sodass sich die Prüfung im Beispielsfall auf § 307 Abs. 1 BGB beschränken kann. Eine unangemessene Benachteiligung des Fußballanhängers als Nicht-Nichtmitglied liegt demnach vor, wenn die Klausel ihn entgegen den Geboten von Treu und Glauben unangemessen benachteiligt. Dabei sind die beiden Tatbestandsmerkmale der Benachteiligung und der Unangemessenheit getrennt voneinander zu prüfen[485].

α) Benachteiligung

Eine Benachteiligung ist anzunehmen, wenn ein Rechtslagenvergleich zu dem Ergebnis führt, dass der Kunde bei Bestehen der zu prüfenden Klausel schlechter gestellt ist als bei einem erdachten Wegfall[486]. Im vorliegenden Beispielsfall bestünde bei der Nichtigkeit der Unterwerfungserklärung für den Fußballanhänger nicht die Verpflichtung, der Verbandsrechtsprechung zu unterliegen; es würde also ein rechtliches und ggf. auch finanzielles (mittelbar, nämlich bei einer entsprechenden Verurteilung) Risiko wegfallen. Somit wäre der Zuschauer bei Wegfall der Klausel besser gestellt; eine Benachteiligung liegt vor.

β) Unangemessenheit

Die festgestellte Benachteiligung müsste nun unangemessen sein. Bei dieser Untersuchung ist eine Interessenabwägung durchzuführen, welche sich am Austauschverhältnis der Vertragspartner orientiert[487]. Eine Benachteiligung ist nach der Rechtsprechung dann unangemessen, wenn der Verwender missbräuchlich eigene Interessen auf Kosten des Vertragspartners durchzusetzen sucht, ohne von vorneherein auch dessen Belange hinreichend zu berücksichtigen und ihm einen

485 *Stoffels*, AGB-Recht, Rdnr. 466; Staudinger-*Coester*, § 307, Rdnr. 90 ff.
486 *Stoffels*, AGB-Recht, Rdnr. 467.
487 *Stoffels*, AGB-Recht, Rdnr. 468.

angemessenen Ausgleich zuzugestehen[488]. Im Beispielsfall mag zunächst zweifelhaft erscheinen, ob der gastgebende Verein als Verwender mit der Unterwerfungserklärung unter die Verbandsrechtsprechung tatsächlich eigene Interessen durchsetzen möchte. Jedoch erkennt der *BGH* den Schutz von § 307 BGB auch vor Interessen Dritter an, welche aus dem Vertrag Rechte herleiten können oder unmittelbar berechtigt werden[489]. Es kann also dahinstehen, ob der Verein zur eigenen Entlastung auf die Verbandsrechtsprechung verweist oder der *DFB* selbst ein Interesse an der Einbeziehung hat. (Regelmäßig dürfte beides zu bejahen sein.) Die Prüfung läuft jedenfalls auf eine Abwägung zwischen Einbeziehungsinteresse (von Verband und/oder Verein) und Nichteinbeziehungsinteresse des Zuschauers hinaus. Maßgeblicher Zeitpunkt ist jener des Vertragsschlusses[490] (hier also der Erwerb der Eintrittskarte). Beurteilungsmaßstab ist eine überindividuell-generalisierende und typisierende, von den konkreten Umständen des Einzelfalls absehende Betrachtungsweise[491], es ist also unabhängig vom Einzelfall stets die Perspektive des Durchschnittskunden einzunehmen[492]. Für den vorliegenden Beispielsfall bedeutet dies, dass spätestens jetzt der oben angesprochene Sonderfall des Hooligans unbeachtlich ist. Selbst wenn ein Fußballanhänger mit dem Vorsatz gröbster Verletzungen des Vertragsverhältnisses das Stadion betritt, ist seine durch AGB vollzogene Unterwerfungserklärung stets am Maßstab des durchschnittlichen Besuchers zu messen.

Bei der Interessenabwägung ist zu beachten, dass die Rechtfertigungsanforderungen der Klausel mit der Intensität des Eingriffs in die Sphäre des Kunden (Zuschauers) steigen[493]. Anhaltspunkte dafür liefern auch die Wertungen der §§ 308 f. BGB, welche eine Ausstrahlungswirkung auf die Generalklausel haben und trotz eigener Uneinschlägigkeit bei der Auslegung von § 307 BGB heranzuziehen sind[494]. Daneben sind bei der Interessenabwägung auch grundlegende normative Wertungen aus dem zwingenden Recht beachtlich[495], ferner das besondere Kräfteverhältnis bei Verbraucherverträgen[496]. Eine Gesamtschau dieser Aspekte angewendet auf den konkreten Beispielsfall ergibt folgendes Bild:

---

488 *BGH*, Urt. v. 05.11.1998, Az. III ZR 95/97, NJW 1999, 635 (636); *BGH*, Urt. v. 03.11.1999, Az. VIII ZR 269/98, NJW 2000, 1110 (1112).
489 *BGH*, Urt. v. 23.06.1999, Az. IV ZR 136/98, NJW 1999, 3558 (3559).
490 *Stoffels*, AGB-Recht, Rdnr. 472.
491 *BGH*, Urt. v. 04.07.1997, Az. V ZR 405/96, NJW 1997, 3022 (3024) – ständige Rechtsprechung; *Staudinger-Coester*, § 307, Rdnr. 95 ff.
492 *Stoffels*, AGB-Recht, Rdnr. 473.
493 *Stoffels*, AGB-Recht, Rdnr. 470.
494 *Ulmer/Brandner/Hensen-Fuchs*, § 307, Rdnr. 163.
495 *Ulmer/Brandner/Hensen-Fuchs*, § 307, Rdnr. 165 ff.
496 *Borges*, Inhaltskontrolle, S. 61 ff.

αα) Ausstrahlungswirkung von § 309 Nr. 6 BGB

Betrachtet man die speziellen Klauselverbote, so ist wiederum auf die direkt nicht einschlägige (s. o.) Vorschrift des § 309 Nr. 6 BGB einzugehen. Anerkanntermaßen sind in den dort aufgeführten Fällen Vertragsstrafen und auch Strafversprechen unwirksam[497]. Die Unterwerfung unter die Verbandsrechtsprechung kann aber mittelbar zu einer Verurteilung des Zuschauers und damit zu dessen Sanktionierung führen. Die Unterwerfungserklärung ist ihrem Inhalt nach also ein bedingtes Strafversprechen, bei einer Verurteilung zu einer Geldstrafe gleichfalls eine aufschiebend bedingte Vertragsstrafe. Damit ist bereits der Rechtsgedanke von § 309 Nr. 6 BGB erfasst und entsprechend auf den Zuschauervertrag über § 307 BGB übertragbar. Die Klausel ist somit schon aufgrund des Rechtsgedankens aus § 309 Nr. 6 BGB unwirksam.

ββ) Schiedsklauselvereinbarung

Darüber hinaus kann man die Unterwerfungserklärung auch mit einer Schiedsklausel i. S. v. §§ 1029 ff. ZPO vergleichen. Solche beschränken den freien Zugang zu den Gerichten und verkürzen somit den rechtstaatlich gebotenen Gerichtsschutz. Daher muss für ihre Wirksamkeit ein besonderes Bedürfnis bestehen, welches im privaten Verkehr niemals anzuerkennen ist[498]. Auch bei der Unterwerfung unter eine Verbandsgerichtsbarkeit wird der staatliche Rechtsschutz hiergegen beschränkt. Da zumindest der Zuschauer des Beispielsfalls das Fußballspiel als Privatperson besucht, benachteiligt schon deshalb eine Schiedsklausel ihn unangemessen aus Gründen des zwingenden Rechts.

γγ) Aspekte des Verbraucherschutzes

Ferner gilt es zu beachten, dass es sich bei dem Zuschauervertrag um einen Verbrauchervertrag zwischen dem gewerblich tätigen Verein (als Unternehmer i. S. v. § 14 Abs. 1 BGB) und dem privat handelnden Zuschauer (als Verbraucher i. S. v. § 13 BGB) handelt. Deshalb ist nach dem 16. Erwägungsgrund der EG-Richtlinie über missbräuchliche Klauseln in Verbraucherverträgen (RL 93/13/EWG) auch das Kräfteverhältnis zwischen den Vertragsparteien zu berücksichtigen, was ebenfalls zu einer unangemessenen Benachteiligung führen kann. Umstritten ist, ob es dabei auf eine besondere Marktmacht des Unternehmers oder die Abhängigkeit des Verbrauchers vom Leistungsangebot des Unternehmers an-

---

497 *Stoffels*, AGB-Recht, Rdnr. 896.
498 *Stoffels*, AGB-Recht, Rdnr. 1071.

kommen soll[499]. Auf den Beispielsfall gemünzt gilt, dass ein Besucher eines Fußballspiels – anders als beispielsweise ein Kunde eines Anbieters von Massenprodukten – keine Alternativangebote nutzen kann, welche seinen Bedürfnissen entsprechen (nämlich das Spiel „seiner" Mannschaft zu verfolgen). Zwar ist nach verbreiteter Ansicht grundsätzlich bei der AGB-Kontrolle die Wettbewerbssituation wenig beachtlich, nicht aber im Falle einer marktbeherrschenden Stellung des Verwenders[500], wie es im Beispielsfall gegeben ist. Da der betreffende Verein einziger Anbieter des jeweiligen Fußballspiels ist, ist der Zuschauer den belastenden Wirkungen seiner AGB alternativlos ausgesetzt, wenn er nicht auf das Produkt (resp. den Stadiongang) verzichten möchte. Damit liegt sowohl eine besondere Marktmacht des Unternehmers als auch eine Abhängigkeit des Verbrauchers vom Leistungsangebot vor. Eine Streitentscheidung ist somit hinfällig. Zudem zeigt der Beispielsfall, dass beide Ansichten, wie *Borges*[501] zutreffend feststellt, nicht weit auseinander liegen. Diese Situation führt damit zu einer Verschärfung des Angemessenheitsmaßstabes[502]; im Beispielsfall indiziert das krasse Missverhältnis zwischen Monopolisten (Verein) und schutzlosem Konsumenten (Zuschauer) die Unwirksamkeit der Klausel.

Verstärkt wird dieser Schluss dadurch, dass der Verbraucherschutz – ohne notwendigen Rückgriff auf europarechtliche Regelungen – aus der Gesamtschau des zwingenden Rechts (vgl. nur z.B. §§ 310 Abs. 3, 312 ff., 474 ff., 491 ff. 505 ff. BGB) als grundlegende normative Wertung hervorgeht[503]. Dies strahlt wiederum auf § 307 BGB mit der Folge ab, dass im vorliegenden Fall die Unangemessenheit der Benachteiligung untermauert wird.

cc) Ergebnis der Inhaltskontrolle

All diese Einzelaspekte führen zu dem unausweichlichen Ergebnis, dass der verwendende Verein missbräuchlich eigene bzw. fremde (des *DFB*) Interessen auf Kosten des Zuschauers durchsetzen möchte, ohne von vorneherein auch dessen Belange hinreichend zu berücksichtigen und ihm einen angemessenen Ausgleich zuzugestehen. Damit stellt die Unterwerfung eines nichtorganisierten Zuschauers unter die Verbandsrechtsprechung durch AGB eine unangemessene Benachteiligung dar. Die Klausel ist folglich gem. § 307 Abs. 1 BGB unwirksam.

---

499 Zum Streitstand ausführlich *Borges*, Inhaltskontrolle, S. 61 ff. m. w. N.
500 *Ulmer/Brandner/Hensen-Fuchs*, § 307, Rdnr. 170, m. w. N.
501 *Borges*, Inhaltskontrolle, S. 62.
502 *Ulmer/Brandner/Hensen-Fuchs*, a. a. O.
503 Siehe hierzu bereits oben Fn. 495.

VIII. Konkurrenzen

Bei den Verbandsstrafen ergeben sich verschiedene Konkurrenzaspekte.

1. Mehrgleisige „Unterwerfungen"

Wie gezeigt wurde, gibt es im Fußballsport Personen, die sich gleich in mehrfacher Hinsicht der Rechtsgewalt der Verbände unterworfen haben.

Verschiedene Wege rechtsgeschäftlicher Unterwerfung schließen sich gegenseitig nicht aus. Sie können vielmehr parallel beschritten werden[504]. Das gleiche gilt für rechtsgeschäftliche und mitgliedschaftsähnliche Unterwerfung aufgrund dynamischer Verweisung, weil sie hinsichtlich der Sanktionsbefugnisse der Verbände keinerlei anderen rechtlichen Bestand einbringen. Sie bestehen nebeneinander.

Verfügt der Verband neben der rechtsgeschäftlichen oder mitgliedschaftsähnlichen Unterwerfung über eine ausdrückliche Vertragsstrafenermächtigung (vgl. oben Fußballlehrer) muss der Verband bei ihrem Ausspruch klarstellen, auf welche Ermächtigungsgrundlage er sich stützt (z. B. wegen der gerichtlichen Herabsetzungsmöglichkeit bei der Vertragsstrafe, vgl. §§ 315 Abs. 3, 319 BGB bzw. 343 Abs. 1 BGB[505]). Bei der doppelten Unterwerfung unter die Vereinsstrafgewalt des *DFB* und unter eine Vertragsstrafenbestimmung durch die *DFL* können diese kraft vertraglicher Vereinbarung nicht nebeneinander stehen.

2. Unter ne bis in idem-Gesichtspunkten

Es ist fraglich, ob es unter dem Gesichtspunkt des Doppelbestrafungsverbots zu Konkurrenzfällen zwischen Vereins- und Verbandsmaßnahmen kommen kann.

Beispiel:
Ein Spieler verprügelt nach einem Spiel einen Schiedsrichter, der so erheblich verletzt wird, dass er sich in ärztliche Behandlung begeben muss. Der Verband sperrt den Spieler für zwei Jahre. Der Verein schließt den Spieler aus dem gleichen Grund aus.

---

504 *Fenn*, SpuRt 1997, 77 (79).

505 Bei einer Festsetzung der Vertragsstrafe durch den Gläubiger nach § 315 BGB hat die Herabsetzung nach §§ 315 Abs. 3, 319 BGB Vorrang vor der nach § 343 Abs. 1 BGB, vgl. *Palandt-Grüneberg*, § 339, Rdnr. 5.

Das Doppelbestrafungsverbot ist nicht verletzt. Anders als zwei Verbände, die unter demselben Dachverband tätig werden, ist der Verein schon nicht diesem „Rechtsträger“ zuzuordnen; er ist gerade, wie auch die Einzelmitglieder, aber als unmittelbares Mitglied auf unterster verbandlicher Ebene Adressat der verbandlichen Tätigkeit. Darüber hinaus liegt auch ein anderer Strafgrund vor: Während der Verband die Sauberkeit seines organisierten Spielbetriebs verfolgt, will der Verein seine eigene Gemeinschaft vor derartigen „Sportskameraden“ verschonen.

Die gleiche Frage stellt sich bei konkurrierenden Verbandsmaßnahmen.

Beispiel:
Ein Schiedsrichter leitet Spiele der Verbandsliga (als Schiedsrichter seines Verbandes) und für den *DFB* Spiele der A-Junioren-Bundesliga. Anlässlich der WM 2006 wird festgestellt, dass der Schiedsrichter Eintrittskarten, die er als Verbandsmitarbeiter aus einem speziellen Kontingent gegen Entgelt erhalten hatte, entgegen der Ticketbestimmungen an eine andere Person verkauft hat. Der Verband wertet dies als Verstoß gegen die allgemeinen Verhaltenspflichten eines Schiedsrichters, schöpft deswegen im Sanktionswege die erlangten Umsätze ab, verhängt eine Geldstrafe und sperrt den Schiedsrichter für drei Monate. Diese Sperre hat zufolge, dass der Schiedsrichter auch keine Spiele auf DFB-Ebene leiten darf, weil die seitens des Verbandes ausgesprochene Sperre – wie regelmäßig – nach oben durchgreift. Nach Rechtskraft der Verbandsentscheidung hält der *DFB* diese Bestrafung für nicht ausreichend und belegt den Schiedsrichter mit einer weiteren Sperre von drei Monaten für die A-Junioren-Bundesliga.

Hier ist der *ne bis in idem*-Grundsatz verletzt; die weitere Sperre des Schiedsrichters ist unwirksam. *DFB* und *FVM* sind dem gleichen Rechtsträger als unter demselben Dachverband handelnde Verbände zuzuordnen (s. o. unter D. I. 3. a, S. 143). Die „Durchwirkung“ des Rechts ist gerade allgemeinverbindlich vorgeschrieben:

„§ 3 DFB-Spielordnung (allgemeinverbindlicher Teil)
Allgemeinverbindlichkeit von Entscheidungen und Strafen
Spieltechnische Entscheidungen und Strafen der zuständigen Organe des DFB und seiner Mitgliedsverbände unter Einschluss der sich aus ihren Vorschriften unmittelbar ergebenden Folgen wirken für und gegen den DFB, seine Mitgliedsverbände, deren Vereine sowie deren Mitglieder. Das Gleiche gilt für Tochtergesellschaften hinsichtlich der spieltechnischen Entscheidungen und Strafen der zuständigen Organe des DFB.“

Hiernach ist es zur Vermeidung interessenwidriger Entscheidungen erforderlich, dass sich die jeweils verantwortlichen Organe vor einer Sachentscheidung abstimmen.

E. Rechtsschutz (im Überblick)

Abschließend soll die Gewährung von Rechtsschutz gegen Vereins- und Verbandsstrafen im Überblick dargestellt werden[506].

I. Im Verein/Verband

Rechtsschutz gegen Maßnahmen könnte grundsätzlich zunächst innerhalb desjenigen Vereins oder Verbandes erlangt werden, der die Strafe verhängt hat.

1. Obligatorische Vorhaltung und Zulässigkeit

Die Vereine und Verbände sind jedoch zu einer Vorhaltung von Rechtsinstanzen nicht verpflichtet[507]. Ihre Existenz ist hingegen rechtlich zulässig[508]; sie bilden im Strafbereich das Ende der körperschaftlichen Willensbildung und stellen, sofern innerverbandlich letztinstanzlich, letztlich den für das Mitglied verbindlichen und durch die Gerichte überprüfbaren Inhalt der Sanktion fest[509]. Vereins- und Verbandsgerichtsbarkeit, die hier ausschließlich besprochen wird, ist von der Schiedsgerichtsbarkeit durch eine Schiedsgerichtsvereinbarung i. S. d. §§ 1025 ff. ZPO zu unterscheiden. Bei einer Schiedsgerichtsvereinbarung entscheidet i. d. R. ohne Beteiligung der ordentlichen Gerichte (§§ 1032 Abs. 1, 1055 ZPO) ein unabhängiges Schiedsgericht das streitige Rechtsverhältnis zwischen den Parteien endgültig.

2. Anforderungen an Vereins-/Verbandsgerichte

Verfügen Vereine und Verbände über eine Vereins- oder Verbandsgerichtsbarkeit, sind an diese rechtliche Anforderungen zu stellen.

---

506 Die Grundlagen skizziert *Lindemann,* SpuRt 1994, 17. Eine ausführliche Betrachtung liefert *Janßen,* Rechtsschutz.

507 *Reichert,* Handbuch, Rdnr. 2781: Er kann sie vorsehen, muss es aber nicht.

508 *Janßen,* Rechtsschutz, S. 56.

509 *Janßen,* Rechtsschutz, S. 54 f.; *Reichert,* Handbuch, Rdnr. 2782.

a) Besetzung

An die Unparteilichkeit und die persönliche Unabhängigkeit der Verbandsrichter können zwar nicht die gleichen Anforderungen gestellt werden wie an staatliche Richter[510]. Die Grenzen eines fairen Verfahrens mit Blick auf die geforderte Unparteilichkeit der beteiligten Sportrichter sind gleichwohl immer dann überschritten, wenn nach dem allgemeinen Rechtsverständnis und unter gleichzeitiger Berücksichtigung der besonderen Strukturen des Verbandswesens vom Vorliegen der Befangenheit eines Sportrichters auszugehen ist[511]. Es muss also ein objektiver Grund vorliegen, der die Partei auch von ihrem Standpunkt aus befürchten lassen kann, der Verbandsrichter werde nicht unparteiisch sachlich entscheiden[512].

Regelt die Satzung die Besetzung des Spruchkörpers oder hat sich der Spruchkörper aufgrund satzungsgemäßer Ermächtigung einen Geschäftsverteilungsplan gegeben, so ist dieser einzuhalten. Ohne ordnungsgemäße Besetzung kann das Rechtsorgan einen wirksamen Beschluss nicht fassen[513]. An das Erfordernis des „gesetzlichen" Richters sind insoweit keine überzogenen Anforderungen zu stellen, weil die Verbandsgerichte vollständig in die Verbände mit ihren besonderen Wertverstellungen integriert sind und insoweit keine strukturelle Vergleichbarkeit mit den staatlichen Gerichten gegeben ist. Jedoch sollte jeder Anschein einer unsachgemäßen Einflussnahme auf die Besetzung des Rechtsorgans vermieden werden[514] (wie z. B. die gelegentlich praktizierte, vollkommen freie Bestimmung der Besetzung durch den Vorsitzenden aus einem Kreis der gewählten Verbandsrichter).

b) Unabhängigkeit

Eine klare Trennung von Rechtsprechung und Verbandsverwaltung kann es kaum geben, weil nämlich keine unabhängigen, getrennt vom Verwaltungsleben bestehenden Rechtssprechungsorgane über die Sanktionen entscheiden[515]. Denn auch die Sportgerichte sind Verbandsorgane und damit feste Bestandteile der Verbandsverwaltung. Eine erkennbare organisatorische Trennung und Selbständigkeit der Verbandsgerichtsbarkeit ist aber realisierbar und wünschenswert; eine

---

510 *Buchberger,* SpuRt 1996, 157– VII; *Reichert,* Handbuch, Rdnr. 2832. In diesem Bereich fordernd allerdings: *Stern,* Grundrechte der Sportler, S. 157.

511 *Buchberger,* SpuRt 1996, 157 (158).

512 *Buchberger,* a. a. O. (s. o. Fn. 511).

513 *Reichert,* Handbuch, Rdnr. 2820; *Stöber,* Vereinsrecht, Rdnr. 688.

514 *Stöber,* Vereinsrecht, Rdnr. 688.

515 *Buchberger,* SpuRt 1996, 157 – VI .

Art verbandsrechtliche Unabhängigkeit kann dadurch geschaffen werden, dass Rechtsprechungsämter von sonstiger Verwaltungstätigkeit getrennt werden (verbandsrechtliche Gewaltenteilung)[516].

II. Durch die staatlichen Gerichte

Rechtsschutz gegen Vereins- und Verbandsstrafen wird regelmäßig auch durch die staatlichen Gerichte gewährt.

1. Zulässigkeit

Für Klagen gegen Vereins- und Verbandsstrafen sind Zulässigkeitsvoraussetzungen einzuhalten, die hier nur insoweit dargestellt werden, als dass sie gegenüber dem allgemeinen Recht spezifische Besonderheiten aufweisen.

a) Rechtsweg

Es ist grundsätzlich der Rechtsweg zu den ordentlichen Gerichten i. S. einer Rechtswegzuständigkeit eröffnet[517]. Geht der Arbeitnehmer gegen Vereinsstrafen seines Vereins als Arbeitgeber vor, kommt jedoch eine Zuständigkeit der Arbeitsgerichte nach § 2 ArbGG in Betracht.

b) Klageart und Antrag

Statthafte Klageart ist die Feststellungsklage. Der Klageantrag ist dahin zu stellen, dass das Gericht feststellen möge, dass die Vereinsstrafe (genaue Bezeichnung der letzten Fassung der Strafe) unwirksam ist[518].

c) Feststellungsinteresse, § 256 ZPO

Wer auf Feststellung klagt, benötigt für die Zulässigkeit seiner Klage ein rechtliches Interesse an der begehrten Feststellung, § 256 Abs. 1 ZPO.

---

516 *Buchberger*, a. a. O. (s. o. Fn. 515).
517 *Janßen*, Rechtsschutz, S. 105.
518 *Palandt-Heinrichs, § 25*, Rdnr. 17.

aa) Grundsatz

Hierfür reicht aus, dass der Kläger behauptet, durch die Sanktion in einer seiner Rechtspositionen verletzt zu sein[519]. Dies ist regelmäßig der Fall, wenn gegen ihn eine Vereins- oder Verbandssanktion verhängt wurde[520].

bb) Erschöpfung innerverbandlichen Rechtsschutzes

Ein Anrufen der staatlichen Gerichte ist jedoch erst statthaft, wenn der satzungsmäßige Rechtsweg ausgeschöpft ist[521]. Dies ist allgemeine Auffassung und aus zwei Gründen unzweifelhaft zutreffend: Zum einen muss eine überflüssige Inanspruchnahme der staatlichen Gerichte verhindert werden und zum anderen dürfen sie auch nicht in die garantierte Selbstverwaltung der Vereine eingreifen, solange keine abschließende Entscheidung der zuständigen Vereinsorgane zustande gekommen ist[522]. Eine entsprechende Klage wäre mangels Rechtsschutzinteresses des Klägers als unzulässig abzuweisen. Etwas anderes soll nur gelten, wenn es dem Mitglied nicht zumutbar wäre, vorher innervereinlichen Rechtsschutz zu erreichen[523]. Solche Fälle sind indes praktisch schwer vorstellbar. Sie dürften darauf beschränkt sein, dass vor Beschreitung des vereinsrechtlichen Rechtszug offenbar wird, dass die zur Entscheidung berufenen Verbandsorgane grob widerrechtlich, voreingenommen und in jedem Fall gegen das Mitglied zu entscheiden beabsichtigen, so dass die Entscheidung eine Art Rechtsbeugung oder eine vorsätzlich sittenwidrige Schädigung des Mitglieds i. S. d. § 826 BGB darstellt. Solche Klagen dürften häufig jedoch schon wegen der hohen Darlegungslast auf Klägerseite für die Zulässigkeit der (frühen) Klage kaum Erfolgsaussichten haben. Möglicherweise kann das Mitglied aber ordentlichen einstweiligen Rechtsschutz erlangen.

Hingegen soll es nicht zulässig sein, dem Mitglied ohne weiteres die gerichtliche Nachprüfung eines Ausschließungsbeschlusses zu versagen, wenn es versäumt hat von dem vereinsrechtlichen Rechtsmittel Gebrauch zu machen und ihm

---

519 *OLG Köln,* Urt. v. 23.09.2005, Az. 19 U 19/05, SpuRt 2007, 28.

520 Vgl. auch: *Palandt-Heinrichs,* § 25, Rdnr. 17: Alle Vereinsmaßnahmen können zur gerichtlichen Nachprüfung gebracht werden.

521 *BGH,* a. a. O. (s. o. Fn. 135), S. 174; *LG Frankfurt,* Urt. v. 09.11.2005, Az. 2-06 O 101/05, SpuRt 2006, 35.

522 So auch schon: *BGH,* Urteil v. 27.02.1954, Az. II ZR 17/53, BGHZ 13, 5 (16) – mit ausführlicher Begründung.

523 *BGH,* a. a. O. (s. o. Fn. 521).

dies auch nicht mehr möglich ist, weil die satzungsmäßige Ausschlussfrist abgelaufen ist[524].

d) Einrede der Schiedsklausel

Im Bereich der allgemein durch die beklagte Partei geltend zu machenden Prozesshindernisse ist im Bereich des Vereins- und Verbandswesen insbesondere die Einrede der Schiedsgerichtsklausel gemäß § 1032 ZPO von besonderer Bedeutung[525]. Der *DFB* sieht die Streitentscheidung durch Schiedsgerichte vor, nämlich zur Vermeidung des ordentlichen Rechtswegs für Streitigkeiten zwischen dem *DFB* und seinen Mitgliedsverbänden und Streitigkeiten der Mitgliedsverbände untereinander, die sich aus dem Mitgliedschaftsverhältnis ergeben, § 17 DFB-Satzung. Mit dem *Ligaverband* sind besondere Schiedsgerichtsverträge abgeschlossen. Neben den dargestellten Musterunterwerfungen schließen auch alle lizenzierten Fußballspieler und die Fußballlehrer mit dem *DFB* und dem *Ligaverband* Schiedsgerichtsverträge ab, so dass ihre Sanktionen nicht durch die ordentliche Gerichtsbarkeit beurteilt werden[526].

Beruft sich der beklagte Verband im Prozess auf die Schiedsgerichtsklausel – was er freilich regelmäßig tun wird –, wird die gegen ihn gerichtete Klage unzulässig[527]. Dies bedeutet, dass wesentliche Teile des professionellen Fußballs keiner Kontrolle durch die staatlichen Gerichte unterliegen.

e) Ausschluss der ordentlichen Gerichtsbarkeit

Der satzungsmäßige Ausschluss des Rechtswegs zu den ordentlichen Gerichten ist hingegen nicht möglich und unwirksam[528]. Der von der *FIFA* gleichwohl verlangte, generelle Ausschluss der ordentlichen Gerichtsbarkeit durch seine Mitglieds- und deren eigene Mitgliedsverbände (s. o. unter A. IV. 2. a aa ε, S. 50) scheitert daher auf Satzungsebene an rechtlicher Unmöglichkeit.

f) Sachliche Zuständigkeit

Die sachliche Zuständigkeit bestimmt sich bei Streitigkeiten wegen Vereins- und Verbandsstrafen vor den ordentlichen Gerichten ausschließlich gemäß §§ 23, 71

---

524 *BGH,* a. a. O. (s. o. Fn. 521).
525 *Janßen,* Rechtsschutz, S. 107.
526 Allerdings müssen diese Schiedsabreden freiwillig eingegangen werden, damit sie wirksam sind, vgl. *Oschütz,* SpuRt 2007, 177 (178); *Monheim,* SpuRt 2008, 8 ff.
527 *Janßen,* Rechtsschutz, S. 107; *Zöller-Geimer,* ZPO, § 1032, Rdnr. 1.
528 *Reichert,* Handbuch, Rdnr. 2782.

GVG nach dem Streitwert. Es kommt für die Bemessung des Streitwerts (§ 48 Abs. 2 GKG oder § 3 ZPO) nur darauf, welche konkreten Anträge vom Verein bzw. gegen diesen im Rechtsstreit verfolgt werden[529]. Bei Idealvereinen liegt auch bei Klagen wegen Wahlen und Beschlüssen eine nicht-vermögensrechtliche Streitigkeit vor[530]. Hingegen liegt eine vermögensrechtliche Streitigkeit vor, wenn eine unter Vorbehalt geleistete Geldstrafe aus ungerechtfertigter Bereicherung gemäß § 812 Abs. 1 Satz 1 BGB zurückgefordert oder die eine Geldstrafe verhängende Entscheidung mit der Feststellungsklage angegriffen wird.

2. Begründetheit

Die Begründetheit der Klage richtet sich danach, ob die verhängte Vereins- oder Verbandsstrafe rechtmäßig ist. Ob dies der Fall ist, hängt u. a. davon ab, mit welcher Intensität das Gericht in die Überprüfung der Maßnahme einsteigt. Der Umfang, in dem die ordentlichen Gerichte die körperschaftlichen Maßnahmen überprüfen, hat seit der großzügigen Haltung des *Reichsgerichts* ihnen gegenüber immer weiter zugenommen[531]. Den heute anzulegenden, gerichtlichen Prüfungsumfang von Vereinsstrafen hat das *Kammergericht* kürzlich wie folgt folgerichtig zusammengefasst:

> „Im Hinblick auf die zu gewährleistende Vereinsautonomie ist nur zu prüfen, ob die verhängte Maßnahme im Gesetz oder in der Satzung ihre Stütze hat, ob das satzungsmäßig vorgeschriebene Verfahren eingehalten ist, wobei die Satzung als Organisationsstatut frei, d. h. ohne Bindung an die Auslegung der Parteiorgane, auszulegen ist (BGH, NJW 1980, 443 ff.), ob die zugrunde gelegten Tatsachen aufgrund einer objektiven und an rechtsstaatlichen Grundsätzen ausgerichteten Ermittlung festgestellt worden sind, ob sonst keine Satzungs- oder Gesetzesverstöße vorgekommen sind und ob die Maßnahme nicht grob unbillig oder willkürlich ist[532]."

Das ist zugleich der rechtliche Prüfungsmaßstab für Vereinsstrafen[533]. Für die Verbandsstrafen der sozialmächtigen Fußballverbände ist der Prüfungsmaßstab noch darum zu ergänzen, dass

529 *Schneider/Herget*, Streitwertkommentar, Rdnr. 2926; *Zöller-Herget*, ZPO, § 3, Rdnr. 16 Vereine.

530 *Thomas/Putzo*, ZPO, § 3, Rdnr. 156.

531 Die historische Entwicklung des Prüfungsumfangs beschreibt: *Janßen*, Rechtsschutz, S. 110 ff.

532 *KG*, a. a. O. (s. o. Fn. 185), Rdnr. 9 bis 12.

533 *Janßen*, Rechtsschutz, S. 113.

„die Subsumtion der ermittelten Tatsachen unter den Tatbestand der Verbandsstrafe, die Auswahl der Vereinsstrafe und die Strafzumessung dem Maßstab der Unbilligkeit und der sachlichen Rechtfertigung entsprechen“[534]

muss. Dieser Prüfungsmaßstab ist bei allen Verbandsstrafen anzulegen.

Unabhängig von Rechtsnatur und der dogmatischen Einordnung der jeweiligen Unterwerfung unter die Verbandsgewalt kann eine unterschiedliche Prüfungsdichte gegenüber verschieden gebundenen Mitgliedern nicht rechtmäßig aber auch nicht gewünscht sein. Die ordentliche Gerichte wären gemäß Art. 3 Abs. 1 GG daran gehindert, einen unterschiedlichen Prüfungsmaßstab anzunehmen, weil man damit in der Sache wesentlich Gleiches ungleich behandeln würde; die formaljuristische Unterscheidung der Art der Unterwerfung ist dann gerade kein gültiges Differenzierungsmerkmal mehr. Daher sind alle Verbandsstrafen gegen nicht unmittelbare Mitglieder, gleichgültig ob sie nach dem Satzungsmodell, durch mitgliedschaftsähnliche Unterwerfung oder Lizenzvertrag unterworfen sind, nach dem dargestellten Maßstab durch die ordentlichen Gerichte zu überprüfen, soweit der Rechtsweg eröffnet ist[535]. Hiernach berücksichtigen alle ordentlichen Gerichte die insbesondere im Kapitel B., aber auch die in den Kapiteln C. und D. dieser Arbeit beschriebenen Grenzen der Vereins- und Verbandsstrafen.

Soweit nicht aus einer Unterwerfung unter eine von der Satzung abgeleiteten Strafgewalt, sondern aus einem echten Vertragsstrafenversprechen vorgegangen wird (s. o. unter C. II. 2 a, S. 128, oder D. III. 2 b, S. 194), ist der gesetzliche Prüfungsmaßstab der §§ 315 Abs. 3, 319 oder 343 BGB (s. o. unter D. VIII. 1., S. 209) anzulegen. Spätestens im Prozess ist darzulegen, aus welchem Rechtsgrund heraus die Sanktion verhängt worden ist. An der Prüfung der grundsätzlichen Rechtmäßigkeitserwägungen (s. o. unter B.) wird das ordentliche Gericht freilich auch nicht vorbeikommen. Seine Entscheidungsvarianten sind um die Herabsetzungsmöglichkeit bereichert.

Stimmen in der Literatur haben sich für ein umfassendes Prüfungsrecht der staatlichen Gerichte ausgesprochen[536]. Abgesehen davon, dass dieser Schritt angesichts des herrschenden Prüfungsumfangs bei sozialmächtigen Verbänden ohnehin nicht mehr weit ist, ist dies vor dem Gebot effektiven Rechts- und unbe-

---

534 *BGH*, Urt. v. 19.10.1987, Az. II ZR 43/87, BGHZ 102, 265 (276); *Janßen*, Rechtsschutz, S. 113;

535 In diese Richtung auch schon: *Haas/Adolphsen*, NJW 1995, 2146 (2148) – III.

536 *Habscheid*, *Vereinsautonomie*, S. 167 ff.; *Fritzweiler/Pfister/Summerer*, Praxishandbuch Sportrecht, Rdnr. 5/334 f.; *Reichert*, Handbuch, Rdnr. 1828; *Schlosser*, Verbandsgerichtsbarkeit, S. 99 f.; *Vieweg*, Normsetzung, S. 243 f.; *Westermann*, Verbandsstrafgewalt, S. 104.

schränkten Grundrechtsschutzes zu begrüßen. Nachdem die Verbände die dargestellten Rechtmäßigkeitsanforderungen, die i. d. R. sogar rechtsstaatlichen Ansprüchen genügen, regelmäßig einhalten, haben sie nichts zu befürchten. Außerdem: Der staatliche Richter ist durchaus in der Lage, vereinsrechtliche Wertungen – etwa die Frage, ob ein bestimmtes Verhalten unsportlich ist – nachzuvollziehen[537].

Hat sich eine Verbandsstrafe als rechtswidrig erwiesen, kann die dagegen erhobene Feststellungsklage gleichwohl unbegründet sein, wenn der Kläger sein Klagerecht verwirkt hat. Für das Klagerecht gegen Vereinsmaßnahmen haben die aus § 242 BGB hergeleiteten Verwirkungsgrundsätze eine spezielle Ausprägung dahingehend erfahren, dass das legitime Interesse des Vereins an Rechtsklarheit und Rechtssicherheit, welches das Vereinsmitglied aufgrund seiner Treuepflicht berücksichtigen muss, es als angemessen erscheinen lässt, dass eine beabsichtigte Klage mit zumutbarer Beschleunigung erhoben wird, wobei eine Frist von vier Monaten bereits schädlich sein kann[538]. Dies gilt jedoch in keinem Fall, wenn der Kläger gegenüber der Beklagten unmissverständlich deutlich gemacht hat, dass er sich mit der Maßnahme nicht abfinden will. Denn dann scheidet eine Verwirkung aus, weil schon das Umstandsmoment nicht gegeben ist.

3. Im Verfahren über den Erlass einer einstweiligen Verfügung

Soweit Eilbedürftigkeit besteht[539], was bei repressiven Sanktionen gelegentlich fraglich sein kann, können bestrafte Sportler auch einstweiligen Rechtschutz in Anspruch nehmen[540]. Für die Gewährung einstweiligen Rechtsschutzes in diesem Zusammenhang bietet die ZPO das Verfahren über den Erlass einer einstweiligen Verfügung (§§ 935 ff. ZPO) an[541]. Schwierigkeiten bereitet dies im Wirkungsbereich einer Lizenz- und Athletenvereinbarung, in der eine echte Schiedsgerichtsgerichtsklausel die Anrufung der ordentlichen Gerichte grundsätzlich verhindern soll[542], vgl. §§ 1033, 1041 ZPO.

---

537 *Habscheid,* Vereinsautonomie, S. 170.

538 *OLG Köln,* a. a. O. (s. o. Fn. 519).

539 *Janßen,* Rechtsschutz, S. 125 f.

540 *Janßen,* Rechtsschutz, S. 120 ff.; zurückhaltend: *Hilpert,* SpuRt 2007, 223 (226) – III. 3.

541 Instruktiv: *Hilpert,* SpuRt 2007, 223 ff. und SpuRt 2008, 18 ff – allerdings eher fokussiert auf Fragen, die das verbandliche Handeln in dessen Verwaltungsverfahren betreffen.

542 Zum einstweiligen Rechtsschutz durch die staatlichen Gerichte im Anwendungsbereich einer Athletenvereinbarung, vgl. *Chrekeh/Schröder,* SpuRt 2007, 101.

F. Ergebnis und Ausblick

Der deutsche Fußball verfügt über ein funktionierendes Sanktionensystem, das den ordnungsgemäßen Ablauf des Spielbetriebs im Amateur- und Profibereich, aber auch im gesamtsportlichen Miteinander garantieren hilft. Angesichts der Bedeutung und der Sozialmacht der handelnden Körperschaften ist eine rechtliche Kontrolle der Maßnahmen immer wieder erforderlich. Grundlage von Vereins- und Verbandsstrafen bilden ganz überwiegend allgemein anerkannte zivilrechtliche Institute, mögen sie auch in den dogmatischen Einzelheiten teilweise stark umstritten sein. Insoweit bewegen sich die Verbände rechtlich auf sicherem Terrain.

Die in diesem Sanktionensystem den Verbänden gegebenen rechtlichen Instrumente, die ihnen aufgrund der Garantien des Art. 9 Abs. 1 GG zustehen, sind im Wesentlichen ausreichend, damit die Verbände ihrem Überwachungsanspruch und ihrer damit korrespondierenden Verpflichtung zur Gestellung des organisierten Spielbetriebs nachkommen können; lediglich bei nicht in den Vereinen Organisierten, die gleichwohl (mittelbare) Kontakte zu Spielbetrieb haben, bestehen letzte Kontroll- und Zugriffsdefizite auf Seiten der Verbände.

Was die Bindung der Einzelmitglieder der Vereine durch dynamische Verweisung in den Vereinssatzungen an die Rechtsgewalt der übergeordneten Verbände angeht, sollte insgesamt nach den dargestellten Maßgaben die Skepsis der Wissenschaft an der Zulässigkeit dynamischer Verweisungen aufgegeben werden. Diese sind vielmehr – in den vernünftigen Grenzen – als wirksam zu erachten.

Das sportrechtliche Sanktionensystem im Fußball muss sich an rechtsstaatliche Grundsätze halten, was gezeigt wurde. Die Verbände tun dies und leisten es durch die entsprechende Besetzung ihrer Organe. Das Sanktionensystem ist grundsätzlich an verhältnismäßigen und vernünftigen Strafen interessiert. Skepsis an der deutschen verbandsinternen Rechtsprechung ist nicht mehr angezeigt.

Die Sportrechtsprechung im Fußball zeigt sich als alles andere als ein rechtsfreier Raum. Die konsequente Anwendung der übertragbaren Rechtsprinzipien auch im Vereins- und Verbandsstrafrecht der Fußballverbände ist für die Zukunft fordernd, weil einige neue, bislang wenig bedachte Aspekte aufgezeigt werden konnten: So kann sich die Berufsfreiheit des Sportlers schon im entgeltlichen Amateurbereich bei der Rechtsfindung der Sportgerichte auswirken. Der *ne bis in idem*-Grundsatz findet im Verbandsgeflecht auch unter den Verbänden Anwendung. Zur Machtbegrenzung der Verbände untereinander scheint zudem das Subsidiaritätsprinzip erneut ein probater Ansatz zu sein. Der Geltung der Unschuldsvermutung ist im Verbandsrecht stärker als bisher Rechnung zu tragen; die gewünschten Ergebnisse lassen sich allerdings durch rechtlich akzeptable Konstruktionen erreichen. Teilweise lassen sich bei den Verbänden Verbesserungen dahingehend erreichen, dass bei den überprüften Regelungen und Vorschriften rechtssichere Formulierungen gewählt bzw. die Satzungs- und Ordnungslage der geltenden Rechtslage angepasst werden. Die verwendeten Unterwerfungserklärungen sind ebenfalls zum Teil zu überprüfen.

Auf internationaler Ebene scheint es, was die Beachtung wichtiger rechtlicher Standards angeht, bisweilen noch Defizite zu geben (vgl. *Feyenoord*-Entscheidung). Dies muss kritisiert werden, auch wenn die Motivation der *UEFA*, Hooligans bzw. Gewalttäter zu bekämpfen, richtig und uneingeschränkt begrüßenswert ist. Hierbei dürfen jedoch wichtige rechtliche und gesellschaftliche Prinzipien (wie das Schuldprinzip) weder eingeschränkt noch geopfert werden. So kann auch nicht zur Rechtfertigung solcher Maßnahmen ins Feld geführt werden, dass die erfolgte Bestrafung immer noch „milder" wäre, als ein (präventiver) Ausschluss desjenigen Vereins von allen Wettbewerben, der seine Fans überhaupt „nicht in den Griff bekommt". Denn dieser Ansatz vermischt unzulässigerweise Prävention und Repression und verkennt darüber hinaus, dass auch einer derart intensiven, vorbeugenden Maßnahme rechtliche Grenzen gesetzt sind. Somit bleibt die Bekämpfung den Fußball störender Gewalttäter eine gesamtgesellschaftliche Aufgabe. Hierbei steht den Vereinen und Verbänden mit Stadionverboten eine extrem wirkungsvolle und rechtlich nicht zu beanstandende Sanktion zur Verfügung.

Angesichts der seit dem Bundesliga-Skandal in der Saison 1970/71 vollzogenen Öffnung der Fußballverbände und der Anpassung ihrer Strukturen an die Anforderungen des allgemeinen Rechts sollten die Verbände eine vollumfängliche richterliche Überprüfung von Verbandsstrafen, von der die Rechtsprechung ohnehin nicht mehr weit entfernt ist, nicht scheuen. Eine uneingeschränkte richterliche Kontrolle von Vereins- und Verbandsstrafen ist zu begrüßen. Ließen die Verbände diese zu, hätten sie nichts zu befürchten, weil sie ihr Sanktionensystem trotz der geringen genannten Einschränkungen i. d. R. systematisch, gewissenhaft und mit Augenmaß einsetzen. Deswegen ist die von der *FIFA* verordnete (s. o. unter A. IV. 2. a aa ε, S. 50) und vom *DFB-Bundestag* am 25./26.10.2007 beschlossene Verpflichtung auch der Landesverbände (§ 14 Nr. 1, lit. f DFB-Satzung n. F.), nach Ausschöpfung des verbandsinternen Rechtsweges anstelle der ordentlichen Gerichtsbarkeit eine Schiedsgerichtsbarkeit i. S. d. §§ 1025 ff. ZPO vorzusehen (soweit zwingendes nationales oder internationales Recht nicht entgegensteht), ein Signal in die falsche Richtung.

G. Anhang: Lösungen der Fälle

I. Fall 1

Der Sachverhalt entspricht demjenigen der Entscheidung des *LAG Berlin* vom 25.08.2004[543]. Das Strafversprechen stellt keine Betriebsbuße, sondern eine zulässige Vertragsstrafenregelung dar. Sie ist wirksam. Die Vertragsstrafe ist auch der Höhe nach nicht zu beanstanden, wenn man von einem entsprechend hohen Bruttomonatsgehalt des Spielers ausgeht. Nach der neuen Fassung des Musterarbeitsvertrags für Lizenzspieler ist die Vertragsstrafe ebenfalls wirksam vereinbart.

II. Fall 2

Aufgeworfen war die Frage nach der Beurteilung der Vereins- und Verbandsstrafe sowie deren Konkurrenzverhältnis.

1. Vereinsstrafe

Die Vereinsreaktion setzte sich aus Kündigung und Geldstrafe zusammen.

a) Kündigung

Die außerordentliche Kündigung gegen den Trainer ist nach § 626 BGB gerechtfertigt, weil das an den Tag gelegte Verhalten einen wichtigen Grund i. S. d. § 626 BGB darstellt und dem kündigenden Verein ein Festhalten an diesem Trainer nicht zugemutet werden kann. Denn mit der Kopfnuss gegen einen gegnerischen Spieler hat sich der Trainer in einem solchen Maße gegen die allgemein anerkannten Grundsätze des Sports sowie des Fair Play und damit außerhalb der Sportlergemeinschaft gestellt, dass die Weiterbeschäftigung einer solchen Person für den Verein als Träger dieser Grundsätze mit diesen unvereinbar erscheint.

543 *LAG Berlin,* Urt. v. 25.08.2004, Az. 9 Sa 877/04, SpuRt 2005, 75.

b) Geldstrafe

Die verhängte Geldstrafe ist als echte Vertragsstrafe aus dem Anstellungsvertrag zwischen dem Fußballlehrer und dem Verein möglich. Sie ist angesichts der Erheblichkeit des Verstoßes und des anzunehmenden monatlichen Trainerverdiensts nicht unbillig i. S. d. §§ 315 Abs. 3, 319 Abs. 1 BGB. Sie wird einer gerichtlichen Überprüfung standhalten.

2. Verbandsstrafe

Der *DFB* als zuständiger Verband reagierte mit einstweiliger Verfügung (Vorsperre) sowie im Urteil mit Geld- und Sperrstrafe.

a) Einstweilige Verfügung

Für den Sachverhalt ist das *DFB-Sportgericht* grundsätzlich nach §§ 38 Nr. 1, 41 Nr. 1, 42 Nr. 2 lit. d DFB-Satzung, 1, 2 RuVO/DFB zuständig. Die Befugnis zum Erlass vorläufiger Maßnahmen ergibt sich aus § 44 Nr. 1 Abs. 3 DFB-Satzung. Sie sind nach § 21 RuVO/DFB als einstweilige Verfügung durch den Vorsitzenden möglich. Gegen die Rechtmäßigkeit dieser Bestimmung und der konkreten Anordnung bestehen keine Bedenken.

b) Geld und Sperrstrafe

Die seitens des *DFB-Sportgerichts* gewählte Sanktion erscheint in ihrer Höhe angesichts der mutmaßlichen Höhe des monatlichen Trainereinkommens, des besonderes krassen sowie schwerwiegend unsportlichen Verstoßes und unter Berücksichtigung der Vereinssanktionen auch im Lichte der Berufungsausübungsfreiheit des Art. 12 Abs. 1 GG genau angemessen. Sie ist nicht zu beanstanden. Die Vorsperre wird bei der Berechnung der Gesamtsperrzeit berücksichtigt.

3. Konkurrenzen

Zu einer Konkurrenzfrage kommt es hier grundsätzlich nicht, weil beide Sanktionen auf einem unterschiedlichen Strafgrund beruhen und zudem von unterschiedlichen Körperschaften verhängt werden. Nach hier vertretener Auffassung ist die ebenfalls deutliche Vereinsstrafe jedoch seitens des Verbandsgerichts im Rahmen seiner Strafzumessung (Verhältnismäßigkeitsprüfung) strafmildernd zu berücksichtigen, weil es sich im dieselbe Tat im prozessualen Sinne handelt (s. o. unter C. II. 4., S. 134).

III. Fall 3

In Ausgangsfall und Abwandlung geht es um die Erfolgsaussichten der erhobenen Klagen.

1. Ausgangsfall

Die Klage des M gegen den *DFB* hat Erfolg, wenn sie zulässig und begründet ist.

a) Zulässigkeit der Klage

Die Klage müsste zulässig sein.

aa) Sachliche Zuständigkeit

Die sachliche Zuständigkeit richtet sich gemäß §§ 23, 71 GVG nach dem Streitwert. Dieser liegt hier bei 250,00 €, wodurch die amtsgerichtliche Zuständigkeit begründet ist. Das *Landgericht Köln* wird den Rechtsstreit gemäß § 281 ZPO auf Antrag an das sachliche zuständige Amtsgericht verweisen.

bb) Örtliche Zuständigkeit

Das *Landgericht Köln* wird den Rechtsstreit auf Antrag an das sachlich und gemäß §§ 12, 17 ZPO örtlich zuständige *Amtsgericht Frankfurt* verweisen, § 281 ZPO. Ein besonderer örtlicher Gerichtsstand am Wohnort des Klägers ist nicht ersichtlich.

cc) Feststellungsinteresse, § 256

Dort ist die Klage als Feststellungsklage mit dem Antrag festzustellen, dass die – näher bezeichnete – Strafe durch das näher bezeichnete Urteil des *DFB-Sportgerichts* unwirksam ist, zulässig.

b) Begründetheit der Klage

Die Klage ist begründet, wenn die seitens des *DFB-Sportgerichts* verhängte Strafe unwirksam ist.

aa) Unterwerfung unter die Strafgewalt

Problematisch ist zunächst nur die wirksame Unterwerfung des M unter die Strafgewalt des *DFB*.
Sie ist nicht durch vertragliche Einzelunterwerfung des M zustande gekommen, vgl. Sachverhalt. Sie ist aber durch dynamische Verweisung in der Vereinssatzung auf DFB-Satzung und seine Ordnungen gegeben (s. o. unter D. II. 2. b cc, S. 180).

bb) Inhaltskontrolle

Auch eine Inhaltskontrolle führt nicht zur Unwirksamkeit der ausgesprochenen Strafe.

Das *DFB-Sportgericht* ist gemäß §§ 38 Nr. 1, 41 Nr. 1, 42 Nr. 1 und 2, lit. f DFB-Satzung sachlich und funktionell zuständig. Es ergibt sich, dass auch Einzelmitglieder bestraft werden können und sollen.

Hinreichend konkret ist auch in der Satzung des *DFB* in § 44 Nr. 1 deutlich geworden, dass alle Formen unsportlichen Verhaltens unter Strafe gestellt werden. Die Konkretisierung durch die Ordnungen ist zulässig. Die bestimmte Rechtsfolge (Geldstrafe) ist in der Satzung in § 44 Nr. 2, lit. c DFB-Satzung vorgesehen[544].

Das Verhalten des M ist auch unzweifelhaft gemäß § 1 Nr. 1 und 4 unter „unsportliches Verhalten" zu subsumieren. Es stellt eine Beleidigung dar. Eine Beurteilung und Bestrafung der Äußerung als „Beleidigung" ist nicht zu beanstanden, weil sie nicht vom Grundrecht des Art. 5 Abs. 1 GG getragen wird. Die Bezeichnung als „dummer Hund" stellt als Formalbeleidigung eine grundrechtlich nicht geschützte Meinungsäußerung dar.

Die Strafhöhe ist ebenfalls nicht zu beanstanden. Die Geldstrafe ist erforderlich, aber auch ausreichend und damit insgesamt verhältnismäßig, um den M von künftigen Verbalinjurien gegenüber hohen Verbandsrepräsentanten abzuhalten. Subsidiaritätsprobleme ergeben sich nicht: Der *DFB* ist durch die Beleidigung eines seiner Vizepräsidenten (§ 33, lit. b DFB-Satzung) unmittelbar betroffen.

---

544 § 44 Nr. 2, lit. c DFB-Satzung ist allerdings insofern fehlerhaft, als dort bei der Strafrahmendifferenzierung die sog. „Einzelmitglieder" schlicht vergessen werden. Für sie muss „erst recht" der geringere Strafrahmen gelten. Es empfiehlt sich für diese einen speziellen, sehr gering angesetzten Strafrahmen (vielleicht bis maximal 2.500,00 €) einzuführen.

c) Ergebnis

Die Klage des M gegen *DFB* wird keinen Erfolg haben. Sie ist unbegründet.

2. Abwandlung

Bei der zulässigen Klage stellt sich nur die Frage der Begründetheit.

Alleinig in Betracht kommende Anspruchsgrundlage ist das durch die dynamische Verweisung vermittelte Unterwerfungsverhältnis, also ein mitgliedschaftsähnliches Verhältnis.

Dieses setzt eine wirksame Unterwerfung des M unter die Rechtsnormen und -gewalt der *FIFA* voraus. An einer solchen fehlt es jedoch im Rahmen der üblichen Gestaltung (s. o. unter D. II. 2. b. dd, S. 180) und zwar sowohl nach hier vertretener Auffassung zur dynamischen Verweisung als auch nach der bisherigen Rechtsprechung des *BGH.*

Die Klage ist unbegründet.

IV. Fall 4

An der Rechtmäßigkeit der – maßvollen – Sperrstrafe von 3 Wochen kann auch im Lichte der Berufsfreiheit kein Zweifel bestehen. Immerhin handelt es sich bei einem Nachtreten um eine Form der Tätlichkeit gegen einen Gegenspieler, wenn auch hier in einem minderschweren Fall.

Das *DFB-Sportgericht* ist nach §§ 38 Nr. 1, 41 Nr. 1, 42 Nr. 2, lit. b DFB-Satzung, § 2 RuVO/DFB zuständig.

Das Vergehen ist nach § 8 Nr. 1, lit. c RuVO/DFB mit Strafe bedroht; in minderschweren Fällen beträgt der Strafrahmen drei Wochen bis zu sechs Monate.

Die festgesetzte Strafe stellt einen Eingriff in Art. 12 Abs. 1 GG dar. Dieser erfolgte auf der 1. Stufe der Stufentheorie, weil sie eine Berufsausübungsregelung enthält: Der Spieler darf an Spielen für drei Wochen nicht teilnehmen. Dieser Eingriff ist auch gerechtfertigt, weil ihm vernünftige Erwägungen des Allgemeinwohls (nämlich konkretisiert und auf die gleiche Schutzebene gehoben durch Art. 9 Abs. 1 GG) in Bezug auf eine sportlich-faire und anständige Veranstaltung des organisierten Fußballs in der Bundesliga gegenüber stehen. Um dies zu erreichen, ist die Sperrstrafe geeignet (s. o. unter A. III., S. 29), erforderlich, weil eine milderes Mittel (wie eine Geldstrafe) nicht gleich wirksam neben der Sperrstrafe steht, und schließlich auch verhältnismäßig i. e. S., weil der erstrebte

Zweck und das ergriffene Mittel offensichtlich nicht außer Verhältnis stehen: Schließlich wurde angesichts eines doch erheblichen Verstoßes eine vergleichsweise geringe Sanktion am untersten Rande des zur Verfügung stehenden oder denkbaren Strafrahmens ergriffen.

Die Anrufung der ordentlichen Gerichtsbarkeit hiergegen ist zwar nicht ausgeschlossen; die Klage gegen die Verbände würde aber nach deren Berufung auf die Schiedsklausel aus dem bestehenden Schiedsgerichtsvertrag als unzulässig abgewiesen werden, s. o. unter E. II. 1. c, S. 213. Dem A bliebe alleine die Möglichkeit nach § 1059 Abs. 1 ZPO beim zuständigen Oberlandesgericht *(OLG Frankfurt)*, § 1062 Abs. 1 ZPO, einen Antrag auf Aufhebung des im vereinbarten Schiedsgerichtsverfahren ergangenen Schiedsspruches zu stellen. Angesichts der Aufhebungsgründe des § 1059 Abs. 2 ZPO dürften seine Erfolgsaussichten gering sein. Nachdem Art. 12 Abs. 1 GG und die rechtsstaatlichen Verfahrensgrundsätze regelmäßig beachtet werden, hilft auch eine Berufung auf § 1059 Abs. 2 Nr. 2, lit. b – den *ordre public*[545] – nicht.

Die Frage nach der Einhaltung des internen Instanzenzugs stellt sich daher hier so nicht; sie ist vor Anrufung der ordentlichen Gerichte regelmäßig erforderlich, s. o. unter E. II. 1. b bb, S. 214. Vor Inanspruchnahme des ständigen Schiedsgerichts ist dieses Erfordernis ebenfalls vorgeschrieben, und zwar in § 2 Abs. 1 des Schiedsgerichtsvertrags der Lizenzspieler.

545 Zum dadurch ausgelösten Prüfungsumfang des Gerichts vgl. nur *Zöller-Geimer*, ZPO, § 1059, Rdnr. 49 ff.

Deutsches und Europäisches Wirtschaftsrecht

Herausgegeben von Jürgen F. Baur

Band 1 Matthias Wolter: Das Tatbestandsmerkmal der Lückenlosigkeit qualitativer Selektivvertriebssysteme im Spannungsverhältnis zwischen Wettbewerbs- und Kartellrecht. 2001.

Band 2 Nicole Hagemann: Rechtsschutz gegen Kennzeichenmissbrauch unter Berücksichtigung der Internet-Domain-Name-Problematik. 2001.

Band 3 Bernd Nelißen: Die Abgrenzung "horizontaler" und "vertikaler" Wettbewerbsbeschränkungen nach der 6. GWB-Novelle. 2001.

Band 4 Silke Rütters: Die neue *Schirm-* Gruppenfreistellungsverordnung (EG) Nr. 2790/1999 der Kommission. Zu den Ursachen der weitreichenden Reform der EG-Wettbewerbspolitik gegenüber vertikalen Wettbewerbsbeschränkungen und deren materiellrechtlichen Grenzen. 2002.

Band 5 Dirk Strohe: Demarkationen und Bezugsbindungen in gewerblichen Energielieferverträgen. 2003.

Band 6 Cyrille de Crozals: Die Anwendung der Artikel 81 und 82 EGV durch die französischen Behörden und Gerichte. 2003.

Band 7 Daniela Seeliger: Geltungsbereich der Zusammenschlusskontrolle und Grundsätze für die Beurteilung von Zusammenschlüssen nach der 6. Novelle des Gesetzes gegen Wettbewerbsbeschränkungen. Ausgewählte Anwendungsprobleme aus der Praxis zu §§ 35 und 36 GWB. 2003.

Band 8 Till Schreiber: Das argentinische Gesetz 25.156 zum Schutz des Wettbewerbs. Eine rechtsvergleichende Darstellung unter besonderer Berücksichtigung des Protokolls zum Schutz des Wettbewerbs im MERCOSUR und der Rechtsprechung der Comisión Nacional de Defensa de la Competencia. 2003.

Band 9 Mathias Mantler: Der GMP-Vertrag aus bauvergaberechtlicher Sicht. 2004.

Band 10 Christoph Renard: Das französische Fusionskontrollrecht. 2004.

Band 11 Anika Gerken: Rechtsschutzmöglichkeiten europäischer Wirtschaftsteilnehmer gegen GATT-widrige Wirtschaftshemmnisse. 2004.

Band 12 Markus Röhrig: Schadensersatzansprüche im deutschen Kartellrecht nach der 6. GWB-Novelle. Eine ökonomische Betrachtung privater Wettbewerbsaufsicht am Beispiel des neuen Mißbrauchsverbots gemäß § 19 GWB. 2004.

Band 13 Christopher Quandt: Squeeze-out in Deutschland. Eine Diskussion der §§ 327a-f AktG unter besonderer Berücksichtigung der Barabfindung ausgeschlossener Minderheitsaktionäre. 2004.

Band 14 Thomas Brunn: Die EG-Kartellverfahrensverordnung 1/2003 und ihre Auswirkungen auf die Gruppenfreistellungsverordnungen und die Entzugsverfahren der Vertikal-GVO. 2004.

Band 15 Beatrix Besche: Wasser und Wettbewerb. Möglichkeiten und Grenzen einer Öffnung des Wassermarktes. 2004.

Band 16 Astrid Örtel: Die Oligopolproblematik in Wettbewerbstheorie und europäischer Fusionskontrollpraxis. 2005.

Band 17 Anne Jakob: Die Assoziation zwischen der Europäischen Gemeinschaft und ihren Mitgliedstaaten sowie Tunesien, Marokko und Algerien. Eine Überprüfung der Europa-Mittelmeer-Abkommen anhand Gemeinschafts- und internationalem Wirtschaftsrecht. 2006.

Band 18 Iris Vasbender: Das europäische Konzept der Nebenabreden im europäischen und deutschen Kartellrecht. Eine rechtsübergreifende Gesamtdarstellung anhand von Wettbewerbsverboten zu Unternehmenskaufverträgen. 2006.

Band 19 Robert Jürgens: Strukturkrisenkartelle im deutschen und europäischen Kartellrecht. 2007.

Band 20 Michael Dietrich: Wettbewerb in Gegenwart von Netzwerkeffekten. Eine kartellrechtliche Untersuchung des Wettbewerbs zwischen inkompatiblen proprietären Systemen. 2006.

Band 21 Rita Simon: Wettbewerbsunterstützende Regulierung bei der Liberalisierung des deutschen Telekommunikationsmarktes. Unzureichender Infrastrukturwettbewerb. Nationale Gesetzgestaltung nach europäischen Vorgaben. 2007.

Band 22 Margret Schellberg: Die Regulierung der Netzzugangsentgelte nach der EnWG-Novelle. 2007.

Band 23 Ritesh Rajani: Regulierung der europäischen Telekommunikationsmärkte im Zeitalter der Liberalisierung. Eine rechtsvergleichende Analyse der Konzepte der Marktabgrenzung und Marktmacht in den Telekommunikationsmärkten Deutschlands, des Vereinigten Königsreichs und Spaniens unter Berücksichtigung des EU-Rechts und netzökonomischer Aspekte. 2008.

Band 24 Karina Lott: Kommunale ÖPNV-Unternehmen im Wettbewerb. Eine Untersuchung unter besonderer Berücksichtigung europa-, vergabe- und wettbewerbsrechtlicher Fragen im Zusammenhang mit der bevorstehenden Wettbewerbsintensivierung. 2008.

Band 25 Jan F. Orth: Vereins- und Verbandsstrafen am Beispiel des Fußballsports. 2009.